U0799925

财经法治

国家社科基金青年项目（批准号：14CFX043）最终成果

竞争政策与法律文库

黄勇 总主编

专著系列

江山 主编

竞争中立政策研究

Study on Competitive Neutrality Policy

丁茂中 著

法律出版社
LAW PRESS·CHINA

《竞争政策与法律文库》编委会

编委会主任：黄　勇

编委会委员：（按姓氏笔画排序）

于　立　王先林　王晓晔

许光耀　刘春田　张　平

吴汉东　吴汉洪　吴宏伟

张　穹　时建中　尚　明

徐士英　盛杰民　黄　勇

黄群慧　韩立余

竞始择
争而知

总　　序

时至今日,市场经济成为现代国家经济发展模式的最优选择,已是共识。市场经济是主要通过市场来配置资源的经济运行机制,即经济生活中“生产什么”“如何生产”和“为谁生产”等问题主要交由市场决定。市场经济条件下,由竞争所形成的资源相对价格,承载着某一资源相对于其他资源的稀缺程度信息,而市场参与者依据该信息便可掌握相关市场的竞争态势,并作出相应的资源配置决策,从而大大降低信息成本和交易成本。与此同时,市场参与者不仅要受到竞争约束,而且要受到产权约束,从而极大降低了监督成本。正因如此,市场经济成为一种静态和动态资源配置效率兼具的经济模式。倘若不建立这样的模式,社会资源配置就缺乏可靠的指引,经济资源也就无法得到有效配置。因而市场经济成为各国发展经济的不二选择,我国也不例外。党的十四大确立“建设社会主义市场经济体制”目标、1993 年“市场经济”入宪,宣告我国开启了经济建设的新模式。

市场经济要求市场在资源配置中起决定性作用,竞争是市场的核心机制。没有竞争,也就无所谓市场,更遑论市场经济。政策文件、法律文本上的“市场经济”,并不必然意味着市场或竞争能够在现实的资源配置中发挥积极作用。对于尚处于转型期的中国来说,计划经济的一些习惯,仍残留在经济政策制定的过程之中,或隐或显地影响或干扰着经济运行,其典型体现便是坊间所称的“行政垄断”。这不仅损害市场公平竞争，也损害市场运行效率。与此同时，竞争的自我毁坏性在我国市场经济运行中也不可避免。如何有效规制垄断便成为市场经济运行中不可回避的话题。1993 年出台的《反不正当竞争法》和 2007 年颁布的《反垄断法》相继成为我国打击垄断、保护竞争的法制支撑，在矫正竞争扭曲行为、维护市场竞争秩序方面发挥了不容忽视的效用。但我国改革进入深水区之时面临包括体制、机制在内的诸多束缚和挑战，显然已不是反垄断法所能承载之重，需将竞争政策与法律置于中国全面深化改革的时代大背景之下整体考量、全面筹划。

在中国，自古以来改革绝非易事，当代经济改革更是一件宏大的历史篇章。对内改革、对外开放，是 30 多年来经济建设不变的主题。众所周知，改革就会向旧体制“宣战”，更会触动某些利益集团或群体的“奶酪”，从而使改革困难重重。拿出“壮士断腕”的勇气和魄力，不是套话而是改革浪潮中决策者的真实呼唤与深情呐喊。因此，在经济改革进程中，导入竞争机制，还以市场经济之应有活力，其难度可想而知！改革尚未完成，法治仍需努力！唯有通过改革，方能不断巩固和强化市场机制，以及竞争在资源配置和国民经济运行中的决定性作用。“使市场在资源配置中起决定性作用和更好发挥政府作用，必须以保护产权、维护契约、统一市场、平等交换、公平竞争、有效监管为基本导向，完善社会主义市场经济法律制度”，不仅是政策表达，更是经济改革的制度诉求。其核心，是促进市场竞争的政策选择与法律治理问题。对学者来说，是挑战，更是机遇。

在欧美成熟市场经济法域，丰富的反垄断理论学说与实践经验的积累，源自于制度与市场长时期的共同演进。而在中国，反垄断法诞生伊始就面临着浓缩的改革大时代和迭代的经济新潮流，既要夯实制度基础、因应改革变局，又要立足理论前沿、迎接未来挑战。为此，与之相关的竞争政策与立法的基础性、系统性和前沿性、开创性的研究都亟待充实。当前，竞争政策与法律所处的宏观环境是动态的。正推进着的全面深化改革战略，不仅从制度层面上不断改变着现行的制度与规范体系，更改变着制度所处的环境，需要研究动态之下的制度把握与应用。唯有宏观把握竞争政策与产业政策作为经济发展政策工具选择的优劣、消长，方能从容布划，为经济改革的路径选择、制度设计和政策制定建言献策。与此同时，反垄断法的不确定性也呼唤理论与实践的深化。这种不确定性由多种因素促成，既有规范文字的原则抽象，也有垄断行为的千变万化，更有市场情势的瞬息万变。也正是因为这种不确定性，使反垄断法适用极具技术性、专业性，无论是具体实务还是理论探讨，无不需要跨领域、跨学科的多角度、多层次深入思考、比较分析、潜心研究，借鉴和吸取域外有益经验，总结和归纳国内反垄断实践之得失。竞争政策与反垄断法不是停留在政策与法律文本的字里行间，而是要落地、生根，在政策实施与法律适用中方能获得生命。脱离实际、远离中国市场竞争的竞争政策与法律研究注定是灰色的。该领域的研究不仅要着眼于竞争政策与反垄断法深层次的理论追寻，更要善于把握现实中的实践需求，如当下的公平竞争审查、执法机制与程序完善、创新与反垄断等问题，深入挖掘、扎实研究，小心求证、谨慎结论。唯有如此，竞争政策与法律研究在中国方可开花、结果。

对外经济贸易大学竞争法中心，是为回应我国《反垄断法》制定和实施需求、推动竞争法律与政策研究、加强对外学术交流与合作而成立的校级研究机构。该机构自成立以来，始终以“竞始择，争而和”为情怀，以推动和引领中国竞争法研究为己任，通过举办国际性论坛、系列讲座和提供咨询服务等多种形式，构建良好的学术研究平台，开展前沿性研究、培养竞争法人才，服务国家与社会。百舸争流，奋楫者先。为进一步推动中国竞争政策与法律研究的发展，中心拟举惠园之力、聚全国竞争法同人之智识，组织出版“竞争政策与法律文库”，以共襄中国竞争法治之盛事。“竞争政策与法律文库”设专著系列、译著系列、案例系列、文集系列，是法律出版社与对外经济贸易大学竞争法中心共同创立的学术品牌。中心将秉持开放包容之胸怀、恪守择优务实之原则，认真对待每一位竞争法志士的优秀作品。期待您的大作！

*

2016年10月6日

* 对外经济贸易大学竞争法中心主任，教授、博士研究生导师。

序　言

竞争中立，按照媒体所言，是美国国务院负责经济、能源和农业事务的副国务卿罗伯特·霍尔马茨在纽约外国记者中心举行的发布会上提及的概念，意思是使竞争不受外来因素的干扰，其核心是对现有国际经济规则进行更新和调整，以弥补现有国际经济规则无法保证国有企业和私营企业公平竞争的缺陷。但是罗伯特·霍马茨本人却强调：竞争中立一词并非其杜撰出来的，这一包罗广泛的主题已经涵盖在《泛太平洋战略经济伙伴关系协议》这一贸易协议中，而且在经济合作与发展组织的工作中有更具体的体现。

然而，不管竞争中立的"身世"真相究竟如何，一个现实结果就是经过罗伯特·霍马茨在各种重要场合下三番五次的提及，竞争中立逐步与政策、框架等联系在一起成为中国官方与民间社会各界关注的重大问题。社会公众对竞争中立问题的认识较为直观，不少人应情应景地引入竞争中立对我国目前仍然客观存在的一些政府差别对待国企与民企现象针砭时弊。而政府高层和部分专家学者对竞争中立问题的认识则较为深远，他们在充分意识到社会公众所聚焦的"内忧"的同时，更多地开始着眼思考中国经济发展将要面临的一个重大"外患"，即美国蓄谋利用比现行世界贸易组织框架下任何法律武器杀伤力都要强数倍的竞争中立问题实施贸易保护。

党的十八届三中全会审议通过的《中共中央关于

全面深化改革若干重大问题的决定》开创性地提出:经济体制改革是全面深化改革的重点,核心问题是处理好政府和市场的关系,使市场在资源配置中起决定性作用和更好发挥政府作用。就内容而言,使市场在资源配置中起决定性作用和更好发挥政府作用实质就是要求政府在干预市场过程中更加保持合理的中立性。

在这个历史背景下,无论是为了解决"内忧"还是应对"外患",系统研究竞争中立问题就显得非常必要。恰逢这个机遇,我以此为主题核心申报了国家社科基金项目并获得立项。需要特别说明的是,由于课题申报时"蹭热点",结合了中国(上海)自由贸易试验区的话题,所以整个项目在研究过程中不同程度地结合了中国(上海)自由贸易试验区的话题对竞争中立问题作了主旨阐述。整部书稿在2016年6月就已经完成,而在过去近两年的时间里,研究内容涉及的一些事项发生了少许变化。对于这些变化,本书在相应部分通过注释的形式作了一些说明。这些仅是形式化的事项,对于相应正文部分的内容,本书未作"低效"的更新调整,按照之前情形所演示的内容都能够有效适用变化之后的情形。衷心期望本书能对相关理论研究与实务工作有所裨益!

祝愿我们伟大的祖国繁荣昌盛,人民永远幸福安康!

丁茂中

上海·松江大学城

2018年4月15日

Contents

目 录

绪论　竞争中立政策的中国引入

竞争中立政策（Competitive Neutrality Policy）主要涉及政府干预市场的公平问题。按照目前学界通说，竞争中立政策最早发端于澳大利亚的国内经济改革。1996年澳大利亚在发布的《联邦竞争中立政策声明》（Commonwealth Competitive Neutrality Policy Statement）中首次提出：政府商业活动不应当仅凭其公共部门所有权而享有高于私营部门竞争者的竞争优势（简称"澳版"竞争中立政策）。[①] 自21世纪以来，经济合作与发展组织（Organization for Economic Co－operation and Development，OECD）先后发布了《OECD关于财政预算透明度最佳实务》（OECD Best Practices for Budget Transparency）、《OECD关于国有企业公司治理的指引》（OECD Guidelines on Corporate Governance of State-owned Enterprises）、《澳大利亚的竞争中立与国有企业：实务和其他相关的评论》（Competitive Neutrality and State-Owned Enterprises in Australia：Review of Practices and their Relevance for Other Countries）、《竞争中立：维持公有企业与私有企业之间竞争水平》（Competitive Neutrality：Maintaining a level playing field between public and private business）等系列专题工作报告大力向国际

---

① Australian，Commonwealth Competitive Neutrality Policy Statement，http：//archive. treasury. gov. au，2013. 08. 17.

社会推广以“简化国有企业运营方式”“核算特定职能成本”“给予商业化回报”“厘清公共服务义务”“税收中立”“监管中立”“债务及补贴中立”“公共采购中立”八项主张为核心内容的竞争中立政策(简称“OECD版”竞争中立政策)。[①]近年来,特别是在加入《跨太平洋伙伴关系协议》(Trans - Pacific Partnership Agreement,TPP)谈判之后,美国频频指责中国的国家资本主义有悖于现代国际社会所普遍赞同的竞争中立政策,[②]并强调:竞争中立的意思是使竞争不受外来因素的干扰,其核心是对现有国际经济规则进行更新和调整,以“弥补现有的国际经济规则无法保证国有企业和私营企业公平竞争的缺陷”(简称“美版”竞争中立政策)。[③] 这些使竞争中立政策开始逐步“舶入”中国,成为政府、商界、学界关注的重要经济话题。

一、中国实施竞争中立政策的现实需求

虽然国际贸易争端的正常回应成为国内研究竞争中立政策的起点,但是基点却在于我们自身的发展需求,绝非简单的盲目跟从。

(一)发挥市场资源配置决定性作用

2013年11月9日至12日在北京召开的中国共产党十八届三中全会,开创性地提出“发挥市场在资源配置中的决定性作用”,这是社会主义市场经济理论的重大创新,为我国深化经济体制改革指明了方向。全会公报明确指出:经济体制改革是全面深化改革的重点,核心问题是处理好政府和市场的关系,使市场在资源配置中起决定性作用和更好发挥政府作用;建设统一开放、竞争有序的市场体系,是使市场在资源配置中起决定性作用的基础;必须加快形成企业自主经营、公平竞争,消费者自由选择、自主消费,商品和要素自由流动、平等交换的现代市场体系,着力清除市场壁垒,提高资源配置效率和公平性。在这次全会第二次全体会议上,习近平总书记着力强调,“制定出一个好文件,只是万里长征走完了第一步,关键还在于落实文件,真正把全会精神转化成改造现实

① OECD,Competitive Neutrality:Maintaining a level playing field between public and private business,www. oecd. org,2014.08.13.

② 虽然特朗普政府宣布退出TPP谈判,但是美国在此上的言论一直没有变化,并有越演越烈趋势。目前,特朗普政府在TPP谈判上又表现出重新加入的意思。

③ 参见吴云:《美国出新招对付“中国模式”》,载《人民日报》2011年11月24日,第21版。

世界的强大力量”。[①] 因此,探究能够有效发挥市场在资源配置中决定性作用的实现路径,成为我们迫在眉睫需要攻克的重大社会课题,这在很大程度上直接影响着我国“经济改革2.0版本”的成败。

纵观人类近代发展历史,商品经济环境中的资源配置无非是由两者进行的,即市场与政府。市场是资源配置的有效机制,这已为19世纪欧洲和北美洲大多数国家的资本主义经济成就所证明。但是,市场不是万能的,市场机制也有许多自身不可克服的固有缺陷,以致在资源配置上失灵和失效。[②] “我们说政府有时可以改善市场结果并不意味着它总能这样。”[③]“当政府政策或集体行动所采取的手段不能改善经济效率或道德上可接受的收入分配时,政府失灵便产生了。”[④]市场失灵和政府失灵的客观存在,注定了政府与市场在资源配置中的共存,问题只是在于二者的动态管控比例。这就决定了发挥市场在资源配置中决定性作用的基础实现路径,即严格限制政府干预范围。至于具体操作方式,这主要取决于政府干预市场所采取的模式。如果政府采取的是负面清单管理模式(禁止或者限制事项),则应当严格控制负面清单的长度;如果政府采取的是正面清单管理模式(允许或者鼓励事项),则应当极力穷尽正面清单的内容。尽管政府干预市场所采取的模式,未必实质性地决定政府干预市场范围的宽广,但是由于负面清单管理模式较之正面清单管理模式,至少在形式上首肯市场在资源配置中的优先地位,所以推行负面清单管理模式,成为很多期望市场在资源配置中发挥决定性作用的国家深化经济体制改革的基础工作。2014年7月8日我国发布了国务院《关于促进市场公平竞争维护市场正常秩序的若干意见》,文件明确指出:制定市场准入负面清单,国务院以清单方式明确列出禁止和限制投资经营的行业、领域、业务等,清单以外的,各类市场主体皆可依法平等进入;地方政府需进行个别调整的,由省级政府报经国务院批准。负面清单管理模式的启动为我国发挥市场在资源配置中的决定性作用奠定了良好基础。

竞争是市场经济的灵魂。“市场机制能够有效配置资源、形成兼容的激励

---

① 秦杰等:《让改革旗帜高高飘扬——〈中共中央关于全面深化改革若干重大问题的决定〉诞生记》,载《人民日报》2013年11月19日,第1版。

② 王全兴:《经济法基础理论专题研究》,中国检察出版社2002年版,第80页。

③ [美]曼昆:《经济学原理》(第3版),梁小民译,机械工业出版社2003年版,第10页。

④ [美]保罗·A.萨缪尔森、威廉·D.诺德豪斯:《经济学》(下),高鸿业等译,中国发展出版社1992年版,第1189页。

机制的根本原因在于,通过市场竞争形成的价格能够反映供求即资源的稀缺程度,只有通过市场的自由竞争才能形成这一价格信号,才能实现市场所有有效的机制。”①要充分发挥市场在资源配置中的决定性作用,就必须有效地采取措施维护市场竞争。而市场竞争机制的维护,不仅需要政府积极作为预防和制止经营者实施垄断行为,而且需要政府严于律己禁止滥用权力限制、排除竞争。这不限于市场进入环节,而应贯穿于整个市场运行过程。因此,除应当积极落实国务院《关于促进市场公平竞争维护市场正常秩序的若干意见》作出的全面推进负面清单(市场准入)管理模式的决定外,我国还应当在严格执行《反垄断法》禁止“滥用行政权力排除、限制竞争”的法律规定基础上开始实施秉持市场调节优先、政府干预次优理念的竞争政策。以促进竞争为核心导向的竞争政策包括多个方面内容,除影响施法宽严的竞争执法政策、放松市场管制的竞争推进政策、消减企业违法的竞争合规政策、培养竞争文化的竞争倡导政策等外,限制政府干预的竞争中立政策是其重要组成部分。② 可以看出,“发挥市场在资源配置中的决定性作用”的现实内在需求决定了我国应当开始引入竞争中立政策。

(二)融入多边区域性自由贸易组织

进入21世纪以来,独立于世界贸易组织(World Trade Organization,WTO)现行框架之外的多边(包含双边)区域性自由贸易协定谈判在全球各地兴起。根据WTO的报告,截至2013年,WTO成员通报的特惠贸易协议数量已经大大超过500项,其中绝大部分已经正式生效。在这些体量持续增大的多边区域性自由贸易协定中,TPP最为引人注目。TPP前身系《跨太平洋战略经济伙伴关系协定》(Trans-Pacific Strategic Economic Partnership Agreement),它是由新西兰、新加坡、智利和文莱四国发起、从2002年开始酝酿的一组多边关系自由贸易协定,旨在促进亚太地区的贸易自由化。2008年2月美国曾宣布加入谈判,并于2009年11月正式提出扩大跨太平洋伙伴关系计划,自此《跨太平洋战略经济伙伴关系协议》更名为《跨太平洋伙伴关系协议》。“TPP不仅要求减低或取消关税,更重要的是它强调各成员国的竞争政策,例如推行高标准的知识产权保护、金融改革、增强规则透明度等一系列措施;实际上就是强调规范政府与

---

① 吴敬琏:《没有竞争的市场更可怕》,载《新华日报》2013年2月26日,第A03版。

② 参见徐士英:《竞争政策研究——国际比较与中国选择》,法律出版社2013年版,第204~224页。

市场的关系,推行竞争中立政策。”①多边区域性自由贸易协定的普遍兴起大大冲击了 WTO 现行框架,特惠贸易协定的不断增加将会使得作为 WTO 基石的“最惠国待遇条款”蜕变成为“最差国待遇条款”。针对 TPP,更有专家担忧“有可能是新的国际贸易规则在 WTO 之外的谈判中形成”。②

全球贸易组织架构近十多年悄然发生的重大变化,正给中国经济的发展带来巨大的挑战。2001 年 12 月我国在经过 10 多年的艰苦谈判之后,正式加入 WTO。虽然入世之举在随后几年短期性地普遍给中国各个开放产业带来不同程度的冲击,但是借助 WTO 打破的关税壁垒,使我国经贸迎来空前的发展机会。“加入 WTO 后,我国经济增长的巨大潜能通过对外贸易和吸引投资得到充分显现,迅速崛起为世界贸易大国、利用外资大国和对外投资大国,对全球经济贸易增长起到重要的引擎作用。现在,我国是世界第一大出口国、第二大进口国、利用外资最多的国家之一、2010 年是世界第五大投资国。”③然而这些入世红利正面临着现行国际贸易规则的变化而被掠夺一空,特别是美国主导的 TPP 表现得尤为突出。我国很多产品在 WTO 框架下通过市场竞争逐步积累起来的相对优势,完全可能因部分 WTO 成员例外适用 TPP 而被彻底抵消,导致中国企业不公平地被赶出相关市场或者不公平地被拒之门外。综观整个目前国际经贸环境,我国正陷入非常严峻的两难选择困境。“对于经济发展水平有限的发展中国家来说,若游离之外,则面临被严重边缘化的可能;若介入其中,则意味着以自身利益为代价来满足美国的‘自由化’标准和利益。”④

中国发展的需求决定了我们必须继续深度走向世界,在最大程度上融入各类多边区域性自由贸易组织,应当成为我国当前对外经贸工作的重点。在积极采取措施推动 WTO 的谈判进程之际,我国必须根据国际形势的变化适时启动各类多边区域性自由贸易协定谈判。历史经验表明,“规则的制定者或主导者

---

① 赵学清、温寒:《欧美竞争中立政策对我国国有企业影响研究》,载《河北法学》2013 年第 1 期。

② WTO, World Trade Report 2011-The WTO and preferential trade agreements: From co-existence to coherence, http://www.wto.org, 2014.07.08.

③ 陆燕:《加入 WTO 十年看中国对外经贸关系的变化》,载 http://www.caitec.org.cn,最后访问日期:2014 年 7 月 10 日。

④ 肖冰、陈瑶:《〈跨太平洋伙伴关系协议〉(TPP)挑战 WTO 现象透视》,载《南京大学学报》(哲学·人文科学·社会科学版)2012 年第 5 期。

能够从中获得巨大的额外经济收益”。[①] 因此，我国应当遵循主动出击原则介入这类协定谈判。首先，我们应当先入为主地筹划、组织和领导一个或者多个具有相当影响的多边区域性自由贸易协定谈判，如中日韩自由贸易区、中国—东盟自由贸易区、中国—加勒比海自由贸易区、“经济版”上合组织等。其次，我们应当尽早加入初现雏形或者渐成气候的多边区域性自由贸易协定谈判，这包括未来可能与 WTO 分庭抗礼的 TPP。[②] 由于现行 TPP 谈判国的国内生产总值（GDP）约占全球的 15%，贸易额约占全球的 1/6，这使标志其市场开放深度的竞争中立政策，不得不被其他多边区域性自由贸易协定谈判所重视。若达成的贸易协定开放的市场深度大幅浅于 TPP，则相应缔约方的产品在协定覆盖区域之外的市场竞争力可能较弱，在与 TPP 交集的成员国市场上则完全可能没有任何竞争优势。显而易见，多边区域性自由贸易协定谈判的现实外在需求也决定了我国应当逐步引入竞争中立政策。

二、中国实施竞争中立政策的潜在风险

TPP 谈判进程的迟缓及出现的较大争执表明实施竞争中立政策对于大部分国家而言并非毫无顾虑，它可能会不同程度地伴生少些重大风险。预判这些潜在风险非常重要，因为这直接关系中国经济的稳健发展。

（一）落入国际贸易保护主义圈套

无论是“OECD 版”竞争中立政策，还是“美版”竞争中立政策，它们都是“澳版”竞争中立政策的国际演绎。虽然三者在内容表述上基本形似，但是适用背景的巨大差异使“OECD 版”竞争中立政策、“美版”竞争中立政策与“澳版”竞争中立政策，产生的实践效果可能存在很大反差。尽管市场固有的地域属性决定了经济领域的系统竞争最早成形于各个国家，竞争中立政策最初只能发源于某个国家；而随着市场经济走向全球化，竞争中立政策必然逐步突破主权篱笆成为一个国际议题。然而这未必意味着可以直接将缘于国内经济改革的“澳版”竞争中立政策移植国际贸易领域，诸多不同因素的叠加可能导致出现“橘生淮南则为橘，生于淮北则为枳”的格局甚至“南辕北辙”的现象。在因国家主权

① 李向阳：《国际经济规则的形成机制》，载《世界经济与政治》2006 年第 9 期。

② 虽然美国的退出使 TPP 遭受重创，但是其影响仍然不容小觑，况且一向奉行实用主义的美国有可能在其发展到一定程度时再卷土重来。而我们知道，美国目前对此似乎又表现出重新加入谈判的意向。

而对等存在贸易壁垒的国内市场上,优化资源配置创造的经济财富与竞争中立政策的实施者的国家利益通常是高度一致的。因此,澳大利亚推行竞争中立政策进行经济改革的目的是非常单纯。在“澳版”竞争中立政策的起源报告《国家竞争政策》(National Competition Policy)中,联邦与各州1991年决定成立的负责全面调查澳大利亚市场竞争状况的国家竞争政策检查委员会主席希尔墨(Frederick C Hilmer)教授强调:“每一个现代市场经济都有一套规则确保竞争机制不会被企业通过合谋或者单干的反竞争行为破坏……在澳大利亚,这些规则包含在《1974年联邦商业行为法》第四部分……当前最紧迫的问题就是确保这些规则在适用过程中所存在的不合理漏洞被弥补上以给企业经营提供一个全国统一的法律框架。”①这使用于国内经济改革的“澳版”竞争中立政策在本质上成为一种竞争法治理念,它能够创造一个较为公平的市场竞争环境。

但是在国际市场上,优化资源配置创造的经济财富与竞争中立政策的实施者的国家利益,未必总是高度一致的。这就使客观忽视适用背景的巨大差异,直接将适用于国内的“澳版”竞争中立政策,照搬置于国际贸易领域的做法可能动机不纯,“OECD版”竞争中立政策与“美版”竞争中立政策都不同程度地带有这种倾向。受历史殖民主义、两次世界大战、国际贸易规则话语权、技术创新等因素的影响,西方发达国家特别是美国的很多私营企业长期以来在国际市场上一直处于绝对的优势地位,这对于逐步走向与之同台竞技的当今广大发展中国家企业而言,在实质上是非常不公平的。虽然OECD貌似客观阐述了竞争中立政策应当遵守的八项行为准则,但是它并没有合理论及不同国家因历史缘由而客观存在的实力差异。这使“OECD版”竞争中立政策在性质上仅停留在形式公平,而这必然将会加剧具有历史优势的国家对长期处于劣势的国家,在国际市场竞争中的各种优势。而为了改变在世界经济结构中的被动劣势地位,包括中国在内的很多发展中国家纷纷利用产业政策集中资源重点发展高新技术产业、相对优势产业等。中国经济的突飞猛进,使美国对于这种政府干预市场模式非常忧虑甚至恐惧,但是因现行WTO框架对此鞭长莫及,所以移花接木“澳版”竞争中立政策便成了美国一个理想手法,即以形式上同等适用于自身的竞争中立规则限制他国政府采取特定措施,对国际市场竞争中现存的在实质上属于不公平竞争的问题进行矫正,以借此维持本国企业在国际市场中的优势地

① Australian, National Competition Policy, http://ncp.ncc.gov.au, 2013.08.24.

位。“美国推动竞争中立,主要是以中国等国家普遍存在的国有企业为目标,在美国与其他国家的竞争中保护美国的利益。一方面,美国积极推动他国的自由贸易,从而为本国商品和资金打开市场;另一方面,美国又加强对本国产业的保护,抑制别国竞争。”①这导致面向国际贸易领域的“OECD 版”竞争中立政策与“美版”竞争中立政策在性质上具有某种贸易保护主义,它将会使现行国际贸易领域的不公平竞争问题更加恶化。如果我们直接照搬“OECD 版”竞争中立政策或者“美版”竞争中立政策,那么将可能落入国际贸易保护主义陷阱,后果可能堪比曾经盲目全盘采纳“比较优势理论”所带来的负面影响。

(二)引发国内经济短期宽幅波动

地域跨度、资源类别、人口规模、经济历史等基础因素,决定了我国市场涵盖的产业及其行业的范围,竞争推动的市场细分使中国经济几乎实现了各行各业的无隙覆盖甚至绝大部分产业链条的无缝衔接。而行业特征、竞争强度、创新驱动、政策倾向等诸多因素,又使我国的各行各业在经济发展模式上出现全面的分化,劳动密集型、资源密集型、资本密集型、技术密集型样样皆有。其中,劳动密集型、资源密集型呈现基础化,资本密集型趋于常规化,技术密集型逐步扩大化。经济发展格局,注定了我国在顺应经济全球化趋势走向世界过程中,将会与绝大部分国家发生竞争关系,只是“因国因时”程度有所不同而已。仅以亚洲的日本、韩国为例:我国改革开放初期,产业结构水平较低,日本、韩国与我国在东亚地区的产业分工中,分别扮演了“雁行模式”的领头雁、中间梯队和末梢梯队的角色,因而,三国产业之间存在较强的互补性,中日韩之间的经贸合作关系极为密切。但是,随着中国经济迅速发展,中国产业结构调整和不断升级,中国与日、韩两国的产业结构不断趋近。中日韩三国贸易结构从垂直分工向水平分工转移。② 但是可以预计的是:伴随着各国市场开放程度的不断深化特别是多边跨境自由贸易区的不断推进,这种竞争关系将日趋激烈。

虽然我国在经过 30 多年的高速发展后 GDP 已经跃居世界第二位,世界 500 强企业在 2015 年已经以 106 家的总数继续逼近美国。但是,正如国务院发展研究中心企业研究所赵昌文所长尖锐地指出那样:欧美的 500 强企业更多的是技术密集型企业,是全球性企业,而我们的绝大部分还是垄断企业,市场主要

① 王婷:《竞争中立:国际贸易与投资规则的新焦点》,载《国际经济合作》2012 年第 9 期。

② 参见袁晓莉:《中日韩贸易互补性与竞争性分析》,载《中国贸易》2010 年第 19 期。

在国内。[①] 这在很大程度上导致我国出现了"低技术锁定"现象,即经济高速增长与低水平技术创新长期并存。研究表明:对垄断厂商在制度与政策上的倾斜,不仅削弱了垄断企业创新的动力,也削弱了非垄断企业进行创新的动力;非垄断企业减少研发投入并增大其成为垄断厂商中间制品生产者的概率,最终使非垄断企业与垄断企业的博弈演变为资本与劳动力的争夺,使企业陷入对要素数量的竞争而非要素质量提升的竞争,这会大大降低内生性的技术创新出现的频率并诱发大规模增加资本投入,从而维持稳定的经济增长。[②]

客观存在的"低技术锁定"现象意味着我国企业在政府推行竞争中立政策或者融入多边区域性自由贸易组织进一步深化市场开放程度的情况下必将面临较为严峻的新挑战,改革开放特别是入世的实践经验表明市场不同程度的阶段性失守完全在可预计的范围之内。熊彼特的"创造性破坏"理论不仅间接地揭示了暂时落后的企业(挑战者)追赶现行领先的企业(领先者)失败的风险,而且直接地表明了这个追赶过程(攻击与反击)的时间性。落后、追赶、超越之间客观存在的时滞,将可能在较大程度上导致我国部分行业局部甚至整体进入阶段性发展低谷,而这在"稳增长、调结构、促改革"的转型背景下可能出现效应倍增的后果,导致我国经济局部甚至整体出现短期大幅下滑甚至下行。[③]

三、中国实施竞争中立政策的推进模式

客观存在的潜在(重大)风险决定了我们在现阶段不宜贸然全面、深度地实施竞争中立政策,政府可以借鉴以往改革经验按照"先行试点、[④]逐步推广、对外

---

① 《中国企业"总数第二"背后的尴尬》,载 http://cppcc.people.com.cn,最后访问日期:2014年7月24日。

② 参见丁重、张耀辉:《制度倾斜、低技术锁定与中国经济增长》,载《中国工业经济》2009年第11期。

③ 针对"引发国内经济短期宽幅波动"这个风险,后文将重点通过对可能出现的市场结构高度集中和高端产业外资垄断两大具体现象的演绎及其防控进行深化说明。

④ 在竞争中立政策的"先行试点"上,可供选择的方案很多,政府可以选择个别地方(如省、市、县)或者个别行业(如服装行业、建材行业、餐饮行业)或者个别地方的个别行业(如江苏省的旅游行业)先行先试。在我国目前已经批准设立多个"境内关外型"自由贸易试验区的情况下,考虑到这些自由贸易试验区肩负的重要使命和自身的内在需求以及整个经济改革的风险管控、成本节约等,它们应当是我们理想的先行试点平台。但是这并不等于竞争中立政策的所有先行试点都应当在这些境内自由贸易试验区进行,如果因为"经济改革2.0版本"的现实需求,政府可以单独或者同步在除港澳台以外的境内其他地方和/或行业进行先行试点。

输送”有步骤地推进竞争中立政策的稳健实施。

(一)先行试点:境内自由贸易试验区[①]

2013年8月国务院正式批准设立中国(上海)自由贸易试验区[China (Shanghai) Pilot Free Trade Zone]。建设中国(上海)自由贸易试验区是顺应全球经贸发展新趋势,实行更加积极主动开放战略的一项重大举措;它主要任务是要探索我国对外开放的新路径和新模式,推动加快转变政府职能和行政体制改革,促进转变经济增长方式和优化经济结构,实现以开放促发展、促改革、促创新,形成可复制、可推广的经验,服务全国的发展。[②] 中国(上海)自由贸易试验区的适时设立和目标定位,为我国实施竞争中立政策的先行试点提供了理想的平台。而已经正式全面深入推行负面清单管理模式,更使中国(上海)自由贸易试验区为竞争中立政策的先行先试奠定了坚实的基础。2014年7月上海市人大常委会颁布的《中国(上海)自由贸易试验区条例》明确规定:充分激发市场主体活力,法律、法规、规章未禁止的事项,鼓励公民、法人和其他组织在自贸试验区积极开展改革创新活动;自贸试验区内国家规定对外商投资实施的准入特别管理措施,由市人民政府发布负面清单予以列明,并根据发展实际适时调整。

另外,中国(上海)自由贸易试验区本身对竞争中立政策的深度施行,就有着强烈的内在需求。[③] 2013年9月国务院发布的《中国(上海)自由贸易试验区总体方案》开篇指出:试验区肩负着我国在新时期加快政府职能转变、积极探索

---

① 目前,我国已经批准设立了中国(上海)自由贸易试验区、中国(广东)自由贸易试验区、中国(天津)自由贸易试验区、中国(福建)自由贸易试验区等多个自由贸易试验区。这些自由贸易试验区都可以成为我国实施竞争中立政策的先行试点,且它们自身也有推行竞争中立政策的内在需求。在此,我们只选择中国(上海)自由贸易试验区作为试点来研究竞争中立政策。

② 参见孙小静等:《上海赶制自贸区标准答案》,载《人民日报》(海外版)2014年2月24日,第8版。

③ 另一个解释视角如下,《中国(上海)自由贸易试验区总体方案》的指导思想明确要求:高举中国特色社会主义伟大旗帜,以邓小平理论、“三个代表”重要思想、科学发展观为指导,紧紧围绕国家战略,进一步解放思想,坚持先行先试,以开放促改革、促发展,率先建立符合国际化和法治化要求的跨境投资和贸易规则体系,使试验区成为我国进一步融入经济全球化的重要载体,打造中国经济升级版,为实现中华民族伟大复兴的中国梦做出贡献。而TPP目前仍然在不断寻求发展,WTO构建的现行跨境投资与贸易规则体系还在受到严重挑战。在这种历史背景下,中国(上海)自由贸易试验区应当引入竞争中立政策进行先行先试,切实肩负起国务院在《中国(上海)自由贸易试验区总体方案》中所赋予的“我国在新时期加快政府职能转变、积极探索管理模式创新、促进贸易和投资便利化,为全面深化改革和扩大开放探索新途径、积累新经验的重要使命”。

管理模式创新、促进贸易和投资便利化,为全面深化改革和扩大开放探索新途径、积累新经验的重要使命,是国家战略需要。我国政府对中国(上海)自由贸易试验区寄予的厚望,使中外企业对中国(上海)自由贸易试验区的政府管理方式格外充满期待。因此,中国(上海)自由贸易试验区的政府管理方式能否有所实质性的突破,不仅关系到该项改革试验的成败,而且关系到企业群体对今后政府改革的信心。自由贸易的核心要义在于市场决定资源的配置,这不仅需要政府通过推行负面清单管理模式严控政府干预的范围,而且需要政府通过实施竞争中立政策确保政府干预的公平。综观我国目前经济发展现状,除了庞杂多样的进入壁垒外,竞争不公平恰恰正是当前社会迫切需要消除的重大顽疾。《中国企业发展环境报告 2013》尖锐地指出,创造公平的市场环境比政府补贴更重要。[①] 因此,确保政府干预公平必然成为中国(上海)自由贸易试验区政府管理的重要工作,而根本路径便是深度实施竞争中立政策。

(二)逐步推广:国内全局性经济改革[②]

新一轮简政放权改革,标志着中国"经济改革 2.0 版本"的全面启动。政府干预范围的逐步减缩趋势,从长远为我国全面深度实施竞争中立政策提供了良好的基础。在此特定社会背景下,政府应当适时地将中国(上海)自由贸易试验区较为成熟的竞争中立政策施行经验不断地推广到国内的全局性经济改革,但是在具体方案的设计和实施上我们仍应合理地掌控节奏,按照层次递进方式逐步推进。

首先,政府可以根据实际情况制定和实施竞争中立政策的推广"群体梯队"方案。虽然竞争关系的盘根错节使得资源的争夺并非整齐划一地存在于不同类型的市场参与者之间,但是竞争不公平现象在包括我国在内的很多国家却非常明显地存在于国有企业、内资民企、外资企业 3 类群体之间。国家主权的多元性和国家利益的差异化决定了外资企业遭遇竞争不公平的先天性、普遍性和合理性,但是横在国有企业与内资民企之间的竞争不公平却无任何可辨之处。[③] 因此,我国应当借鉴澳大利亚在 20 世纪 90 年代内部推行的竞争中立政策改革

① 参见唐福勇:《公平的市场环境比政府补贴更重要》,载《中国经济时报》2013 年 8 月 27 日,第 3 版。

② 在竞争中立政策的"逐步推广"上,包括各个自由贸易试验区试点的成熟内容和/或境内其他地方和/或行业试点的成熟内容。先"群体梯队"、后"行业梯队"的推广方案具有通用性,不只限于中国(上海)自由贸易试验区成熟经验的全国推广。

③ 参见潘建:《民营企业呼吁给予公平竞争环境》,载《北京商报》2009 年 11 月 20 日,第 3 版。

率先解决国内当前矛盾比较突出的国有企业与内资民企之间的竞争不公平问题，即将国有企业与内资民企作为“群体梯队”的第一序位。当国内企业整体竞争能力较强或者需要适度引入竞争力量驱动国内企业创新时，在没有违背WTO规则的前提下，我国可以单方逐步取消特定领域对外资企业先前依法设立的差异待遇，即将外资企业作为“群体梯队”的第二序位。

其次，政府可以根据实际情况制定和实施竞争中立政策的推广“行业梯队”方案。尽管各个行业都是一个国家市场的必要组成部分，但是它们在国民经济中的地位却有所不同，这就为政府差异化引入市场竞争机制提供了空间。根据实践来看，我国目前不同行业的市场化状况还是非常丰富多样的，充分竞争、半管制化、完全垄断皆应俱全。不同行业市场化的实然与应然之间的差距不仅决定了各自市场化改革的步伐，更为我们逐步推广竞争中立政策提供了递进余地。政府完全可以而且应当根据行业在国民经济中的地位、市场发育程度等因素设定各个行业实施竞争中立政策的时间进程及其阶段性的深度，即先行限于国有企业与内资民企还是适用包括外资企业在内的所有经营者。

（三）对外输送：多边跨境自由贸易区

无论是主动介入还是被动加入一个多边跨境自由贸易区，竞争中立政策都必将成为协定谈判始终绕不开的一个实质性议题。虽然竞争中立政策激荡于国际社会已经数十年，但是它至今至少尚不统一、不完整甚至不科学。“澳版”竞争中立政策针对国内市场，关注国企与私企竞争，强调实质公平；“OECD版”竞争中立政策针对国际市场，关注国企与私企竞争，强调形式公平；“美版”竞争中立政策针对国际市场，关注国企与私企竞争，强调自由公平。这些导致了目前国际社会流荡的竞争中立政策之声比较模糊嘈杂，必然会给包括我国在内的很多发展中国家，在各类多边跨境自由贸易区的谈判中带来麻烦、制造事端甚至激烈的冲突。作为负责任的世界大国，我国应当积极承担起厘清竞争中立政策的历史使命，将经过自身改革实践探索总结出来的客观公正、清晰明朗、系统周全的竞争中立政策按照国际贸易协定的谈判规则要求塑形向世界推送。

我国在不同的多边跨境自由贸易区谈判过程中，政府应当根据合作对象的整体情况，因人而异地提出竞争中立政策的保留事项。不同的多边跨境自由贸易区，各方之间的整体力量悬殊是不同的，我国企业形成的相对地位，也有着很大差异。这种潜在的巨大落差，很容易将我国在不同的多边跨境自由贸易区谈判过程中推向两个不同的极端，即国际贸易保护主义的实施者或国际贸易保护主义的受害者。但是无论何者，这均非我国参与多边跨境自由贸易区谈判的初衷。防范化解这类潜在风险的唯一路径,就是本着互惠共赢的理念针对不同的多边跨境自由贸易区谈判,有针对性地商定竞争中立政策的保留事项。力求在最大程度上保证缔约方的企业在该地理市场上能够较为实质性地展开公平竞争。需要特别指出的是,在风险较为可控的前提下,我国应当尽量减少竞争中立政策的保留事项及其时间周期。原因如下:第一,入世以来的10多年实践充分表明适度的超前增压有助于及时提升我国企业的竞争能力;第二,中国企业在经过最近10年的市场洗礼后已经整体具有较强的竞争优势;第三,中国企业迫切需要加快步伐全面走向海外市场。

四、结语

中国(上海)自由贸易试验区的内涵建设和我国实施竞争中立政策的种种需求,客观决定了我们目前应当在中国(上海)自由贸易试验区全面深度实施竞争中立政策。这也是国内外企业翘首期待的关键亮点,它在很大程度上直接关系到中国(上海)自由贸易试验区的改革成败。[①] 因此,深入研究中国(上海)自由贸易试验区的竞争中立政策非常必要,而且十分紧迫。但是中国(上海)自由贸易试验区肩负的使命以及我国实施竞争中立政策的整体需求,客观决定了中国(上海)自由贸易试验区的竞争中立政策研究必须具有开放性,而不能仅狭隘地限于中国(上海)自由贸易试验区的个体需求。只有这样才能够最大限度地实现国务院《关于印发中国(上海)自由贸易试验区总体方案的通知》所强调的“使之成为推进改革和提高开放型经济水平的‘试验田’,形成可复制、可推广的经验,发挥示范带动、服务全国的积极作用,促进各地区共同发展。”所以,我们在中国(上海)自由贸易试验区的竞争中立政策研究上采用“首先立足共性,其次针对个性”的思维模式进行展开,即除因中国(上海)自由贸易试验区的特殊情况而必须作出特别安排(个性内容)外,其他都将致力于论道竞争中立政策的共性内容。这不仅能够有效地满足中国(上海)自由贸易试验区实施竞争中立政策的个体需求,而且能够有效地满足我国实施竞争中立政策的整体需求。

---

① 参见张占江:《中国(上海)自贸试验区竞争中立制度承诺研究》,载《复旦学报》(社会科学版)2015年第1期。

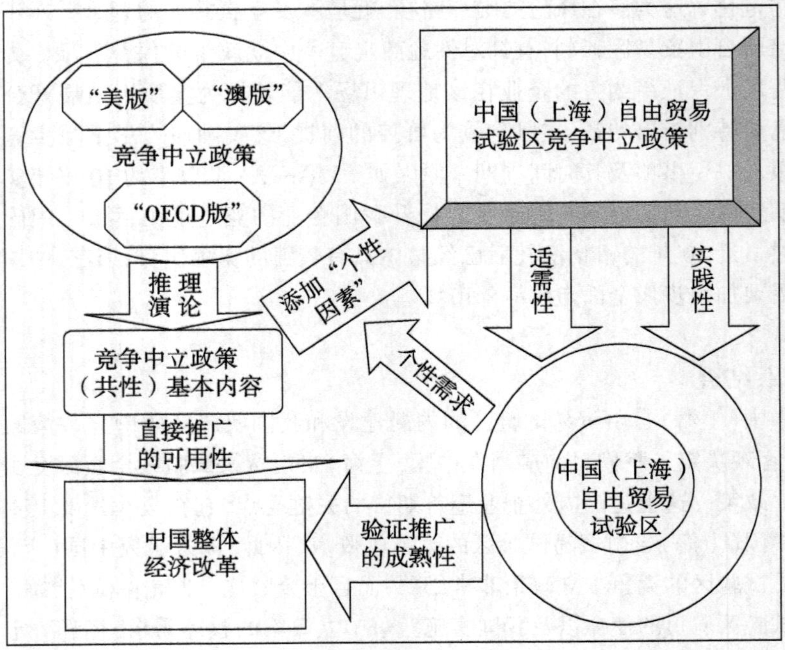
“美版”
“澳版”
竞争中立政策
“OECD版”
中国（上海）自由贸易试验区竞争中立政策
推理演论
添加“个性因素”
适需性
实践性
竞争中立政策（共性）基本内容
个性需求
直接推广的可用性
中国（上海）自由贸易试验区
中国整体经济改革
验证推广的成熟性

图 1

第一章　竞争中立政策的基本定位

第一节　竞争中立政策的政府角色

在最大限度上实现政府与市场的良性耦合，是成功制定、实施一项经济政策的关键。在以市场作为资源配置的决定性机制的社会环境下，人们对此所需的思考和作出的回答便是政府在特定经济政策中所应当扮演的角色，角色定位的准确与否及其程度将直接影响到该项经济政策的社会效果。因此，深入研究政府在竞争中立政策中的基本角色，自然成为我们的首要任务。

一、罗伯特·霍尔马茨的谬论

2011 年 9 月美国国务院负责经济、能源和农业事务的副国务卿罗伯特·霍尔马茨(Robert D. Hormats)，在纽约外国记者中心举行的发布会会后对记者解释：竞争中立的意思是使竞争不受外来因素的干扰，其核心是对现有国际经济规则进行更新和调整，以“弥补现有的国际经济规则无法保证国有企业和私营企业公平竞争的缺陷”。①

（一）谬论之首：竞争中立排斥政府干预

将竞争中立解释为“使竞争不受外来因素的干

① 吴云：《美国出新招对付“中国模式”》，载《人民日报》2011 年 11 月 24 日，第 21 版。

扰”,若单纯从宽泛的文义层面上来看,这基本是无可厚非的。诚如《礼记·中庸》所言:“中立而不倚,强哉矫。”在词根“中立”可以解释为“不去帮助或反对任何一方”的情况下,竞争中立理所当然地可以模式化地解释为“不去帮助或反对参与竞争的任何一方”;换言之,这也可以表述成“使竞争不受外来因素的干扰”,而且似乎这种表述更加突出“中立”本身的哲理。

但是若将竞争中立置于其产生的特定社会背景——市场经济领域之下,罗伯特·霍尔马茨的这种解释显然存在很大问题。追根溯源,竞争中立最早发源于澳大利亚的国内经济改革。20 世纪 90 年代中期,澳大利亚在国有企业公司化改革进程中提出竞争中立概念。1993 年澳大利亚开始对国有企业进行公司化改革,但随后发现国有企业从政府层面获得的成本、定价等要素的竞争优势并没有完全消除,仍能获得税收减免和补贴政策等优惠,从而损害市场竞争。对此,澳大利亚政府于 1996 年开始采取更为严格的竞争中立措施,并逐步将此提升成为一项联邦经济政策。① 罗伯特·霍尔马茨以及其他主体目前所言的上述措辞,均指发源于澳大利亚国内经济改革的“竞争中立”一词。市场经济领域的竞争在根基上只限于从事商品生产、经营或者提供服务的自然人、法人和其他组织实施的经营行为,它在性质上可以是错综复杂的商业行为或者市场运行的阶段状态或者资源分配的优化机制。但是无论何者,它们都因归化为市场的固有范畴而与政府相对存在。按照传统的思维习惯,若谈及“使竞争不受外来因素的干扰”,这里所指的“外来因素”通常都是指政府的干预行为。因此,罗伯特·霍尔马茨所言的竞争中立意思,应当是使市场竞争不受政府干预行为的干扰。而众所周知,市场失灵理论早已充分说明这类主张或者观点的谬误所在。

“市场是资源配置的有效机制,这已为十九世纪欧洲和北美洲大多数国家的资本主义经济成就所证明。但是,市场不是万能的,市场机制也固有许多自身不可克服的缺陷,以致在资源配置上失灵和失效,即不能或难以实现资源的高效配置,这已为十九世纪末以来资本主义经济的发展状况,特别是周期性经济危机所证明。”②理论研究和历史实践充分表明,市场失灵的表现形式是有很多种的,诸如外部效应、贫富分化、公共产品供给不足等,但首当其冲的便是竞争导致垄断。“列宁曾经指出:竞争必然引起资本的积聚和生产的集中,而这种

---

① 参见汤婧:《“竞争中立”规则:国有企业的新挑战》,载《国际经济合作》2014 年第 3 期。

② 王全兴:《经济法基础理论专题研究》,中国检察出版社 2002 年版,第 80 页。

积聚和集中发展到一定阶段就必然走向垄断。"[①]竞争导致垄断的市场失灵客观上决定了政府干预的必然性,政府在市场失灵范围内干预市场竞争已经成为经济学、经济法学领域的一种普世认知。但是按照罗伯特·霍尔马茨所言的竞争中立,为保证国有企业和私营企业公平竞争,(各国)政府都应当不采取任何措施干预相关市场的竞争。很显然,这种主张无论是在理论上还是现实中都是无法立足的。竞争中立并不能意味着禁止政府对市场竞争的任何干预,它应当定位在对政府干预市场的某种限制上。

罗伯特·霍尔马茨的上述论调,不免使我们情不自禁地将之与竭力倡导自由竞争的古典经济学派联系起来。然而相较而言,前者比后者更为激进。虽然以亚当·斯密为代表的古典经济学派主张实行市场自由竞争主义,但是亚当·斯密并不是主张经济上的完全自由放任。[②] 在《国民财富的性质和原因的研究》中,亚当·斯密特别强调:"商人的利益在某些方面往往和公众的利益不同,有时甚至相反。扩张市场,减少竞争,这无疑是一般商人的利益。前者虽然往往于公众有利,后者却总是和公众利益相反。减少竞争,只会使商人的利益提高到自然的程度之上,其他人却为了他们的利益而承受不合的负担。"[③]由此可以看出,亚当·斯密还是在一定程度上主张政府对市场采取有限的干预措施。这相对于罗伯特·霍尔马茨有关竞争中立的上述见解,要温和多了。一古一今、一前一后之间的鲜明反差以及罗伯特·霍尔马茨的身份,或许让人不同程度的有些迷惑,即难道身为美国国务院负责经济、能源和农业事务的副国务卿一点不了解经济学常识吗?答案似乎也是显而易见的,罗伯特·霍尔马茨的这番激进话语在性质上并不是一种无知的表现。恰恰相反,这深刻地反映出美国试图借助竞争中立的字面意思所极力掩藏的内心真实想法——通过促进国际市场高度甚至完全的自由竞争,来推动美国企业垄断或者继续垄断全球的主要核心产品、技术、服务等市场:在美国企业在全球市场目前仍然具有较大竞争优势的情况下,国际市场的自由竞争将会导致美国企业对发展中国家甚至其他发达国家的企业,进一步取得相对甚至绝对的市场优势地位。

(二)谬论之次:国企导致现行规则不足

按照罗伯特·霍尔马茨所言,竞争中立的核心是对现有国际经济规则进行

---

① 钟明钊主编:《竞争法》,法律出版社2008年版,第9页。

② 参见王晓晔:《反垄断法》,法律出版社2011年版,第9页。

③ [英]亚当·斯密:《国民财富的性质和原因的研究》(下册),郭大力、王亚南译,商务印书馆1983年版,第242～243页。

更新和调整,以“弥补现有的国际经济规则无法保证国有企业和私营企业公平竞争的缺陷”。细致品读罗伯特·霍尔马茨的这番话语,至少在语意上让人觉得,他似乎认为很多国家不同程度存在的国有企业导致了现行国际经济规则开始出现严重的缺陷,以致使人们迫切需要采取相应措施进行弥补与完善。

虽然我们无法厘清罗伯特·霍尔马茨所谓的现行国际经济规则的确切内容,但是根据人们的常规理解,现行国际经济规则应当系指第二次世界大战以后经过不断演化形成的当今投资与贸易有关的内容总和。1946 年联合国经社理事会举行第一次会议,会议呼吁召开联合国贸易与就业问题会议、起草国际贸易组织宪章并进行世界性削减关税的谈判;经过多次谈判,美国、英国、加拿大、澳大利亚、法国等在内的 23 个国家于 1947 年 10 月 30 日在日内瓦签订了“关税及贸易总协定”(General Agreement on Tariffs and Trade,GATT),这初步构建了第二次世界大战后国际经济规则的基本框架。到了 20 世纪 80 年代,由于欧洲与日本的崛起开始对美国构成威胁,美国从战后初期单方面开放市场的自由贸易政策转到了“公平自由贸易”政策。WTO 取代 GATT 后,以美国为首的发达国家借助 WTO 这一平台越来越倾向于制定知识产权保护规则(如 TRIPs)、投资自由化规则(如 TRIMs)、环境保护规则、竞争政策规则、劳工条款等。这些规则的一个基本趋向就是维护现有的国际分工体系,继续保持其技术、产业竞争优势,把不同类型的国家“锁定”于现行的国际分工链条之上。[①] 2001 年 12 月中国加入 WTO,2012 年 8 月俄罗斯成为 WTO 第 156 个成员。虽然一个不争的事实是我国与俄罗斯是国有企业存在数量较多的国家,但是除非罗伯特·霍尔马茨的前面言论在对象和时空上具有尚未言明的针对性,否则以抽象的国有企业参与市场经济活动为由来“诊断”现行国际经济规则存在重大问题——无法保证国有企业和私营企业公平竞争,无论从何种角度上来讲都是非常牵强附会的。

如罗伯特·霍尔马茨本人在《竞争中立:确保全球竞争的合理基础》(Ensuring a Sound Basis for Global Competition:Competitive Neutrality)一文中所承认的那样,国家组建企业或者支持特定企业参与经济活动并不是什么新鲜的事情,这自中世纪以来就已经较为普遍存在。[②] 纵观近百年世界经济发展史,罗

① 参见李向阳:《国际经济规则的形成机制》,载《世界经济与政治》2006 年第 9 期。

② Robert D. Hormats, Ensuring a Sound Basis for Global Competition: Competitive Neutrality, http://www.state.gov,2014.08.02.

伯特·霍尔马茨所言的现行国际经济规则从产生到发展至今在参与主体上一直都有着国有企业的身影。在 GATT 的创始国中，除美国外，包括英国、法国、加拿大、澳大利亚、荷兰、南非、印度等在内的其他 22 个国家，在当时就已经不同程度地存在各个类型的国有企业。在 GATT 存续的 37 年过程中以及 WTO 问世以来，这些创始国以及包括除中国与俄罗斯以外的其他陆续加入者，都始终不同程度地利用国有企业参与国内外的市场竞争。例如，法国通过 1988 年成立的法国电信(国有控股企业)进入全球市场，先后兼并了英国移动运营商 Orange 公司、埃及运营商 Mobinil 公司等；已有 350 多年历史的英国皇家邮政公司是英国目前所剩不多的大型国有企业集团，占据着 50% 以上的英国邮递服务市场；加拿大成立多个皇冠公司(国有企业)，如加拿大广播公司、加拿大国家铁路公司、加拿大航空安全公司等；澳大利亚是由 6 个独立的州组成的联邦制国家，高度自治的政治、经济制度环境使各州各自拥有为数众多的公有制企业，这些公有制企业占有大量生产资料，构成区域垄断。① 既然国有企业在所谓的现行国际经济规则形成伊始之初就已存有并持续性、总体量较为宏大地参与相关范畴的市场活动，那么在 21 世纪初叶的今天以"弥补现有的国际经济规则无法保证国有企业和私营企业公平竞争的缺陷"为由提出通过竞争中立规则("OECD 版"竞争中立政策、"美版"竞争中立政策)来对现有国际经济规则进行更新和调整显得格外失真。

对此，不少专家尖锐地批判道："缺陷为何在此阶段才发现，国际规则的制度看来任由制定者随时想调就调。按此逻辑类推，是否可以建立一种国际经济规则，来保证发达国家与发展中国家公平竞争。"②不难看出，以国有企业作为噱头，对现行国际经济规则进行发难绝非罗伯特·霍尔马茨的真实意思，作为全球唯一超级经济大国的副国务卿对此相关问题应当是心知肚明的。在写给《华尔街日报》的一封电子邮件中，罗伯特·霍尔马茨的醉翁之意表露得一览无遗："竞争中立"一词并不是我杜撰出来的，这一包罗广泛的主题已经涵盖在《泛太平洋战略经济伙伴关系协议》(TPP)这一贸易协议中，而且在经济合作与发展组织(OECD)的工作中有更具体的体现。笔者想指出的是，笔者无意挑战中国的国企模式，而是说，国企应该在一个为全世界接受的规则和规范体系中运营，

---

① 参见李晓玉：《"竞争中立"规则的新发展及对中国的影响》，载《国际问题研究》2014 年第 2 期。

② 徐旭红：《"竞争中立"论：美式项庄舞剑》，载《中国企业报》2011 年 12 月 6 日，第 1 版。

而且中国政府采取的支持措施不应该扭曲这一体系当中的竞争关系。[①] 很显然,罗伯特·霍尔马茨完全是针对中国国有企业而言的。姑且撇开现行国际经济规则是否需要进行更新和调整以及如何更新和调整不谈,这种言谈本身就有悖于竞争中立之义。

二、"澳版"竞争中立政策的误传

虽然早在20世纪70年代很多国家在讨论、制定、执行本国的相关经济政策、法律规范等过程中,客观上就已经实质性地考虑到竞争中立问题,但是率先明确提出的却是澳大利亚。因此,澳大利亚成为当今世界各国公认的竞争中立政策的先驱者,所以它在20世纪90年代开始推行的竞争中立政策(改革),至今仍被不少主体宣传推广、借鉴学习。在被向世界传播的过程中,"澳版"竞争中立政策的部分内容出现了被有意或无意误读误解的现象。

(一)误导:竞争中立针对国企与私企之间竞争

为了推动经济持续高效发展,澳大利亚在20世纪90年代初,开始对澳大利亚国家航空公司Qantas、澳大利亚联邦银行、澳大利亚电讯公司Telstra等国有企业进行公司化改革。虽然国有企业公司化改革随即在一定程度上促进了澳大利亚的市场发展,但是很多人发现有着政府背景的企业依然可以获得很多额外的竞争优势,如税收优惠、专项财政补贴、低息贷款或者政府担保等,这在很大程度上影响了澳大利亚国内市场的公平竞争,并进而损害了经济发展效率。因此,澳大利亚在1996年发布了《联邦竞争中立政策声明》首次明确指出:竞争中立要求政府商业活动不应当仅凭其公共部门所有权而享有高于私营部门竞争者的竞争优势。实施竞争中立政策的目的在于消除因公有制性质所造成的资源配置扭曲,完善市场竞争机制。如果不及时推行竞争中立政策,资源配置则会因为不能够充分反映成本的政府商业行为而遭到扭曲,继而影响私营部门的投资行为和市场的公平竞争秩序。因此,任何政府都不应当利用自身的立法或者财政权力使自己的商业行为比私营企业获得更多的优势。[②] 在随后实施的竞争中立政策改革过程中和发布的各类文件材料中,澳大利亚基本一直强

---

① 参见鲍伯戴维斯(Bob Davis):《美国副国务卿:中国国企不应当扭曲竞争》,载《华尔街日报》(中文版)2011年11月28日,第6版。

② Australian, Commonwealth Competitive Neutrality Policy Statement, http://archive.treasury.gov.au, 2013.08.17.

调竞争中立政策对于消除政府商业行为与私营部门之间的不公平竞争是至关重要且具有重要社会意义。① 例如,澳大利亚国库部和财政部在2004年联合发布的《澳大利亚政府对经理人的竞争中立指引》(Australian Government Competitive Neutrality Guidelines for Managers)中再次特别声明:政府致力于令人信服、透明的行政管理和公共资源的高效配置与使用,实现此承诺的一个重要路径就是对政府商业活动实行竞争中立政策,范围涵盖税收、信贷、政府管制、投资回报率、成本分担、诸如保险等其他领域等。②

客观而言,若不考虑澳大利亚的特定历史背景、具体改革目的等因素孤立地审视《联邦竞争中立政策声明》所阐述的竞争中立,它在直观上显得比较狭隘。纵览各国市场经济发展史,竞争关系盘根错节而非整齐划一地存在于不同类型的市场参与者之间,商品供给替代不仅发生在一国境内的国有企业和私营企业之间,而且发生在一国境内的国有企业之间和私营企业之间。尽管因特殊的"血缘"关系使国有企业常常受到政府不合理的特殊关照而获得额外竞争优势,但是因政府投资的主体多元化和产权的持有多样化,这种额外竞争优势并非普遍、均衡惠及所有国有企业;况且根据实践来看,从政府不当干预市场行为中获得额外竞争优势并非国有企业的"专利",私营企业通过商业贿赂、院外游说、政府非对称管制等获得额外竞争优势在现实生活中也是屡见不鲜。因此,竞争中立的周全意思至少应当涵盖所有企业之间的竞争。但是澳大利亚《联邦竞争中立政策声明》文本表意的竞争中立,却出人意料地格外受到美国的青睐,它不仅曾经完全照搬其义塞入TPP协议使之走向区域化,而且借道利用OECD发布《澳大利亚的竞争中立与国有企业:实务和其他相关的评论》等工作报告使之走向全球化。这些断章取义之举导致了澳大利亚的竞争中立政策被不断地误传,使国际社会片面地将竞争中立问题狭隘地聚焦在国有企业与私营企业之间,甚至仅限在中国的国有企业与其他的私营企业之间。坦率来讲,即便亲自查阅澳大利亚竞争中立政策的改革文件,人们也比较容易产生一种误解——竞争中立只是针对国有企业与私营企业之间的竞争问题,这就更不用说人们只是

---

① 澳大利亚后续采取的措施和发布的文件可登录澳大利亚的国家竞争政策官网(http://ncp.ncc.gov.au/pages/home)"主要改革领域"(Major Areas of Reform)和"出版检索"(Publication Search)两个栏目查看。

② Australian, Australian Government Competitive Neutrality Guidelines for Managers, http://www.finance.gov.au,2014.08.06.

片言只语地听说澳大利亚竞争中立政策的一些信息。

其实,澳大利亚的竞争中立政策是针对所有企业之间的竞争,更准确地来讲是针对市场竞争机制的。在澳大利亚竞争中立政策的起源报告《国家竞争政策》中,希尔墨教授深刻指出:"每一个现代市场经济都有一套规则确保竞争机制不会被企业通过合谋或者单干的反竞争行为破坏……在澳大利亚,这些规则包含在《1974 年联邦商业行为法》第四部分……当前最紧迫的问题就是确保这些规则在适用过程中所存在的不合理漏洞被弥补上以给企业经营提供一个全国统一的法律框架。"[①]而根据《1974 年联邦商业行为法》来看,这部相对于1965 年的新法仍然存在很多问题,如无法适用于合伙、个体商贩等非法人企业之间在州内的商业行为、联邦和州政府制定的其他法律所规定的适用除外条款仍然具有优先效力等。这不仅导致澳大利亚的政府商业活动与私营部门之间依然存在诸多不公平竞争问题,而且导致澳大利亚不同领域的私营部门竞争者之间出现不公平竞争问题。为了彻底改善澳大利亚的竞争法治环境,联邦和各州在 1991 年决定成立一个独立的国家竞争政策检查委员会(Independent Committee of Inquiry into a National Competition Policy for Australia)全面调查澳大利亚的市场竞争状况,该委员会在 1993 年公布了前面提到的《国家竞争政策》(希尔墨报告)。这份报告引起了澳大利亚政府委员会(Council of Australian Governments)的高度重视,随即在 1995 年澳大利亚联邦与各州一致同意通过了《竞争原则协议》(Competition Principles Agreement)对《1974 年联邦商业行为法》所存在的上述一系列问题做了修正。

(二)误导:竞争中立排除政府任何非中立干预

纵观过去已经施行 20 多年的竞争中立政策改革,澳大利亚发布的竞争中立政策文件,绝对不止前面提到的《国家竞争政策》《竞争原则协议》《联邦竞争中立政策声明》《澳大利亚政府对经理人的竞争中立指引》等。根据国家竞争委员会(National Competition Council)官网公布的信息来看,包括澳大利亚联邦和州在内的政府组织,目前已经累计发布 368 个有关竞争中立政策的文件,类型涵盖澳大利亚政府委员会专项文件、政府国家竞争政策报告、立法审查报告、立法说明、国家竞争委员会年度报告、国家竞争委员会评估报告、国家竞争委员会调研报告、出版物或演讲等。归纳起来看,这些不同类型的文件主要从以下 4

---

① Australian, National Competition Policy, http://ncp.ncc.gov.au, 2013.08.24.

个角度详细阐述了澳大利亚的竞争中立政策改革:第一,推行竞争中立政策的历史缘由及现实价值;第二,竞争中立政策对政府的行为约束要求及其相关重点领域;第三,联邦及州政府在实践中存在的有悖于竞争中立政策精神的作为或者制度设计;第四,竞争中立政策的纠纷解决机制及其保障。但是可能受关注重点、考察深度、介绍篇幅等因素影响,包括 OECD 等在内的各类主体在介绍澳大利亚的竞争中立政策改革时通常都只是提及《国家竞争政策》《竞争原则协议》《联邦竞争中立政策声明》等部分具有里程碑地位的文件,很少深度、全面地综述澳大利亚的相关文件。这就很容易导致人们对澳大利亚竞争中立政策的了解出现"管中窥豹"现象,其中,最为突出的问题就是往往将竞争中立政策过于绝对化。

若稍微泛化观察澳大利亚的经济活动,我们不难看出,澳大利亚推行的竞争中立政策改革,并不是绝对排斥政府采取任何非中立的干预措施。根据同期的社会实践来看,澳大利亚政府一直在实施多种多样的非中立性干预措施,包括给予少数群体特殊好处和苛加特定主体某项义务。具体而言,前者最典型的示例就是澳大利亚对本国中小企业的特殊扶持政策:如对于信息和通信行业,澳大利亚要求在硬件(电脑、网络设备、主机和打印机等)采购中,至少 10% 的合同(以金额计算)授予中小企业,在服务(系统集成、软件、技术咨询、通信服务)采购中,至少 20% 的合同授予中小企业;[①]后者最为典型的示例就是澳大利亚要求电信公司 Telstra 履行电信普遍服务义务,即不管以廉价的光纤方式还是高昂的卫星方式必须为全体澳大利亚国民提供商用 64kbit/ sISDN 接入服务,保证任何人都能够以较为合理的对价获得相应的通信服务。

事实上,澳大利亚政府采取非中立性的措施干预经济活动,并不纯粹只是一种客观现象孤立的存在。它的很多法律在制度层面上,本身就允许甚至要求澳大利亚政府根据特定的情况需求采取相应的非中立性干预措施。就以澳大利亚推行竞争中立政策的诉求基点——公平竞争法律制度为例,根据在 2011 年由先前《1974 年联邦商业行为法》更名为《2010 年竞争与消费者法》(Competition and Consumer Act 2010)来看,澳大利亚对于具有市场支配地位的企业强加了一项特殊的法律义务,即禁止滥用市场支配地位:该法第 46 条规定,如果一个公司具有市场优势地位,则不得滥用这种地位对竞争者实施造成

① 参见许敏燕:《澳大利亚对扶持政策落实情况实行年检》,载《政府采购信息报》2013 年 6 月 21 日,第 4 版。

消灭及实际损害的行为,不得阻止他方进入市场,不得阻止或防止他方进行竞争行为。该法第76(1A)条规定,对滥用市场支配地位的公司,法院最高可处以1000万澳元的罚金;如果认定有违法所得的,则可处以3倍违法所得的罚金。如果无法认定违法所得的,则可处年营业额10%的罚金。类似澳大利亚的上述规定在美国、欧盟、日本、巴西、南非等各自的竞争法律规范中都是普遍常见的,它在性质上是一种非中立性的干预措施。例如,德国法学家狄特瑞希·霍夫曼(Dietrich Hoffmann)形象所言,"一种行为若由其他企业实施则可能是正常的竞争,但若由拥有市场支配地位的企业实施就构成'滥用'并受到禁止"。[①]

这种格局的出现并不是偶然的,它有深刻的理论基础和社会缘由。凯恩斯主义经济学的兴起基本终结了政府是否应当干预市场的世纪争论,但是由此却开启了政府应当如何干预市场的探索历程。"我们说政府有时可以改善市场结果并不意味着它总能这样。"[②]"当政府政策或集体行动所采取的手段,不能改善经济效率或道德上可接受的收入分配时,政府失灵便产生了。"[③]政府失灵问题的存在,使人们对政府干预市场提出了很多要求和限制,保持中立便是其中重要内容之一。但是这些种类与形式庞杂的要求与限制的根本目的在于确保政府能够有效地弥补市场失灵,而非仅简单形式化地约束政府的权力及其作为。因此,竞争导致垄断、形式公平导致群体贫富两极分化等固有的市场失灵问题,客观上决定了政府竞争中立只能是相对的。尽管将竞争中立绝对化的理解在形式上有别于古典的经济自由主义,然而它在实质上很多方面都会与后者产生相同的结果。即便不考虑国际贸易中可能借此掩盖的贸易保护主义,姑且仅就一国的国内市场而言,如果政府保持绝对的竞争中立,这无疑至少将导致相关市场最终走向垄断局面。

深度剖析罗伯特·霍尔马茨的谬论和澳式竞争中立政策的误传,充分表明政府在竞争中立政策中应当扮演着不可缺席的角色:市场失灵不仅需要政府在竞争中立政策的实施过程中及时采取合理措施干预市场竞争,而且允许和要求政府在竞争中立政策的实施过程中根据需要适时采取科学的非中立性干预措施来维持市场竞争;竞争关系的非整齐划一特性要求政府在实施竞争中立政策

---

① 曹士兵:《反垄断法研究》,法律出版社1996年版,第140页。

② [美]曼昆:《经济学原理》(第3版),梁小民译,机械工业出版社2003年版,第10页。

③ [美]保罗·A.萨缪尔森、威廉·D.诺德豪斯:《经济学》(下),高鸿业等译,中国发展出版社1992年版,第1189页。

的过程中应当面向所有的市场参与者，而非有针对性地指向国有企业与私营企业之间的市场竞争。

第二节 竞争中立政策的应然使命

允许政府干预市场且可以采取非中立性的措施表明竞争中立政策所追求的不是纯粹的形式约束，而是有着深层的价值目标。各类社会主体特别是政府部门对竞争中立政策的价值目标的定位与理解，不仅直接影响着竞争中立政策的制定与施行根本，而且直接关系到一个国家的企业在相关市场上的存亡。因此，准确把握竞争中立政策的应然使命便成为我们接下来的重要工作。

一、经合组织系列报告倡导的价值

OECD是最早研究竞争中立政策的国际组织，它自2000年以来已经陆续发布了《OECD关于财政预算透明度最佳实务》、《OECD关于国有企业公司治理的指引》、《竞争中立与国有企业：挑战与政策选择》(Competitive Neutrality and State-Owned Enterprises：Challenges and Policy Options)、《竞争中立：维持公有企业与私有企业之间竞争水平》等多份专项工作报告。这些文件以政府、国企与市场为主题背景，通过对“简化国有企业运营方式”“核算特定职能成本”“给予商业化回报”“厘清公共服务义务”“税收中立”“监管中立”“债务及补贴中立”“公共采购中立”8个核心事项的讨论重点突出了竞争中立政策的公平价值。

(一)简化国有企业运营方式

在《OECD关于国有企业公司治理的指引》中，OECD强调：如果竞争性活动由具有独立身份并且和政府保持一定距离的实体从事，那么实现竞争中立政策(环境公平)会更加容易。为此，OECD建议各国政府采取相应措施来改善国有企业的运作模式，这些措施应当包括但不限于：第一，国有企业最大程度实现公司化经营。OECD认为“通过坚持那些适用于私人企业的公司会计准则，之前这些企业令人费解的资产使用情况变得清晰。这使政府和公众能够更好地认识到，发展公用事业的特定决策和战略所需要的成本。最终，隐藏的交叉补贴和补贴浮出水面，他们的需求被重新评估并且以一种更为直接的方式解决。

企业化有助于使公共利益更加透明,并且能更好地制定补贴和调整政策。”①第二,逐步推进管制产业的结构性分离。考虑到很多传统管制产业因为技术等因素的变化,而使部分可以引入市场竞争且不少国家的国有企业,掌握相关的必要基础设施并直接影响到国有企业与私营企业在竞争性领域上的公平竞争问题,OECD 指出,“当面临一个受监管的企业正在或将要同时从事非竞争性活动与一个可能竞争性的补充性活动时,成员国应当仔细权衡结构性政策的收益成本与行为措施的收益成本”。②

(二)核算特定职能成本

由于成本的高低在很大程度上决定了企业的竞争能力强弱,所以 OECD 认为建立一个合适成本确定机制非常重要,特别是针对国有企业。从各国的实践来看,国有企业在日常运行过程中在不少情况下,因与政府的种种事由获得独特的优势或者承担特别的劣势。前者如国有企业因共享政府部门的基础设施而获得额外的成本补贴,后者如国有企业因承担公共服务职能而承受额外的成本负担。因此,国有企业的成本结构可能会带来相较于私人企业的优势或者劣势,这种成本上的优势或劣势,应当被更清晰地量化核算并能合理解释。为了确保竞争的公平性,国有企业的成本结构应当考虑以下因素:第一,因被分配的公共服务义务所产生的额外成本;第二,从财政、税收及可适用的特定规章的影响中获得的预期优势;第三,政府预算应当获得的预期收入,作为对这些实体投资额的补偿,考虑到公共服务义务以及之前计算的财政和监管优势等。③“国有企业被要求承担公共服务的义务或责任应当由法律或规章明确授权……有关成本也应当以透明的方式被弥补。”④对于如何才能做到透明化,OECD 在《OECD 关于财政预算透明度最佳实务》中作了较为细化的说明,除了强调核心的信息披露外,它还提供了一些成本核算的方法。

(三)给予商业化回报

OECD 通过大量的调研发现,不少国家的国有企业虽然已经进行了公司化

---

① OECD,OECD Guidelines on Corporate Governance of State-owned Enterprises, www. oecd. org,2014. 08. 10.

② OECD, Recommendation of the Council concerning Structural Separation in Regulated Industries, www. oecd. org,2014. 08. 10.

③ OECD,Competitive Neutrality: Maintaining a level playing field between public and private business, www. oecd. org,2014. 08. 10.

④ OECD,OECD Guidelines on Corporate Governance of State-owned Enterprises, www. oecd. org,2014. 08. 10.

改制，但是由于受到控股股东——政府的动机、偏好、服务意识等因素影响，部分国有企业在日常交易活动中并不是完全以商业利润最大化为目的，这与私营企业在根本上存在质的区别。实现利润最大化是所有私营企业孜孜以求的目标，唯利是图应当是商业行为的常态。尽管国有企业的某些不以利润最大化的商业行为，客观上可以造福社会公众或者特定消费群体，但是这种做法客观上也伴生一些不良后果，导致私营企业无法展开市场竞争便是其中最为突出的问题。解决这个问题的有力手段，便是要求国有企业从事商业活动使用的资产必须获得一个合理的回报率，并且设定合适的分红目标。然而应当注意到，竞争中立政策并不要求每一项交易甚至每一个预算期间都实现既定的回报率。一项回报率要求，并不阻止国有企业像私有企业那样差异化或变动它们的利润率。[①] 对于国有企业应当获得什么样水平的商业回报率，OECD 在《公共部门监管市场活动》（Regulating Market Activities by the Public Sector）中作了探讨；该文件列举了一些可以用来计算回报的方法，它们的复杂程度和精确程度各异，但总的看来，决定回报率的拇指法则，就是这种目标应反映长期政府债券的利率（无风险利率）加上一个合适的风险率。[②]

（四）厘清公共服务义务

在一个竞争性环境中运营的国有企业，通常被期望在从事商业活动之外提供公共必需品，这些是普遍服务义务的一部分，包括向偏远、人迹罕至的区域提供服务或者以可支付得起的价格出售必需品等。为了平衡商业与非商业活动，服务提供者有合法的权利就其提供的公共服务获得补偿，尤其是当履行上述义务使之无利可图时。竞争中立政策有可能与实现这些双重目标存在冲突，并且清晰界定提供服务的目标、准确核算成本以使补偿导致的扭曲效应最小化是非常重要的。一方面，不充分的成本核算会让国有企业与私人企业相比处于劣势；另一方面，如果国有企业因为履行公共服务义务而获得了超额补偿，那么市场就会向国有企业倾斜。在实践中认定国有企业的相关事项是否符合公共服务义务也很复杂，这种模糊就使在竞争中保护国有企业成为理性的做法，这导致了不少领域的市场竞争出现显失公平。因此，OECD 认为，除了通过公共服务政府采购的方式来消除潜在的竞争不公平问题外，各国政府应当采取措施来

---

① OECD, Competitive Neutrality: Maintaining a level playing field between public and private business, www. oecd. org, 2014. 08. 11.

② OECD, Regulating Market Activities by the Public Sector, www. oecd. org, 2014. 08. 11.

完善国有企业履行公共服务义务的核定工作机制,包括履行义务的基础、方式、成本要素、服务质量、监管机构、激励手段等。①

(五)税收中立

虽然税收是所有企业都必须承担的刚性经营负担之一,但是因所有权结构或者法律形式的差异,国有企业、私营企业以及政府的一些具有商业性质的行为所享受的税负并不是完全相同的,包括所得税、增值税、财产税、注册税等各个税种的征收。根据实践来看,税收待遇上出现的差异客观上导致了企业之间的竞争出现不公平问题,特别是国有企业与私营企业之间的竞争。从企业财务视角来讲,税收的优惠与政府给予经济性补贴是一致的。因此,OECD 在《OECD 国际增值税/消费税指南——中立国际指南》(OECD International VAT/GST Guidelines—International Guidelines on Neutrality)中特别指出:税收应该追求商业形式之间的中立与平等,商业决定应该基于经济考虑而不是税收考虑。在相似情况下从事相似的贸易应该适用相同水平的税收。② 为了保证企业之间的竞争公平性,OECD 建议各国政府应当采取坚决执行公司化企业的非歧视原则。除此以外,OECD 还特别针对政府的某些具有商业性质的行为征税问题作了阐述,它认为:特定税收的豁免事项不仅可能会影响企业的定价,而且可能会影响政府支出和投资决策;例如,就增值税而言,政府可能不太愿意将特定需求外包或者公共服务公司化,如果这些服务需要交税,否则可以由内部免税的方式提供。③

(六)监管中立

监管对于提高公共部门运行效率、矫正市场失灵、改善企业的公平竞争环境等都至关重要。这使许多国家积极采取措施开始进行各个政府层面的监管改革,包括废除过时的法律法规、简化各种行政要求以降低守法成本。即便在仍被国家高度管制的行业,旨在最大程度上营造与私营企业具有相同监管环境的监管政府监管的改革也在逐步进行。根据 OECD 的调研,常见的非中立性监管包括对遵守披露或新要求的豁免、对遵守约束性商业行为的法律豁免、对主

---

① OECD, Principles for Managing Ethics in the Public Service, www. oecd. org, 2014. 08. 11.

② OECD, OECD International VAT/GST Guidelines – International Guidelines on Neutrality, www. oecd. org, 2014. 08. 11.

③ OECD, Competitive Neutrality: Maintaining a level playing field between public and private business, www. oecd. org, 2014. 08. 13.

权国家豁免权的法律豁免、对破产法的豁免、对建设许可证管理条例或区域法规(至少对于市属企业而言)的豁免、获得土地优先权等。各国政府也被谴责以公共利益为借口,树立监管壁垒从而保护本国的企业(维护本国领先企业)。例如,面对新的环境法规,现存的公司有时会游说政府以取得保留条款,这会造成现存公司和新进入企业之间极大的成本不对称,并严重危害竞争。① OECD 还特别指出:在一般情况下,监管的目的是促进竞争,执行非歧视和透明度政策的政府一般都推行监管中立原则——尤其是当商业和非商业的重点是确定并分开核算时,然而,如果政府监管不是这样的,监管待遇的差异必须明确,特别是在有自然垄断倾向的行业。②

(七)债务及补贴中立

债务中立要求国有企业和其他政府企业应该承担与在类似情况下民营企业承担的债务利率相同,它直接为政府确保它们控制的商业实体不能从财政补贴中收益,尤其是补贴是由政府自身提供的。OECD 在《竞争中立与国有企业:挑战与政策选择》明确指出:政府贷款低于市场利率提供或者对抗在纯商业条件下不能接受的抵押品或者证券化等于直接拨款,这扭曲了市场公平竞争。另外,补贴和国家援助可能导致反常的结果。国家援助提高接收公司的现金流,增强资产负债表和以可能允许公司筹集额外债务融资和股权资本的方法构建资产。它增加了降低违约风险的认知,转而可能导致在市场上更低廉的融资比起私人经营者从事相似的活动。国有企业可能获得优惠贷款利率或者享受政府提供和信贷担保,降低借款成本,提高其对于私营对手的竞争力。优先获取信贷容易导致排挤私营部门的借款人。甚至在国有企业没有明显享受信贷利率优惠或者拥有政府担保的情况下,市场通常把国有企业视作从政府处获得担保。如果它确实存在政府背景历史,这种认知会加强。研究显示政治关联公司更有可能成为政府援助的受益者。在新兴市场,这更可以得到证明。在一些国家,信用被国有银行延长,潜在地构成利益冲突方面的其他问题。无论金融支持的形式,便宜的融资渠道、优惠的信贷条件、直接补贴或者显性/隐形担保,国有企业可能会受益于明显的成本节约,可以比私营竞争者更容易地

---

① OECD,Competitive Neutrality and State-Owned Enterprises:Challenges and Policy Options,www.oecd.org,2014.08.13.

② OECD,Competitive Neutrality:Maintaining a level playing field between public and private business,www.oecd.org,2014.08.13.

扩展经营业务。①

(八)公共采购中立

OECD 指出:为提高效率,服务外包越来越多地被采用,这些形式包括政府范围内的购买、私营企业的招投标等。因市场机制的差异,政府采购的合同分配在不同国家是存在较大差异的,这在不同程度上直接影响到市场的公平竞争。尽管国际层面已经做了很多努力,关注提升竞争招标投标和提高政府合同的供应商选择程序。然而,公共部门垄断已经越来越少,私人和公共机构之间的界限在很多经济体中已经变得越来越模糊。结果,全面竞争或者私人企业和公共企业之间的竞争活动发生在一些新领域,实际上增加了商业纠纷的范围。然而政府采购基本上在所有经合组织的国家须严格执行法律法规和规章,国有企业主要出现在合同复杂、投标标准多样的行业。政府已经被指控从这种复杂性中获益,灰色区域有效地给予国家领导企业优惠待遇。尽管有相对严格的政府采购规则,在实践中一些国有企业继续可以从政府采购中获益。政府采购的特别重要性和竞争中立仍是内部采购的一个问题——公共机构可能购买直接来源于其控制组织的商品或服务,在一些情况下,它自己提供服务。②

二、美国力推竞争中立政策的动因

因国有企业数量非常稀少且国内市场竞争机制比较成熟,美国本身是最缺乏施行竞争中立政策土壤的国家,但它却是国际上推行竞争中立政策的最卖力者。现实反差与美国实用主义形成的鲜明对比,表明这种现象的出现绝非偶然,这必然有美国自身的特定利益考虑和战略安排。

(一)遏制国家资本主义模式

国家资本主义是指与国家政权相结合,由国家掌握和控制的一种资本主义经济。它是一种典型由国家力量主导的资本主义制度,其性质与作用完全决定于国家的性质。纵观世界发展历史,国际资本主义应当发端于 19 世纪末 20 世纪初,并随后曾经在全球范围内普遍存在。第二次世界大战结束以后,国家资本主义在不同的国家演化出不同的模式,归纳起来总体有 4 种,即“赶超式”国

---

① OECD, Competitive Neutrality and State-Owned Enterprises: Challenges and Policy Options, www.oecd.org, 2014.08.13.

② OECD, Competitive Neutrality: Maintaining a level playing field between public and private business, www.oecd.org, 2014.08.14.

家资本主义、“凯恩斯式”国家资本主义、“莱茵式”国家资本主义和“计划式”国家资本主义。实行“赶超式”国家资本主义的国家主要有日本、韩国等国家，实行“凯恩斯式”国家资本主义的国家主要是美国、英国等发达国家，实行“莱茵式”国家资本主义的国家主要有德国等莱茵河畔国家和北欧等国家，实行“计划式”国家资本主义的国家主要是印度。① 20世纪80年代末，随着超级霸主美国在资本主义世界推行“公平自由贸易政策”，基础体量相对较小的这些不同模式的国家资本主义都开始较大幅度地退缩，很多国家只在铁路基础设施建设、城市供水供暖供电网管铺设、基础医疗教育供给、城市环境治理等少数公共事业领域保留，自由资本主义重新开始常态化主导整个资本主义世界，并对不少发展中国家产生巨大的外溢影响。

虽然我国早在20世纪70年代末就有意识地推进经济体制改革，但是直到20世纪90年代上半段才初步引入市场经济。市场经济引入的迟缓、计划经济存续的深厚等多种因素的叠加，使我国在加入WTO之前在不少领域还存在一些政企不分现象，国有企业基本掌控着各个领域的市场。入世带来的阶段性冲击促使我国掀起“抓大放小”的经济改革，国有企业开始“有进有退、有所为有所不为”。尽管外资企业、民营企业在入世前5年迅速攻占甚至垄断了不少可竞争性行业的市场，但是以国有企业为核心力量的本土经济在整体上还是成功地抵御了外资进攻。不仅如此，得益于改革决策的科学和市场竞争的洗礼，我国在入世前后至今所采取的改革举措不但没有导致国有企业在整个经济中的地位走向没落，相反，它们在很多经济领域越来越多地扮演着举足轻重的市场角色，这包括国际市场的港口吊装、高速铁路等不少行业。在2008年之前，以美国为首的西方发达国家似乎并未对中国企业特别是国有企业的崛起，尤其是走向世界经济舞台给予足够的关注，但金融危机之后出现的中国企业海外并购浪潮，使国外开始急速将目光投向中国经济及其发展模式。

2010年美国政治风险咨询公司欧亚集团董事长伊恩·布雷默（Ian Bremmer）出版的《自由市场的终结：政府与公司谁将获胜？》宣称一种新的制度——国家资本主义正在崛起，对自由市场制度造成了严重威胁。② 2012年1月出版的英国《经济学家》杂志刊登了标题为《国家资本主义的兴起》的封面文

① 参见张建刚：《国家资本主义的模式及其发展状况》，载《当代经济研究》2010年第3期。

② Ian Bremmer, The End of The Free Market: Who Wins The War Between States and Corporations?. New York: Penguin Group, 2010: 43.

章,指责中国、俄罗斯、马来西亚等新兴市场国家的大型国有企业,正在推行一种新的混合模式——国家资本主义,破坏了贸易公平,给全球贸易体系造成严重冲击。该文章的观点得到了《金融时报》《华尔街日报》等著名媒体和一些学者、政客的呼应,一时间造成巨大影响。① 诚如前面所述,国家资本主义早在19世纪就已存在,它并非何等新鲜事物。西方发达国家近年来之所以对发展中国家特别是中国表现得大惊小怪并横加批评,目的无非是遏制国家资本主义模式。因为自进入21世纪以来,随着中国、俄罗斯、印度等国家的飞速发展,以国家主导的产业政策为核心的模式逐渐引起很多国家的关注,并逐步成为联合国贸易和发展会议(United Nations Conference on Trade and Development, UNCTAD)的重要议题之一。国家资本主义模式的迅速兴起,不仅开始威胁到自由资本主义模式在全球经济领域的霸主地位,而且直接影响到美国在全球经济乃至政治领域的领导地位。对此,美国前国务卿希拉里·克林顿在一个外交会议上公开表示,"我们必须着手应对国家资本主义,因为它是我们最大的竞争威胁之一"。②

为此,美国开始在国际上竭力推行竞争中立政策。美国副国务卿罗伯特D.霍尔马茨透露:针对中国模式对美国的竞争力和全球体系的挑战,美国国务院进行了很多思考;美国正在OECD内与其他成员国和OECD秘书处对现有的国际经济秩序进行重大调整,在贸易和投资两方面更新现行国际经济准则,特别是针对中国国有企业制订"竞争中立框架";美国将积极参加联合国贸易和发展会议,宣传自由资本主义模式的优势,强调公平竞争将为各国带来新的机会,并将利用这个平台争取更多非OECD国家的支持,促使其他实行国家资本主义的国家认识到,赞成和实行国有企业制度对他们是不利的,因为他们根本无法与拥有更多资源的中国竞争。③ 在具体动作上:首先,美国主导OECD先后发布了《澳大利亚的竞争中立与国有企业:实务和其他相关的评论》《竞争中立:维持公有企业与私有企业之间竞争水平》《竞争中立与国有企业:挑战与政策选择》等工作报告;其次,美国联手欧盟发表《关于国际投资共同原则的声明》(Statement of the European Union and the United States on Shared Principles for International

① 参见彭五堂:《"国家资本主义"概念辨析》,载《河北经贸大学学报》2014年第2期。

② [美]布莱恩·布莱默:《中俄经济模式与西式资本主义激烈交锋》,载《环球时报》2014年8月7日,第6版。

③ 参见吴云:《美国出新招对付"中国模式"》,载《人民日报》2011年11月24日,第21版。

Investment)；再次，指责中国模式扭曲了全球竞争，如美国前财政部长盖特纳在2012年的瑞士达沃斯论坛上公开说“中国的国家资本主义及其补贴和扭曲对中国的贸易伙伴们非常有害”；[①]最后，曾经竭力推动TPP谈判进程，“TPP不仅要求减低或取消关税，更重要的是它强调各成员国的竞争政策，例如推行高标准的知识产权保护、金融改革、增强规则透明度等一系列措施；实际上就是强调规范政府与市场的关系，推行竞争中立政策”。[②] 美国上述举措的背后逻辑是比较清晰的，即构建理论依据→寻求他人附同→指出现实问题→提供解决之道。

（二）制定新的国际贸易规则

自20世纪90年代以来，WTO框架下的各项多边协定基本上构成了现行的全球贸易规则。根据世界贸易组织的宗旨，当今国际贸易规则的核心要义在于促进世界贸易的自由化，WTO的无歧视待遇原则、贸易自由化原则、市场准入原则等九项基本原则充分体现了这点。众所周知，现行WTO框架下的国际贸易规则自始至今都是被美国所左右。理论研究表明，“一国从国际经济规则获益的来源有两个：一是国际经济规则所拥有的正外部性，即规则的统一促进了商品与生产要素的跨国流动，提高了国际分工的水平，优化了全球资源配置，从而实现了全球福利的改善。这一点对所有参与经济全球化的国家都是适用的。二是国际经济规则的非中性，即规则的制定者或主导者能够从中获得巨大的额外经济收益。换句话说，只有少数国家能够从后一种来源中获益”。[③] 美国在第二次世界大战后特别是布雷顿森林体系宣告瓦解之后，力推国际贸易自由化的规则，根本动因在于获取经济层面的直接优势。得益于两次世界大战尤其是第二次世界大战，美国的企业自20世纪50年代以来就在资本规模、技术创新、制造工艺、管理水平等诸多方面，具有不同程度的领先优势甚至绝对优势，即便相对于英国、德国、日本等发达国家亦是如此。在这种情形下，美国政府需要做的事情就是想方设法深度打开其他国家的市场，让美国企业凭借历史积累下来的独特优势通过形式上的公平竞争获胜，从而保证美国能够持续地处于国际分工链条的顶层。

随着越来越多的发展中国家对现行国际分工体系的不满以及对经济学“比

① 《国有企业：以改革促进发展》，载《半月谈》2012年第8期。

② 赵学清、温寒：《欧美竞争中立政策对我国国有企业影响研究》，载《河北法学》2013年第1期。

③ 李向阳：《国际经济规则的形成机制》，载《世界经济与政治》2006年第9期。

较优势理论”的反思,包括中国在内的很多国家纷纷开始利用产业政策通过组建、扶持大型国有企业集中社会资源来重点发展基础工业、高新技术产业、金融行业等。这种政府干预市场的模式在多个国家取得了巨大的成就,中国则是最为成功的典范。在GDP方面,根据世界银行的统计,中国2012年的GDP达到8022万亿美元,跃居世界第二位;在企业实力方面,2013年《财富》世界500强企业有近1/5为中国企业,其中有3家国有企业名列全球前10位;在国际货币结算方面,中国已经先后同多个国家和地区签订了规模不等的人民币互换与结算协议。以中国为代表的新兴经济体的崛起,正逐步使美国企业先前拥有的竞争优势渐渐消失,金融危机的爆发更使美国及其很多企业前所未有的出现捉襟见肘、相形见绌窘相。自2008年以来,美国不少知名企业先后进行了大规模的裁员或者业务撤并,部分企业整体被所谓的外资收购,有些直接宣布进入破产程序。经济局面短期内急剧出现的鲜明反差使美国非常不安甚至表现出不同程度的恐惧,但是现行的国际贸易规则对于美国来讲又是爱莫能助的。在现行WTO框架下,政府通过市场化的方式组建国有企业参与国内、国际市场的商业活动是合法的,现行国际贸易规则对政府参与商业活动的重要限制就是原则上禁止进行各种补贴。因此,除非一国政府通过各种形式的补贴来帮助国有企业、私营企业来获得额外竞争优势,否则任何主体都没有依据和理由进行指控,这包括一国政府通过直接投资、政策扶持等方式将资金、人才、技术、场地、矿产等社会资源,汇集到一个或者多个规模不等的国有企业使后者具有较为深厚竞争优势的做法。

正是在现行国际贸易规则利已的经济红利基本消失的背景下,美国才以“弥补现有的国际经济规则无法保证国有企业和私营企业公平竞争的缺陷”为由,竭力尝试“变法”,伪善地推出了“美版”竞争中立政策,企图借此捆住广大发展中国家特别是中国的政府产业政策之手,以维持美国及其企业的优势地位。有些专家深刻地指出:从战略上来看,“竞争中立”论旨在推动修改国际经贸合作规则,以期削弱中国不断增长的对外贸易和投资领域的比较优势,抬升中国经济融入世界的门槛……世界经济的“领头羊”美国,从轮胎特保案、彩电倾销等事件,又一次假借促进公平竞争之名,实则是为实行国家贸易保护。① 稍微深入解读“美版”竞争中立政策就不难看出,美国的企图就在于希望用形式上

① 参见《为实施贸易保护“竞争中立”登台亮相》,载《中国产经新闻》2012年2月6日,第B3版。

的公平竞争,来限制阻止他国特别是发展中国家政府通过产业政策来培植大型国有企业参与市场竞争,以解决国际市场历来已久就存在的实质不公平问题。就客观而言,这种做法在较大程度上将会使竞争中立政策嬗变成为一种国际贸易保护手段。“美国推动竞争中立,主要是以中国等国家普遍存在的国有企业为目标,在美国与其他国家的竞争中保护美国的利益。一方面,美国积极推动他国的自由贸易,从而为本国商品和资金打开市场;另一方面,美国又加强对本国产业的保护,抑制别国竞争。此外,美国也想借此继续抑制其他国家通过投资获取美国技术。”①

OECD 的系列研究表明,竞争中立政策的深层价值目标在于追求竞争的公平性,但是它没有对竞争领域普遍存在的形式公平与实质公平出现分野境况下的具体抉择问题作出说明。而美国极力推行(“美版”)竞争中立政策的动因恰恰深刻地反映出该问题的至关重要性,这直接影响着竞争中立政策的属性。若仅将价值目标停留在形式公平上,发轫于澳大利亚初始作为一种竞争法治理念的竞争中立政策在走向国际社会过程中将嬗变成为一种贸易保护手段。因此,竞争中立政策的价值目标不仅在于竞争的形式公平,更是在于竞争的实质公平。

第三节 竞争中立政策的施用环境

经济政策的施行通常都对社会环境有着特定的要求,这些要求不仅在形式上直接制约着一项经济政策的实施与否,而且在内容上可能影响到该项经济政策的适用范围。因此,周密分析竞争中立政策的实施环境要求显得非常必要,这对于我们科学推进竞争中立政策的实施将起到基础性的保障作用。

一、施用基础:领域市场化

澳大利亚的改革实践、OECD 的理论研究以及美国、欧盟的联合主张都充分表明,竞争中立政策是服务于优化经济资源配置的竞争机制。而经济学常识告诉我们,优化经济资源配置的竞争机制是以市场为基础的。由此可见,竞争中立政策的具体施用必须以特定领域已经市场化为基础,否则就不存在竞争中立政策的适用空间。

---

① 王婷:《竞争中立:国际贸易与投资规则的新焦点》,载《国际经济合作》2012 年第 9 期。

(一)绝对市场化

绝对市场化是指在除发生战争、严重对峙、重大自然灾害等特殊事件以外的正常情况下,相应领域的资源配置完全由参与市场竞争的所有经营者根据既定的规则自由进行,政府原则上不会对任何交易进行限制或者禁止之类的干预。虽然市场不是万能的,它时不时会出现公共产品供给不足、外部效应、内生垄断等市场失灵问题。但是政府也不是万能,“我们说政府有时可以改善市场结果并不意味着它总能这样”。[①]“当政府政策或集体行动所采取的手段不能改善经济效率或道德上可接受的收入分配时,政府失灵便产生了。”[②]政府失灵的普遍存在,催生了一系列的限制政府干预的机制,这本身就使市场有更多的机会进行自发性地配置社会资源。而政府干预的结果与市场调节的结果之间在效率、公平等核心因素上的比较,使政府自觉地将资源配置更多地交由市场来进行。这些因素造就了很多国家不少领域处于市场绝对的掌控地位,政府除非在极个别的情况下进行依法干预外,包括国有企业、本国民企、外资等在内的所有市场参与者都可以自由进行选择交易。

至于绝对市场化的领域及其程度,各个国家都有所差异。尽管导致这些差异的因素是复杂多样的,但是现行市场经济的进化方式是其中最为关键的影响因子。从近现代世界发展史来看,当今国家的市场经济总体上是通过两个不同的路径进化而来的:一是内源式,即市场经济是通过人们长期的自发交易行为逐步形成的,政府只是在此基础上针对市场失灵问题根据法律授权进行有限的干预;二是外源式,即初始掌控所有社会资源及其配置的政府根据需要有选择性地逐步退出或者放松部分领域的资源配置,而将它们交给由其培育的市场按照客观规律进行处理。一般而言,通过内源式进化而来的市场经济国家,绝对市场化的领域通常比较广泛,而且政府针对个别主体或者少数群体采取限制性措施的可能性和概率都很低。相对而言,通过外源式进化而来的市场经济国家,绝对市场化的领域往往较为狭窄,并且政府针对个别主体或者少数群体采取限制性措施的可预期性不是太高。但在具体个案中,受经济体制改革走向和改革进程两个因素的影响,个别通过外源式进化而来的市场经济国家,在整体上或者在局部上(如某个类别的经济改革实验区)在绝对市场化的领域及其程

---

① [美]曼昆:《经济学原理》(第3版),梁小民译,机械工业出版社2003年版,第10页。

② [美]保罗·A.萨缪尔森、威廉·D.诺德豪斯:《经济学》(下),高鸿业等译,中国发展出版社1992年版,第1189页。

度上，也可能大大超过某些通过内源式进化而来的市场经济国家。

从实践来看，在第一产业农业上，大部分国家将畜牧业、渔业对所有的经营者开放，但在种植业、林业和副业上都不同程度地有所保留，或针对外国企业或指向所有私营企业等。在第二产业工业上，包括食品制造、饮料制造、纺织、缝纫、皮革和毛皮制作、造纸以及印刷等在内的以农产品为原料的轻工业，包括文教体育用品、化学药品制造、合成纤维制造、日用化学制品、日用玻璃制品、日用金属制品、手工工具制造、医疗器械制造、文化和办公用机械制造等在内的以非农产品为原料的轻工业，都基本绝对市场化，多数国家原则上都允许甚至支持符合资质等通行要件的企业，参与这些领域的资源配置。但是在石油开采、煤炭开采、金属矿开采、非金属矿开采和木材采伐等采掘（伐）工业和金属冶炼及加工、炼焦及焦炭、化学、化工原料等原材料工业以及机械设备制造工业、金属结构等加工工业这三类重工业中，很少领域实现绝对市场化，都不同程度地存在某些身份属性限制。在第三产业服务业上，批发零售、餐饮和住宿、交通运输和仓储、非金融性租赁、房地产等领域都基本绝对市场化，邮政业、计算机服务、信息传输、金融业、科学研究、地质勘查业、水利、环境和公共设施管理业、教育卫生、社会保障等则都还没有高度放开。

这些领域的绝对市场化，为竞争中立政策的施用奠定了必要基础。市场化程度越深，竞争机制得到发挥的空间也就越大。竞争机制的有效发挥不仅给竞争中立政策的推行提供了基本的立足点，更是为竞争中立政策的实质作用提供了良好的传导体。在市场化程度较深的领域，参与市场竞争的各类经营者在市场资源配置过程中对竞争机制发出的信号和力量都是比较敏感的。政府在这种环境下所采取的任何措施，包括所有形式上非中立性的干预或者实质上有失公平的干预都会对市场产生巨大影响，甚至在少数特殊领域出现"蝴蝶效应"，直接导致部分市场中的具体经营者不当受损或者额外获益。这不仅意味着政府应当尽量减少对市场化程度较深领域的干预，而且意味着竞争中立政策所产生的作用效果。经营者对竞争机制所传递信息的高度敏感使得以形式公平和实质公平为价值导向的竞争中立政策所释放的各类信号能够很好地作用于各类市场参与者，确保他们能够有效地作出反应与反馈，政府也能够据此及时地判断出自身作为与不作为在可预期的时间内对市场可能产生的影响，从而确保集合政府干预市场和市场限制政府于一体的竞争中立政策，在最大程度上促成政府与市场的高度耦合。

(二)相对市场化

相对市场化是指在除发生战争、严重对峙、重大自然灾害等特殊事件以外的正常情况下,部分领域的资源配置并不总是对所有经营者进行开放,政府基于国家安全等因素的考量,可能会在一些情形下对特定的交易本身进行限制或者禁止。市场作为一种相对高效的资源配置方式,它的核心是依赖于竞争机制来实现的。虽然竞争机制本身没有国界,但是竞争者都是有国界的。竞争者存有的国别归属,使任何一个国家在通过市场进行资源配置过程中,都不同程度地面临各种潜在的国家安全问题。例如,不良资产打包出售给他国投资者可能跨境引发金融系统风险、重金属垃圾处理服务可能引发的污染跨国转移、特定资产的出让可能引发的军事潜在威胁等。而实践充分证明这些问题都具有较强的外部性,市场本身通常是无法有效解决的。政府通过市场优化资源配置做大社会总福利并不是最终目的,最终目的是通过普惠性的分配机制造福于全体国民,而这一切的落实都是以国家安全得到保障为前提的。如果国家安全得不到保障,市场经济创造再多的成果也是没有意义的。正因如此,很多国家采取了政府外部干预措施。在通常情况下,政府会通过法定的审查机制来对某些市场的开放对象或者个别具体交易作出临时性、个案性或者永久性、普遍性的裁决。①

特定领域相对市场化在各国都是普遍存在的,但是范围及其程度却不尽相同。这主要取决于以下多个方面因素:第一,实行市场经济时间的长短。从总体来看,实行市场经济时间越长的国家,相对市场化的领域通常也就越窄;市场经济起步相对较晚的国家,相对市场化的领域则就较广些。第二,国家实力的强弱。国家实力的强弱程度在很大程度上决定着它的控制能力,而控制能力的大小直接影响着政府开放市场特别是对外国资本的程度与稳定性;开放程度越深和稳定性越强,相对市场化格局就越少。第三,意识形态分化的程度。因在社会制度、伦理道德、法治模式等方面存在的认识差异,不同国家的社会群体在政治、经济、文化等各个方面的意识形态上不可避免地发生了分歧。这种分歧在很多情况下直接影响到市场经济领域的商业活动,有些交易主要因为交易的

---

① See Joshua W. Casselman, "China's Latest Threat to the United States: The Failed CNOOC Unocal Merger and Its Implications for Exon-Florio and CFIUS", 17 *Ind. Int'l & Comp. L. Rev.* 155 (2007). See Deborah M. Mostaghel, "Dubai Port s World Under Exon-Florio: A Threat to National Security or a Tempest in a Seaport ?", 70 *Alb. L. Rev.* 583(2007).

一方所属国与对方所属国在意识形态上存在激烈冲突而最终失败。第四,国际贸易保护主义思潮的起落。自工业化革命以来,贸易保护主义在国际上就未曾消失过,只是不同时期的严重程度有所差异。当国际贸易保护主义抬头并日趋高涨时,国际贸易摩擦也就相应地增多,针对个别主体或者少数群体临时性、个案性的否定性裁决通常同比增加。

如前面所示,无论是在第一产业农业,还是在第二产业工业或者第三产业服务业,大部分国家都不同程度地存在相对市场化现象。尽管相对市场化这种现象在国内层面上,时不时在国有企业与民营企业群体之间出现,但是它的比重还是主要发生在国际层面上涉及外国资本对本土的投资,这突出表现在很多国家的各类投资政策上。"为了避免本国的战略性企业受外国资本控制,继德国之后,奥地利也准备制定一系列措施,限制外国资本控制本国的某些行业和企业,其中一项重要措施将是,来自欧洲以外国家的资本控制奥地利重要企业股权的比例不能超过25%。"①"外国投资者对俄天然气工业股份公司的参股比例不得超过20%,且需要得到联邦金融市场局的许可才能购买。"②"中国最大的网络设备制造商华为竞购美国国防部网络设备供应商3Com一案在业界的关注中最终流产。在美国看来,华为与政府有着很强的联系,若允许其进入将危害其国家安全。近日,负责监管跨境投资的美国外国投资委员会提高了外国对美投资的限制,其中的一条就是禁止外国拥有军方或者政府背景的公司投资美国敏感资产。"③"为了给国内企业一个更好参与竞争的机会,印度尼西亚日前出台了旨在限制外国投资本国石油工业的钻井、维修和施工的新规。"④

尽管特定领域相对市场化无论是在形式上或者实质上,都在一定程度上影响了竞争中立政策的适用,但是它们客观上还是为竞争中立政策的实施提供了立足之地。市场经济的不同程度引入,都会将竞争逐步渗透到一切有商品贸易的角落,而这给竞争中立政策的有限适用打开了空间。只要存在竞争,参与其中的经营者,通常都会不同程度地感受到政府推行的竞争中立政策所释放的信

① 刘钢:《奥地利将限制外国资本控股本国重要企业》,载 http://news.xinhuanet.com,最后访问日期:2014年8月20日。

② 宋世益:《俄罗斯仍将保留对外资进入其天然气行业的限制》,载 http://news.xinhuanet.com,最后访问日期:2014年8月20日。

③ 周鹏飞:《美出新规提高外国投资限制》,载《新京报》2008年5月7日,第A03版。

④ 李竣:《印尼限制外国投资本国石油服务行业》,载 http://www.sinopecnews.com.cn,最后访问日期:2014年8月20日。

号,并据此作出相应的反应和反馈,政府也能够据此相应地判断出自身作为与不作为在可预期的时间内对市场可能产生的影响。况且从实践来看,相对市场化的领域在大部分情况下的市场竞争还都是比较激烈的,有些不乏出现白热化格局。例如,在一些被以威胁国家安全为由而被禁止的港口码头兼并案中,不同经营者所拥有的港口之间在集装箱装卸、转运方面竞争非常激烈。竞争的激烈性极大地提升了经营者对竞争中立政策的敏感度,这为竞争中立政策的有效实施提供了相应保障。

二、施用前提:竞争有效化

竞争中立政策服务于优化经济资源配置的竞争机制,它不仅对竞争机制的引入情况有着基础性要求,而且对竞争机制的运行状态有着前提性要求。诚如竞争中立的字面所直观传递的信息,中立的存在必须以竞争为前提;若相关市场缺乏竞争,则无政府中立之要。

(一)市场竞争的潜在形态

虽然竞争是市场经济的灵魂,但是市场经济的引入并不意味着竞争总是有效化的。根据经济学的理论研究,市场经济在配置社会资源过程中将可能出现4种竞争格局,即完全竞争、垄断竞争、寡头垄断与完全垄断。

完全竞争市场,即存在许多销售相同产品的经营者,而消费者能够无成本地获得充分信息,市场价格由市场中所有的购买者和供应者的相互作用决定,但任何一个厂商都不能控制市场价格,每个企业都喜欢使用市场既定的价格销售产品。当一个市场同时具备以下6个条件时,则该市场将处于完全竞争状态:第一,市场上有许多生产者和消费者;第二,生产者和消费者都只是价格的接收者,竞争地位平等;第三,生产者提供的产品是同质的;第四,各种资源可以自由流动;第五,市场信息畅通,不存在信息不对称;第六,厂商的进入和退出壁垒基本没有,厂商加入或者退出市场完全自由。[①] 由于在各国实践中资源的流动都不同程度地存在某些障碍、市场总是不同程度地存在信息不对称问题、几乎所有的市场都或多或少地存在部分进出壁垒,所以完全竞争市场在现实生活中是难以真实出现的。

垄断竞争市场,即既有垄断又有竞争,既不是完全竞争又不是完全垄断的

---

① 参见罗玉琳、张正杰:《完全竞争市场的利弊分析》,载《西南民族大学学报》(自然科学版)2011年第S1期。

市场。在通常情况下,垄断竞争市场的出现需要以下3个条件:第一,各个厂商的产品不是同质的,但彼此间是非常接近的替代品;第二,一个生产集团中有大量厂商,每个厂商所占市场份额都很小;第三,厂商可以自由进入和退出一个生产集团。[①] 从实践来看,这些条件在有些市场是完全可以得到满足的。因此,垄断竞争市场在现实生活中是客观存在的。

寡头垄断市场,即少数几个企业控制整个市场的生产和销售的市场。这类市场通常呈现出以下4个特征:第一,厂商数量比较少。在有些情况下,市场甚至只有两个产品提供商。第二,厂商依赖性较大。任何一个厂商在作出决策时都需要周密考虑竞争对手潜在的反应,所有人都是价格等市场因素的寻求者。第三,产品同质或者异质。厂商提供的产品可以是同质的,此谓纯粹寡头;若他们提供的产品是差异化的,则属于差别寡头。第四,市场存在实质壁垒。[②] 市场不仅在技术获取、资金规模、信誉认可等方面存在进入壁垒,而且在资产兑现、股权转让等方面存在退出壁垒。根据各国的实践来看,受规模经济、范围经济等自然因素的驱动和专利制度、进入管制等人为因素的影响,不少领域出现了寡头垄断市场。

完全垄断市场,即只有一个供给者和众多需求者的市场。完全垄断市场的出现需要满足3个假设条件:第一,市场上只有唯一一个厂商生产和销售商品;第二,该厂商生产的商品没有任何接近的替代品;第三,其他厂商进入该行业都极为困难或不可能,所以垄断厂商可以控制和操纵市场价格。[③] 尽管完全垄断市场的假设条件比较苛刻,但是它在现实中还是可以得到满足的,如少数的专利市场。

在上述4种市场竞争格局中,竞争机制在理论上得到不同程度发挥的只有3个,且最为有效的情形在现实中却是难以存在的。垄断竞争市场和寡头垄断市场的竞争相对有效化,不同程度地满足了竞争中立政策的施用条件,政府在这类市场中才有保持竞争中立的必要和价值。当市场处于完全垄断格局时,竞争的缺失也就使政府保持中立失去了意义。

(二)竞争状况的参照背景

无论是完全竞争市场、垄断竞争市场、寡头垄断市场还是完全垄断市场,市

---

① 参见刘洋:《垄断竞争市场的竞争因素分析》,载《中国市场》2011年第2期。

② 参见王冰:《寡头垄断市场及其评论》,载《经济师》2000年第1期。

③ 参见孟宪法、张咏梅:《完全垄断市场呼唤"看得见的手"》,载《山东社会科学》2001年第1期。

场的范畴不再仅是个地域概念,而是地域、产品、时间等多个因素形成的抽象集合体。在人们的传统视野中,这个抽象集合体往往以"地域+行业"来进行宽泛的描述,该做法在多数情况下还是能够基本满足特定主体进行的竞争评估需求,只是都不同程度地存在精确度高低问题。目前,不少国家在各类的竞争评估过程中,越来越多地开始采用现代反垄断法律制度上的相关市场来提高评估结果的精确度。根据我国《反垄断法》第12条第2款的规定,相关市场是指经营者在一定时期内就特定商品或者服务进行竞争的商品范围和地域范围。虽然在有些情况下"相关市场"所描述的市场范畴与"地域+行业"所描述的市场范畴基本一致,但是前者在精确度上无论在何种情况都要比后者高得多。究其原因,这主要得益于相关市场的界定有着一套比较完善的定性与定量分析方法。

在相关市场的界定过程中,一种被称为"假定的垄断者测试法"(the hypothetical monopolist test)的方法目前正逐步被广泛使用。它的基本操作规程如下:评估者首先以目标企业的某种产品为中心,然后逐渐增加消费者认为在现行价格下的替代品,初步建立一个临时性的产品市场。再假设某种产品的价格进行小幅度的上涨,在这种情形下估算有多少消费者转向选择其他替代品;如果有很多消费者选择使用其他产品,从而导致目标企业的价格上涨行为是无利可图的,则表明拟定的临时性产品市场过于狭窄。评估者就把下一个最接近的替代产品加入相关市场中,并再次运用上述方法进行测试分析。这个测试过程反复进行,一直持续到目标企业可以赢利性地施加一个不超过10%的价格上涨为止。针对特定提价幅度是否能够使目标企业获得更多利润,"假定的垄断者测试法"引入了临界损失分析范式 $CL = X/(X + CM)$,X 表示评估者所假定的价格上涨幅度,CM 是价格与平均可变成本之间的差额。如果实际损失大于或者等于临界损失,则目标企业的涨价行为是无利可图的。这样界定的产品范围就构成相关产品市场,同样方法界定的地理区域就构成相关地理市场,相关产品市场和相关地理市场的交叉范畴即为评估者需要的相关市场。"假定的垄断者测试法",是总结过去几十年很多国家在相关市场界定中的经验与教训的基础上,提出的一种全新科学方法,它通过定性分析与定量分析的有机结合初步解决了特定市场外延模糊问题。[①] 正因如此,我国于2009年发布的《国务院

① 参见丁茂中:《反垄断法实施中的相关市场界定研究》,复旦大学出版社2011年版,第46页。

反垄断委员会关于相关市场界定的指南》对“假定的垄断者测试法”给予了充分肯定，它明确指出：假定垄断者测试是界定相关市场的一种分析思路，可以帮助解决相关市场界定中可能出现的不确定性，目前为各国和地区制定反垄断指南时普遍采用。依据这种思路，人们可以借助经济学工具分析所获取的相关数据，确定假定垄断者可以将价格维持在高于竞争价格水平的最小商品集合和地域范围，从而界定相关市场。

由于参照背景的选择在根基上影响到竞争评估的准确性和精确性，因此，我们应当尽量以相关市场作为竞争评估的参照背景，尽量减少采用以“地域＋行业”这种传统粗放式的做法。参照背景的选择科学性将从基础上确保一项竞争评估的准确程度，从而在最大程度上减少相关方面的潜在失误。

（三）竞争评估的权衡因素

在确定参照背景——“地域＋行业”或者相关市场的基础上，特定市场的竞争状况需要通过较为复杂的竞争评估方可作出判断。竞争评估是一项系统化工作，它不仅涉及方法选择、模型设计和数据导入等内容，而且涉及权衡因素的择用问题。根据理论研究，不同层面上的竞争评估在方法选择、模型设计和数据导入等内容上具有较高的通行性，但是在权衡因素上却存在较大的差异。例如 PSCP 范式，即“公共政策”（Policy）—“市场结构”（Structure）—“市场行为”（Conduct）—“市场绩效”（Performance）范式可以适用宏观产业政策、微观个案市场的竞争评估，[①]但是它们竞争评对应的权衡因素却各异。在通常情况下，产业政策的竞争评估需要考虑涉及全国范围还是涉及部分地区、覆盖多个行业还是针对特定行业、抽象行政行为还是具体行政行为、增加企业数量还是无关企业数量或者减少企业数量、市场结构多头还是市场结构寡占、机会获得均等还是机会获得不等、受众性质集中还是受众性质分散、配比依据客观还是配比依据主观等权衡因素；微观个案市场的竞争评估，如经营者集中案件，则通常需要考虑参与集中的经营者在相关市场的市场份额及其对市场的控制力、相关市场的市场集中度、经营者集中对市场进入和技术进步的影响、经营者集中对消费者和其他有关经营者的影响、经营者集中对国民经济发展的影响等。

根据实践来看，任何一个抽象层面上市场的竞争评估都应当至少合理考虑以下 4 个方面的权衡因素：第一，现存企业数量。尽管企业数量的多寡特别是

---

① See Deepti Sahoo1 and Pulak Mishra, “Structure, Conduct and Performance of Indian Banking Sector”, *Review of Economic Perspectives*, Vol. 12, No. 4, 2012, p. 238.

注册公司的队伍规模,并不能够直接说明市场竞争者的体量,但是现行企业数量的大小从根基上影响着特定市场的竞争者体量,而竞争者体量的大小无论是在形式上还是实质上,都直接关系到市场竞争的激烈程度。第二,市场集中度。市场集中度反映特定市场内经济力量的集中程度,它能够较为深度地表现出特定市场的现行结构。目前,比较成熟的市场集中度的测算方法主要是美国司法部和联邦贸易委员会所使用的赫尔芬达尔指数(Herfindahl-Hirschman Index),即将单个企业的市场份额的平方相加求和。市场份额越大,赫尔芬达尔指数也会相应地越大,市场集中度也就越高。第三,市场进入壁垒。市场进入壁垒是指新的市场进入者在进入一个相关市场所遇到的各种障碍或者风险的总和。很高的市场进入壁垒意味着一个相关市场的封闭性,当一个相关市场具有相对较高程度的封闭性时,这个市场出现竞争不充分的可能性比较高。① 第四,市场退出情况。优胜劣汰是竞争的自然规律,有效的市场竞争通常都会产生企业被淘汰出局。因此,在合理期间内所发生的退出市场情况,在一定程度上反映了特定市场的竞争程度。

值得特别指出的是,经济学评估市场竞争状况的传统方法都是以一个抽象的市场为基础的,基本上没有虑及商品因素之外的政治问题。但是根据实践来看,国际市场的商品供给还受到政治制裁、经济制裁、出口管制等各种政治因素的影响。因此,一国在评估国际市场的竞争状况过程中不仅应当重点考虑厂商数量、市场集中度、商品价格等因素,而且应当合理考虑厂商国籍、本国政治影响力、本土企业参与程度等因素。这点在客观上可能导致贸易保护主义陷阱出现的竞争中立政策的施用方面尤为必要,否则将可能导致一个国家的经济处于无法掌控的风险之下。

竞争机制的存在方式和形态分化,客观上决定了竞争中立政策的施用绝非无条件的,研究表明它对施用环境有着较为苛刻的要求;特定领域已经市场化是施用竞争中立政策的基础,而市场化领域的竞争必须有效化则是施用竞争中立政策的前提。

---

① 参见丁茂中、林忠:《经营者集中控制制度的理论与实务》,复旦大学出版社2012年版,第75页。

本章小结

虽然竞争中立政策在OECD、美国等大力倡导下迅速从澳大利亚走向国际社会，但是竞争中立政策却变得日趋复杂。我们通过对美国副国务卿罗伯特·霍尔马茨有关竞争中立谬论的系统批判和对澳大利亚竞争中立政策的全景展示，首先定位了政府在竞争中立政策中的扮演角色：市场失灵使政府不仅应当因地制宜地积极干预市场，而且可以依法采取非中立性的干预措施。而通过直观解读OECD有关竞争中立政策的系列研究报告和深度分析美国力推竞争中立政策的动因，我们确立了竞争中立政策的应然使命：竞争中立政策致力于追求公平价值目标，不仅在于形式公平，更是在于实质公平。另通过全面考察竞争机制的适用要求和存在形态，我们摸清了竞争中立政策的施用环境：相应领域不仅需要市场化，而且竞争必须有效化。政府角色、应然使命、施用环境的精确把握确保了竞争中立政策的基本定位不会出现原则性错误，这不仅为我们有效避免落入国际贸易保护主义陷阱提供了保障，①而且为科学厘定竞争中立政策的概念奠定了坚实的基础。合理借鉴澳大利亚、OECD的文献表述，我们认为竞争中立政策的科学定义应当如下：在市场化领域处于有效竞争的环境下，除出于解决市场失灵的最低需要而依法采取合理的非中立性措施进行干预外，政府应当公平地对待参与市场资源配置的所有经营者（或可称为“中版”竞争中立政策）。竞争中立政策的概念清晰化，不仅有助于我国在国际贸易谈判中有理有据地采取各种措施抵制潜在的国际贸易保护主义，而且有助于我国在国内经济改革中对症下药地采取各种手段消除一切妨碍市场公平竞争的事项，这包括中国（上海）自由贸易试验区的试点建设。

① 在厘清竞争中立政策的本义基础上，后文在探讨竞争中立政策的施行风险及其防控时，就不再对可能“落入国际贸易保护主义圈套”这个风险及其防控问题展开赘述了。

第二章　竞争中立政策的行为准则

第一节　交易机会中立

交易机会中立，即政府在干预市场过程中，应当公平地向所有参与市场资源配置的经营者提供交易机会。诚如著名的诺贝尔经济学奖得主哈耶克所指出，市场上各方必须应该自由地按照他们能找到的交易伙伴的价格进行买卖，任何人必须应该自由地生产、出售和买进任何有可能生产和出售的东西。进入各种贸易的通道也必须在平等的条件下向所有人开放，法律必须不能容忍任何个人或者集团，企图通过公开或者隐秘的力量限制这些通道。[①] 因此，政府在干预市场过程中应当在最大程度上确保各种贸易通道的顺畅性和开放性，使各个企业都能公平地获得各种交易机会。

一、市场进入中立

除政府采购外，市场上的交易机会其余均来源于经营者群体自身。这种局面，客观上决定了政府在恪守交易机会中立行为准则时，首要职责就是在市场进入上保持中立（市场进入中立），从根本上确保所有参与市场资源配置的企业能够公平竞争。

---

① ［英］弗里德里希·奥古斯特·哈耶克：《通往奴役之路》，王明毅等译，中国社会科学出版社1997年版，第41页。

(一)经营资质赋予中立

基于安全、效率等核心因素的考虑,任何主体都必须具备相应的经营资质才能从事商品生产、经营或者提供服务。经营资质的获取与否直接关系到经营者能否有机会参与争夺市场上的交易机会,因此,政府在干预市场过程中应当保持经营资质赋予中立。

1. 自然赋予中立

人类个体(家庭)的生存和发展需求,决定了所有自然人必须参与社会资源的分配,而社会资源的分配在现代社会主要是在市场资源配置过程中进行的。这就要求政府对自然人参与市场资源配置的条件限制,必须尽可能地降到最低限度,最为理想的方案设计就是实行普遍性的“天赋制”。然而现实根本无法支持这种理想方案设计的运行,现代法治文明下的法律、法规、部门规章及其他文件甚至政府行为,实质上都对自然人参与市场资源配置的条件限制作了明示或者默示规定。例如,合同缔结方应当具有相应的民事行为能力,申请律师执业必须通过国家统一司法考试等。为了使自然人能够更好地参与市场资源配置,政府除了尽量减少对自然人参与市场资源配置的条件限制外,如国务院2014年7月22日发文取消了房地产经纪人、注册税务师、品牌管理师等11项职业资格许可和认定事项,还应当在最大程度上贴近自然法则赋予自然人各种权利过程中保持中立(自然赋予中立)。只要具备法律规定的正面要件或者没有法律规定的负面情形,所有自然人都应当可以公平地直接获得这些权利,包括从事商品生产、经营或者提供服务的经营资质。

表1 自然赋予中立操作示范

<table>
<tr><th>事项</th><th>权衡因素</th><th>区分类别</th><th colspan="2">应然状态</th><th>备注</th></tr>
<tr><td rowspan="6">需用事项(有限列举)</td><td rowspan="3">民事行为能力</td><td>无民事行为能力</td><td colspan="2">禁止赋予(代理制)</td><td rowspan="6">立法与施法采用的标准必须统一化,如计算单位、认定规则、证明形式等</td></tr>
<tr><td>限制民事行为能力</td><td colspan="2">自然(有限)赋予</td></tr>
<tr><td>完全民事行为能力</td><td colspan="2">自然(完全)赋予</td></tr>
<tr><td rowspan="3">年龄、年限、国籍、教育程度、专业技能等其他因素</td><td>没有限制类别</td><td colspan="2">自然赋予</td></tr>
<tr><td rowspan="2">存有限制类别</td><td>符合标准</td><td>自然赋予</td></tr>
<tr><td>不符标准</td><td>禁止赋予</td></tr>
</table>

续表

<table>
<tr><th>事项</th><th>权衡因素</th><th>区分类别</th><th>应然状态</th><th>备注</th></tr>
<tr><td rowspan="3">禁用事项（有限列举）</td><td>性别</td><td colspan="2" rowspan="3">自然赋予</td><td rowspan="3">法律另行规定的歧视性保护除外</td></tr>
<tr><td>种族</td></tr>
<tr><td>民族</td></tr>
</table>

2. 注册赋予中立

在市场交易内容、方式、风险等日渐复杂的环境下，整个社会对参与市场资源配置的主体提出越来越高的要求。除自然人出于规避风险、聚集资本、增加信誉等目的考虑，而在有选择余地的情况下主动择用企业化的方式从事商品生产、经营或者提供服务外，政府基于防控市场失灵、保护消费者利益、执行税收稽征等方面的需求，而对部分领域参与市场资源配置的主体实行强制性的企业制，即只有企业才有资格从事特定商品的生产或者服务的提供。“根据我国现行立法的规定，营业执照是一个商主体拥有商事能力的客观外在表现，同时还是商人主体资格的载体，即营业执照在现行制度安排上担负着商人主体资格和营业资格的双重证明作用。”①主体资格与营业资格的高度混同，使市场进入门槛较低的注册制对于拟用企业化方式从事商品生产、经营或者提供服务的主体，能否有机会参与相关市场的资源配置有直接决定性的影响。因此，在坚持稳健推进简政放权的基础上，政府应当在注册制下的企业登记上保持中立（注册赋予中立）。

根据实践来看，注册赋予中立需要政府职能部门核心做好以下 4 个方面内容的服务（管理）公平工作：第一，注册条件。政府可以根据社会发展需求依法进行企业分类管理，但是政府应当在每个类别的企业注册条件上保持统一；除我国台湾地区、香港特别行政区、澳门特别行政区以及中央政府依法批准设立的中国（上海）自由贸易试验区外，我国主权所辖其他地域的每个类别的企业注册条件，在形式与实质上都必须统一化。单个“特区”，如中国（上海）自由贸易试验区，每个类别的企业注册条件在形式与实质上也都必须统一化。第二，材料递交。政府应当通过门户网站等便捷的信息传播渠道以《告知单》《办事指南》等方式，详尽告知市场主体具体类别的企业注册条件项下所需要的办事材

① 顾功耘：《商主体营业资格应与主体资格相分离》，载《扬州大学学报》（人文社会科学版）2011 年第 2 期。

料(清单模式),并应当在材料清单中明确特定文件的原件要求、文体格式、语言类别、效力证明要求、份数等相关信息。在统一规定的期限内,政府应当公平地向当事人提供窗口提交、邮寄提交、网络提交等所有安全便捷可行的材料递交方式。第三,审查流程。无论是职能部门内部单项处理还是职能部门之间集成办公,同一类别的企业注册所采用的审查流程必须一致。政府原则上应当做到审查流程的普遍性公开、透明,包括采取诸如多部门集成办公的"一口受理流程"公示、支持审查进度查询等。第四,工作期限。除了法定的期限必须类别化地统一之外,政府在操作层面上需要不断压缩因自由裁量而客观造成的实际期限存在不同幅度差异。

3. 许可赋予中立

"行政许可是一种政府行为,不论是授予权利还是解除禁止,传统上一直把它视为政府的某种单方决定或恩赐。因此,是否许可、如何许可,都由政府说了算,许可与权利根本沾不上边。"[①]由此可见,行政许可是政府对市场的深度干预,它直接决定着经营者是否能够参与特定领域的资源配置。充分发挥市场资源配置的决定性作用和现代市场法治,不仅要求政府严格控制行政许可的适用范围,推行"负面清单管理模式"并使之实质内容最短化,而且要求政府在有限自然资源开发利用、公共资源配置以及直接关系公共利益的特定行业的市场准入等,以及直接涉及国家安全、公共安全、经济宏观调控、生态环境保护以及直接关系人身健康、生命财产安全等特定活动这些事项的行政许可上保持中立(许可赋予中立)。

在《行政许可法》确立的行政许可框架下,政府目前迫切需要采取措施重点完善以下三个方面的工作以在最大程度上实现许可赋予中立:首先是市场进入管制的信息传导。除了依法分门别类地告知所有经营者存在行政许可的具体领域、对应类别(一般许可或特别许可)、实施机关、准入条件等基础内容外,政府还必须做好管制行业的市场准入动态信息披露工作。政府职能部门应当通过公开方式,将扩充管制行业的竞争者数量、启动新兴管制市场的进入审核等重大改革决定统一发布出去,尽量避免因为信息的获取在时间性、完整性、权威性上存在差异而导致潜在的进入者在时机把握、条件准备等方面出现不公平问题。其次是实质性审查的信息透明化。在健全审查流程机制基础上,政府应当

① 周汉华:《行政许可法:观念创新与实践挑战》,载《法学研究》2005 年第 2 期。

尽量细化审查事项及其权衡因素与考评指标并进行公示。以第三方支付牌照许可为例,中国人民银行应当对申请条件之一的“有符合要求的反洗钱措施”明确作出统一解释,如反洗钱措施包括反洗钱内部控制、客户身份识别、可疑交易报告、客户身份资料和交易记录保存等预防洗钱、恐怖融资等金融犯罪活动的措施。最后是决定结果的事项说明。政府应当向未获许可的经营者发送书面决定并告知未获许可的原因,除涉及国家安全、商业秘密等内容外,政府还应当允许未获许可的经营者查阅、比较同批获得许可的经营者所提交的申请材料。

(二)业务市场拓展中立

优胜劣汰的竞争法则,使经营者在获取经营资质后迫切需要进行市场营销,能否有效地切入市场并进行巩固与业务拓展,直接关系一个企业的存亡与发展。因此,政府在干预市场过程中应当保持业务市场拓展中立。①

1. 影响业务市场拓展的政府因素

虽然业务市场拓展本身是企业的事情,但是它在很多方面不同程度地受到政府的影响。市场失灵客观上要求政府必须适时地采取合理措施进行干预,除了阶段性的宏观调控、临时性的价格管制、个案性的危机应对等之外,常规性的市场管理成为政府重要的基础性工作。而根据实践来看,政府实施的不少常规性市场管理,至少在形式上直接影响着企业的业务市场拓展。以产品检验检疫为例,根据产品质量法、食品安全法、消费者权益保护法等现行法律制度,必须经过检验检疫机构的检验检疫方可投放市场的产品,未经检验检疫不得进入市场销售,负有义务的企业只有在依法办理相应手续之后才可将生产的产品推向特定的地域市场进行营销,这里包括潜在的目标地理市场。由于这些举措系政府基于市场耦合的需求而采取且受众群体具有普遍性和同等性,因而它们对于企业实施的业务市场拓展产生的影响是合法正当的,完全可以理解与接受。企业在拓展业务市场过程中,应当将这些事项与价格接受能力、品牌认可度、消费者偏好、经销渠道、产品宣传等市场因素,基础性地内化到整个市场开发计划和方案设计中去,积极契合市场公平竞争机制的外化要求。

利益非超脱化、权力寻租、行政内部化等诸多负面因素使政府干预并非完

① 尽管中国(上海)自由贸易试验区内不存在多个不同“地方政府”分别管辖情形,因而也就不会出现传统意义上的地区垄断问题;但是业务市场拓展中立的原理同样适合中国(上海)自由贸易试验区,即要确保中国(上海)自由贸易试验区单个“特区”的市场统一性、开放性与竞争性。

美无瑕，政府失灵在很多领域都频频出现。而我国当前市场发展出现的很多问题表明，无论是在形式上还是实质上，都不同程度地影响了企业的业务市场拓展。以妨碍国内市场高度统一的地区垄断现象为例：江西省弋阳县政府在2013年9月26日，发布了《弋阳县人民政府办公室关于进一步加强全县猪肉类产品市场监督管理工作的通知》，违反法律、行政法规在当地实行外埠冷鲜猪肉白条肉等猪肉类产品市场准入制度，以阻止双汇集团进入弋阳市场。当地商务局副局长叶某某等执法人员对双汇集团进入该县的物流车辆多次检验、多次阻拦运输卸货，造成双汇集团在整个上饶地区供货脱节。根据双汇集团调查，叶某某与当地政府签订合同，以每年16万元承包费承包生猪屠宰场。① 这些举措不仅严重违反了现有法律制度，而且远远超出了弥补市场失灵的需求，因而它们是非法、不正当的，应当坚决被禁止和矫正。从现阶段的经济发展状况来看，地区垄断仍然是影响企业业务市场拓展的主要障碍。而最新研究进一步证实，地方政府有很强的动机、欲望实施地区垄断。“面对外部产品与服务的进入，地方政府为了实现本地经济增长、维持和扩大就业、减少失业，往往倾向于保护本地企业的产品与服务提供，这与上述扩大地方政府财政收入的自利倾向有关，也与政府官员改善其形象、实现其政绩、确保其升迁的自利倾向有关。”②

2. 业务市场拓展中立的禁止事项

除了禁止采取政府补贴的间接方式，促进本地企业拓展外地业务市场或者协助本地企业抵抗外地企业进入外，各个地方政府不得滥用行政权力，通过设置（地方性）市场进入壁垒的直接方式影响企业的业务市场拓展。

第一，禁止滥用行政权力妨碍商品在地区之间的自由流通。除我国台湾地区、香港特别行政区、澳门特别行政区以及中央政府依法批准设立的中国（上海）自由贸易试验区等外，我国主权所辖其他地域市场应当是统一、开放、竞争、有序的，所有企业合法供给的商品应当可以自由流通。各个地方政府不得对外地商品设定歧视性收费项目、实行歧视性收费标准或者规定歧视性价格，不得对外地商品规定与本地同类商品不同的技术要求、检验标准或者对外地商品采取重复检验、重复认证等歧视性技术措施限制外地商品进入本地市场，不得采取专门针对外地商品的行政许可限制外地商品进入本地市场，更不得设置关卡

① 参见张旭：《双汇进入江西“遇阻”》，载《21世纪经济报道》2013年10月17日，第19版。

② 冯兴元：《地方政府竞争：理论范式、分析框架与实证研究》，凤凰出版传媒集团、译林出版社2010年版，第129～130页。

或者采取其他手段阻碍外地商品进入或者本地商品运出。“但毋庸讳言，各类市场封锁和地方保护仍然存在，全国统一市场仍未真正形成。目前，市场封锁和地方保护表现更隐蔽、形式更多样。”①这给很多企业的市场扩张带来了巨大的障碍，必须及时得到有效规制和彻底根除。

第二，禁止滥用行政权力排斥或者限制外地经营者参加本地的招标投标活动。我国《招标投标法》明确规定：任何单位和个人不得违法限制或者排斥本地区、本系统以外的法人或者其他组织参加投标，不得以任何方式非法干涉招标投标活动。因此，任何地方政府不得以设定歧视性资质要求、评审标准或者不依法发布信息等方式，阻碍外地企业依法参加本地的项目招标投标。例如，江西省吉安市曾经在 2011 年 3 月 4 日发布的《吉安市建筑业施工企业诚信管理规定（试行）》中特别要求：市外施工企业一级企业每个月 15 日、30 日诚信手册所要求的建造师、技术、质量、安全、经济管理人员不少于 20 人来按指纹，一级以下不少于 15 人来按指纹，否则没收诚信手册，不得参与吉安市工程的投标。这些做法客观上较大程度地影响了外地企业与本地企业在特定项目招标投标过程中的公平竞争，导致不少企业在业务市场拓展上付出很多的额外成本甚至折戟沉沙。

第三，禁止滥用行政权力排斥或者限制外地经营者在本地投资。在目标市场直接设立公司、建立工厂、开设销售网点、招聘从业人员是企业拓展业务市场的重要方式。因为这些本地化的投资做法，通常能够使产品较为迅速地得到本地消费群体的认可，或者可以大幅节约企业的物流成本、缩短产品市场投放时间，或者更加符合产品的物理特性对生产与销售的要求等。尽管促使企业在目标市场进行本地投资的动因可能是不同的，但是它们都会导致目标市场的资源争夺更加激烈。企业市场份额的此消彼长在正常情况下应当与政府没有关系，政府亦不应当采取任何非均衡性的行政措施进行不当干预。但是各个地方目前仍然客观存在的“一套班子，两块牌子”、地方税收严重依赖寡头企业、权力交易等现实问题使得这种应然格局被不同程度地扭曲，通过滥用行政权力在开业登记、土地批准、电力供应等方面设置种种不合理的障碍排斥或者限制外地经营者在本地投资有时还会成为地方保护主义的潜在选项。这严重妨碍了企业的业务市场拓展自由且明显有失公平，必须严格禁止。

---

① 韩俊、任兴洲：《建设统一开放竞争有序的市场体系》，载《人民日报》2013 年 11 月 20 日，第 7 版。

第四,禁止滥用行政权力排斥或者限制外地经营者在本地设立分支机构。分支机构作为市场触角的支撑点,对于企业业务市场的扩张具有重要的战略意义,这在网点经济特性很强的金融行业表现得非常明显。以银行为例,银行分支机构及其下属服务网点的数量多寡,直接影响着银行吸收存款的规模和衍生服务的体量,且理论研究充分证明,区位因素对于商业银行的绩效有着巨大的影响。“在控制了一系列银行特征和时间变量等因素后,反映分支行在经济水平不同地区分布特征的区位指数对银行绩效有显著的正向影响,即在经济水平高的县市设立分支行会增加银行绩效。”①这就使企业特别是银行对分支机构的设立及其区位选择,在地理市场的维度空间上特别是优质市场发生激烈的竞争。而各种直接或者间接的利害关系,可能导致一些地方政府违法违规插手阻挠外地企业在本地设立分支机构进行经营,而这有悖于市场竞争的公平要求。

(三)商业合同缔结中立

经营资质的赋予和地理市场的开放,给各类经营者参与市场资源配置提供了前提基础,但是能否普遍性地与潜在的客户达成交易才是关键,这最终决定着企业进入市场的成败。因此,政府在干预市场过程中应当保持商业合同缔结中立。

1. 限制当地含量要求

当地含量要求(Local content requirements)又称当地成分要求或者当地产比率要求,它通常意义是指外国投资企业的产品中需含有一定数量或百分比的当地原材料、半成品或部件作为其生产投入,以助东道国实现收支平衡。由于当地含量要求能够带动当地产业发展、提升当地技术水平、增加当地资本积累、促进当地劳动就业,因此当地含量要求在很大程度上被视为一种有益于东道国发展的政策,只是对经济发展的作用因不同国家和不同市场条件不同而已。②所以,虽然 WTO《与贸易有关的投资措施协议》(Agreement on Trade - Related Investment Measures, TRIMs)强烈禁止使用当地含量要求,但是很多国家特别是发展中国家目前仍然在不少领域普遍性地存在当地含量要求。例如,巴西政府的规定,在巴西发展的风力涡轮机制造商的风机组成部分,如叶片或塔架等

① 杨童娜:《近代华资银行分支机构区位选择对绩效的影响》,载《财经研究》2014 年第 2 期。

② 参见熊琼:《当地成分要求研究动态与评述——东道国的视角》,载《国际贸易问题》2005 年第 4 期。

40%需要从巴西供应商手中购买。[1] 菲律宾最新汽车出口计划规定，只有在本地自主生产达50%及以上的出口商才能享受税收优惠。[2] 投射国内市场，比照相应原理，一国的不同地方政府基于财政创收、GDP增长、就业促进、产业转型等多方面的考虑，内在应当亦然有着类似的欲望在各自的行政管辖区域内推行"地方版本"的当地含量要求。

客观而言，无论是国际投资还是国内投资出现的当地含量要求，都在不同程度上影响了经营者商业合同的缔结。尽管遵守当地含量要求的企业享有经营自主权，但是它们在当地含量要求的约束下并不能完全按照自身的意愿去选择交易对象进行缔结商业合同。即便其他地域市场的原料、部件或者服务的价格、质量、性能等市场化因素具有明显优势，这些企业也不得不按照要求从当地供货商采购部分内容，否则就将被踢出现有市场。满足同一需求的不同供给之间所存在的排他性，使当地含量要求释放很强的负外部效应，最为直接的后果就是导致外来企业无法按照市场化的方式彻底有效地进入这些地理市场。当地含量要求注定了外来企业只能分食当地产比率之外的产品市场，问题只是它们哪些可以争夺得到、得到多少。这在很大程度上影响了市场资源的优化配置，往往导致当地消费者福利水平的下降。针对国际投资领域的当地含量要求的经济学分析指出，"当地成分要求使市场产生扭曲，不能使资源在世界范围内实现合理的配置，将最终影响世界各国比较优势的发挥，降低跨国公司内部化优势，从而降低整个世界的福利水平"。[3]

因此，当地含量要求必须得到有效治理，但是国际投资和国内投资应当采用不同的路径。国际投资领域的当地含量要求只能采用双边或者多边协议进行协商约束，包括存在范围和具体比例。因为所有管治不同主权市场的国家没有肩负统一全球或者地区市场的先天义务与合法权力且该领域的市场资源配置所创造的经济财富和参与国家的个体利益往往存在较大的位差，这就决定了各个国家有权、有必要根据自身的利益需求进行合理地择用当地含量要求。根据实践来看，任何国家均可根据自身的特定情况和发展需求，进行多元化的选

---

① 参见王林：《巴西35亿风电投资泡汤》，载《中国能源报》2012年7月30日，第13版。

② 参见《菲律宾政府要求汽车生产商提高本地含量》，载 http://www.sina.com.cn，最后访问日期：2015年3月31日。

③ 周芳、程新章：《当地成分要求的经济学分析》，载《华东师范大学学报》（哲学社会科学版）2002年第4期。

择。例如,我国可以在中国(上海)自由贸易试验区内试验性地取消任何当地含量要求,而在该自由贸易试验区之外的大陆地区,依据缔结的国际协议有限实施当地含量要求。国内投资领域的当地含量要求必须通过全国性的立法原则性地加以禁止,除了法定情形外,任何地方政府不得直接或者变相地采取措施,在各自管辖的行政区域内实施当地含量要求。因为,除历史原因或者现行改革需要导致出现的境内单独关税区外,主权管辖的其他地域统一归属于单个国内市场,且该领域的市场资源配置所创造的经济财富与单个国家利益具有高度的一致性,这就从基础上否定了当地含量要求在国内投资领域存在的合理性。只有基于区域经济均衡发展、经济结构战略转型、社会秩序稳定等少数特殊因素的考虑,当地含量要求在国内投资领域才例外性地存在必要性,但是必须进行最大程度的限制。

2. 禁止行政限定交易

行政限定交易是指行政机关和法律、法规授权的具有管理公共事务职能的组织,滥用行政权力限定或者变相限定单位或者个人经营、购买、使用其指定的经营者提供的商品。尽管随着我国经济改革的不断深化和市场法治的全面推进,政府滥用行政权力设置市场进入壁垒阻拦经营者进入相关市场,或者通过当地含量要求进行("面上")圈留部分业务市场给予当地企业的现象日趋减少,但是滥用行政权力限定或者变相限定单位或者个人经营、购买、使用其指定的经营者提供的商品,在目前各个领域却依然大量存在,只是方式更为隐蔽、灵活、多样化。究其原因,首先,行政限定交易的用途可以多元化。它不仅可以用来进行("点上")圈留一些业务市场给予当地经营者,而且可以用来协助外来企业进入本地市场。其次,行政限定交易的生成底蕴比较深厚。即便在政企分开相对清晰的环境下,官员转业或者离职的就业选择、"肥水不流外人田"的潜在意识、"熟人关照"的传统文化、权力寻租的频频发生等因素的叠加,很容易导致政府滥用行政权力限定交易对象。最后,行政限定交易的具体实施比较容易。政府可以不用通过发布正式文件或者书面文件,而是仅通过在各种场合进行口头上的沟通交流就可完成。①

行政限定交易严重损害了企业的经营自主权,明显违背了政府在干预市场

① 这类现象在近些年来还是频频发生,媒体深度报告的"红顶中介"问题涉及的部分政府职能部门指定交易就是典型代表。参见赵兵:《"红顶中介"的"顶戴"该摘了》,载《人民日报》2015年2月3日,第18版。

过程中应当保持商业合同缔结中立要求，不仅给企业进入相关市场带来了巨大的障碍，而且伴生性地导致市场资源配置效率的低下。这在被媒体曾经誉为“中国反垄断第一案”的北京兆信信息技术有限公司、东方惠科防伪技术有限责任公司、中社网盟信息技术有限公司、恒信数码科技有限公司北京4家防伪企业诉国家质检总局行政性垄断案中表现得非常明显。2008年8月1日即《反垄断法》开始实施第一天，北京4家防伪企业向北京市第一中级人民法院提起行政诉讼，状告国家质检总局滥用行政权力限定或者变相限定单位或者个人经营、购买、使用其指定的经营者提供的商品。行政诉状称：从2005年4月开始，国家质检总局不断推广一家名为“中信国检信息技术有限公司”的企业经营的中国产品质量电子监管网的经营业务，要求生产企业在所生产的产品的包装上加印监管码。北京兆信信息技术有限公司的负责人对媒体表示，“自强制推行电子监管码以来，企业每天的损失都在增加。如果长期实行该措施，整个防伪行业将无法持续发展”。①

因此，必须彻底禁止行政限定交易。根据实践来看，行政限定交易的具体表现形式是复杂多变的，但是它们都具备以下特质（构成要件）：第一，主体系行政机关和法律、法规授权的具有管理公共事务职能的组织。这使其明显区别于滥用市场支配地位的限定交易，即没有正当理由，限定交易相对人只能与其进行交易或者只能与其指定的经营者进行交易。第二，主观为排除、限制相关市场的竞争。行为主体的直接目的就是限制、排除其他潜在竞争者对特定交易机会的争夺与获取，扭曲相关市场的竞争机制。② 第三，行为导致潜在的交易对象特定化。受制于政府作出的这类行政行为，经营者、消费者无法按照正常的市场规则自由选择交易对象。第四，超出法定权限范围。除潜在的程序瑕疵外，该类行政行为通常存在我国《行政诉讼法》第50条规定的“超越职权的”或者“滥用职权的”情形。凡是符合上述4项内容的行政行为，均应当构成行政限定交易，受到法律的严厉规制。

二、政府采购中立

政府采购是政府作为交易相对人直接向企业提供的市场交易机会，它是除政府滥用权力排除、限制竞争之外，政府有权直接决定市场交易机会获得的唯

① 李红兵：《反垄断第一案台前幕后》，载《南方周末》2008年8月21日，第C17版。

② 参见尚明主编：《反垄断法理论与中外案例评析》，北京大学出版社2008年版，第327页。

一合法场景。作为政府采购交易相对人的政府，不能像传统民商事主体那样可以肆意选择合作者，[①]它必须在政府采购上保持高度的中立，从而保证市场竞争的公平性。

（一）政府采购开放对象中立

政府在使用财政性资金采购依法制定的集中采购目录以内的或者采购限额标准以上的货物、工程与服务上，必须向所有参与市场资源配置的经营者开放，确保它们能够公平地获得潜在的交易机会。

1. 对内开放中立

发轫于一国主权的政府采购在基本形态上，目前仍然呈现高度的封闭特质。除特殊情况外，政府采购必须采购本国货物、工程与服务。美国于 1933 年制定并开始实施的《购买美国产品法》（Buy American Act）明确规定，联邦各政府机构除特殊情况外必须购买国内产品、工程和服务。目前，欧盟、日本、韩国、澳大利亚、加拿大等绝大多数国家都采取了类似美国的做法。我国根据现行的基本国际惯例在《政府采购法》第 10 条第 1 款中对此作了明确的规定，即政府采购应当采购本国货物、工程和服务，但有下列情形之一的除外：（1）需要采购的货物、工程或者服务在中国境内无法获取或者无法以合理的商业条件获取的；（2）为在中国境外使用而进行采购的；（3）其他法律、行政法规另有规定的。但是在政府采购对内开放上，几乎所有的国家都毫无例外地强调政府采购的公平性。欧盟于 2004 年发布的《关于协调政府采购货物、工程和服务程序的指令》（Directive 2004/18/EC of the European Parliament and of the Council of 31 March 2004 on the coordination of procedures for the award of public works contracts, public supply contracts and public service contracts）、《关于协调水、能源、交通和电信部门采购程序的指令》（Directive 2004/17/EC of the European Parliament and of the Council of 31 March 2004 coordinating the procurement procedures of entities operating in the water, energy, transport and postal services sectors）明确要求，凡是符合《欧盟条约》第 9 条和第 10 条在欧盟内自由流动的各类产品，成员国在采购时不得实施歧视性政策和措施。我国《政府采购法》第 3 条、第 5 条明确规定，“政府采购应当遵循公开透明原则、公平竞争原则、公正原则和诚实信用原则”“任何单位和个人不得采用任何方式，阻挠和限制供应商

① 参见王小能：《政府采购法律制度初探》，载《法学研究》2000 年第 1 期。

自由进入本地区和本行业的政府采购市场”。

然而现实情况并不太理想，各国在本国货物、工程与服务的政府采购过程中都不同程度地出现了有悖于公平竞争原则的各类问题。具体就我国而言，地区垄断与部门垄断在政府采购中还较为普遍存在。前者如，武汉市政府在2012年8月20日通过了《武汉市人民政府关于支持工业经济稳增长调结构促发展的若干意见》，政策涉及13条支持武汉市工业经济发展的政策和意见，其中“扶持中小企业”政策提出，政府采购项目年度预算总额30%以上的份额，专门面向本市中小企业采购。不仅是武汉，据记者不完全统计，山西、黑龙江等地也相继出台系列扶持本地中小企业的措施，均提出在政府采购环节，优先考虑本地企业。[①] 后者如，师范教育司、国务院学位委员会办公室支付证书印刷费2465万元，未编入政府采购预算且未按政府采购的程序对印刷单位公开招标。国家语言文字工作委员会普通话培训测试中心支付印刷费218.92万元，未编入政府采购预算、未按政府采购的程序公开招标。[②] 因此，必须采取措施进一步推动《政府采购法》的有效落实，可行路径包括：完善政府采购的财政预算编制与审批制度，加强财政预算执行与变更的人大监督、行政监督与社会监督，实行签字终身负责制；修改《反垄断法》，赋予国务院反垄断执法机构对滥用行政权力限制、排除竞争的完整执法权。

2. 对外开放中立

虽然各国的政府采购初始形态，基本上都是面向本国的货物、工程与服务，但是它们都不同程度地允许在部分特殊情况下对外开放。根据我国《政府采购法》第10条第1款规定，当需要采购的货物、工程或者服务在中国境内无法获取或者无法以合理的商业条件获取的或者为在中国境外使用而进行采购的，政府采购可以采购外国的货物、工程与服务。在使用财政性资金采购外国的货物、工程与服务过程中，政府应当在最大程度上公平地向所有符合条件的外国厂商开放。这除了基于（国内法）合法性考虑外，还有以下两个方面的重要缘由：首先，公平竞争能够确保政府采购通过市场竞争机制获得物美价廉的货物、工程与服务，实现政府采购的经济效率最大化；其次，保持中立有助于改善、提

---

① 参见周慧、罗京运：《武汉规定政府采购预算30%用于采购本地产品　地方保护主义再抬头？》，载《21世纪经济报道》2012年8月22日，第5版。

② 参见曾亮亮、陈伟：《政府采购“违规清单”触目惊心4部门违规3.8亿》，载 http://www.chinanews.com，最后访问日期：2014年11月1日。

升、巩固中国在国际社会上的市场经济国家形象，实现政府采购的社会效率最大化。

另外，目前越来越多的国家加入《政府采购协议》(Government Procurement Agreement, GPA)的谈判。GPA是世界贸易组织(WTO)的一项多边协议，目标是促进成员方开放政府采购市场，扩大国际贸易。GPA由WTO成员自愿签署，目前有美国、欧盟等14个参加方，共41个国家和地区签署了协议。我国已于2007年年底启动了加入GPA谈判，谈判涉及市场开放范围和国内法律调整两个方面。GPA对政府采购的对外开放及其公平性有着更高的要求，这在《世界贸易组织政府采购协议12版》(WTO Government Procurement Agreement'12)表现得非常明显。该协议"第4条一般原则"的"非歧视"条款写道：(1)对于有关被涵盖采购的任何措施，每一参加方，包括其采购实体，对于来自任何其他参加方的货物和服务，以及提供任何参加方的货物或者服务的任何其他参加方的供应商，应当立即和无条件地给予不低于以下条件的待遇：(a)本国货物、服务及其供应商；(b)任何其他参加方的货物、服务及其供应商。(2)对于有关被涵盖采购的任何措施，一参加方，包括其采购实体，不得：(a)因对外国的附属程度和外国所有权程度，而给予一当地设立的供应商低于给予另一当地设立的供应商的待遇；(b)因当地设立的供应商为某项采购提供的是任何其他参加方的货物或服务，而对该当地设立的供应商进行歧视。

尽管我国在政府采购协议谈判上与美国、欧盟等GPA主要参加方，在国有企业是否以及何种程度上纳入出价清单还存在很大分歧，但是"按照目前的谈判进展，中国加入GPA应该为时不远"。[①] 在这种情况下，我国应当充分利用中国(上海)自由贸易试验区的改革试验平台进行必要的前期制度性探索。中国(上海)自由贸易试验区的政府采购可以模拟GPA生效情景实施，自主决定按照GPA的采购流程设计面向国内外厂商开放，逐步总结有助于改善现行政府采购机制的成熟经验并加以全面推广，为我国从根本上提高财政性资金的使用效率奠定坚实基础。

(二)政府采购信息公开中立

政府在使用财政性资金采购依法制定的集中采购目录以内的或者采购限额标准以上的货物、工程和服务过程中应当公平地向所有参与市场资源配置的

---

① 刘锐：《中国加入GPA的主要挑战及其应对策略》，载http://www.chinadaily.com.cn，最后访问日期：2014年11月2日。

经营者公开信息。

1. 公开信息内容中立

根据我国《政府采购法》第 26 条规定,政府采购可以采用公开招标、邀请招标、竞争性谈判、单一来源采购、询价等方式,其中公开招标应当是主要方式。但无论政府采购采用何种方式,政府都应当将这些要约邀请或者邀约公平地向所有潜在的供应商进行信息推送。能否公平地及时获取政府采购的邀约邀请或者邀约等求购信息,直接关系到企业参与交易争夺的发起,因此,政府必须做好政府采购的"标讯"公开工作。在发布的政府采购邀约或者邀约邀请内容上,采购人与采购代理机构不得设立或者变相设立违背公平竞争原则的条件。以中金招标有限责任公司在 2014 年 11 月 3 日发布的《松原市宁江区国库集中支付中心财政信息应用系统建设项目国内公开招标招标公告》(招标文件编号:0773—1441GNJL01338)为例:招标机构在招标公告中要求"合格的投标人"除了符合其他条件外,还应当是"在吉林省内注册,能够独立承担民事责任,有供应能力的法人";招标公告要求"所有投标人应当于 2014 年 11 月 25 日 9:30(北京时间)前将投标文件送至开标地点,逾期送达或不符合规定的投标文件将被拒绝"。由于企业注册登记往往需要 3 ~ 4 周时间,因此,这无论是在形式还是实质上都限定了参与竞标的厂商范围,涉嫌违反《政府采购法》第 22 条第 1 款"采购人可以根据采购项目的特殊要求,规定供应商的特定条件,但不得以不合理的条件对供应商实行差别待遇或者歧视待遇"的规定,直接影响了国内企业对该项政府采购的公平竞争。

除此之外,政府还必须按照公开透明原则对外公布政府采购的最终交易达成情况。这些信息公开透明程度不仅应当涵盖如定标日期、评标专家、中标供应商名称、中标供应商地址、中标金额等纯粹结果性内容,在不涉及商业秘密的情况下,还应当包括最低限度的可比较性事项,如招标项目单列项目的中标价格、招标项目综合项目的中标价格等。仅公示遴选结果,如上海市普陀区政府采购中心就区教育局下属晋元高级中学校园计算机网络改造工程公开招标项目发布的中标公告"中标单位:上海众恒信息产业有限公司",这很难让人直观性地确认结果的公平性。虽然像《海关总署 2014 年辐射探测设备(上海自贸区)采购项目中标公告》(招标编号:HG14GK—A0101—003)公开了单项招标的中标金额,如"04 包(手持式核素识别设备)中标供应商名称:贝谷科技股份有限公司,中标金额:人民币 630,000.00 元",但是它的可比较性还是很低的,还是会不同程度地引发种种质疑。一旦供应商认为采购文件、采购过程和中标、成交结果使自己的权益受到损害,在它按照规定的要求向采购人提出质疑的情况下,采购人应当及时作出答复并以书面形式通知质疑供应商和其他有关供应商。除涉及商业秘密外,采购人不得选择性地进行答复,更不得选择性地告知利害关系主体。因此,与其事后释疑,不如事前公信。政府应当在中标公告等文件中全面公开竞标结果、中标主体优势指标、标段及其金额等非商业秘密信息,确保所有供应商在信息知晓、经验吸取、动态竞争上的公平。

2. 公开信息方式中立

发布信息的时间越短、范围越窄,参加政府采购的供应商就会越少,甚至会使最有可能中标的供应商,因未能及时获得采购信息而失去投标机会,无形中给"意中人"创造了更大的中标概率。[①] 因此,政府不仅应当在政府采购的信息公开内容上保持中立,而且应当在政府采购的信息公开方式上保持中立。我国《政府采购法》第11条规定,政府采购的信息应当在政府采购监督管理部门指定的媒体上及时向社会公开发布,但涉及商业秘密的除外。目前,除了少数个别违规操作案件外,绝大部分的政府采购都依法及时在政府采购监督管理部门指定的媒体上向社会公开发布。

虽然法律层面的政府采购监督管理部门为一个抽象主体,但是现实层面的政府采购监督部门却是多个具体组织。这些负有政府采购监督职能的部门,各自都有权指定相应的政府采购信息发布媒体,他们也各自指定了相应的政府采购信息发布媒体。例如,浙江省在《关于指定浙江省政府采购信息发布媒体及有关事项的通知》中规定:根据《政府采购法》和《政府采购信息公告管理办法》(财政部第19号令)的有关规定,结合我省工作实际,经研究,决定《浙江日报》和"浙江政府采购网站"为浙江省政府采购信息发布的指定媒体;[②]而杭州市在《关于指定我市政府采购信息发布媒体的通知》中规定:我市政府采购信息发布指定媒体:《中国财经报》、中国政府采购网(www.ccgp.gov.cn)、中国政府采购杂志、中国杭州政府门户网站(www.hangzhou.gov.cn)、杭州市政府采购信息网(http://hangzhou.chinaecai.com)、杭州财税网(www.hzft.gov.cn)、《杭州日报》。这就使得政府采购的信息发布平台在实践中的数量是非常庞大的。[③]

---

① 参见日田:《政府采购信息发布中的问题与对策探讨》,载《中国招标》2007年第19期。

② 浙财办字〔2005〕32号。

③ 杭政采办〔2004〕9号。

尽管特定项目的政府采购信息在多个媒体的及时发布,增加了该信息传播的广度和深度。然而整个政府采购信息的发布媒体分散化,却容易造成单个政府采购信息被“淹没”甚至被“屏蔽”。因为:首先,任何信息的搜寻都是有成本的,只是显性还是隐性而已,而且它与被搜寻对象的数量多寡往往成正比;其次,任何信息的搜寻都可能出现遗漏,只是严重程度不同而已,而这种概率往往随着被搜寻对象的数量增加而变大;最后,政府采购信息的商业价值具有独特的时效性,达到一定程度的获取迟延都会可能彻底导致该信息的价值丧失。这在不同程度上客观影响了政府采购信息的发布效果,不利于市场的公平竞争。

在党的十八届三中全会提出建立统一开放、竞争有序的市场体系背景下,推进政府采购信息公开平台的统一化显得非常必要。这不仅有利于提高政府采购的资金使用效率,而且有利于促进整个市场的公平竞争发展。至于推进路径的选择,建设全国统一的电子化政府采购管理交易平台是一个非常切实可行的做法。目前,我国应当充分利用中国(上海)自由贸易试验区的改革平台在这个方面进行积极探索,总结出一些成熟的经验进行全面推广。

(三)政府采购参与方式中立

政府在使用财政性资金采购依法制定的集中采购目录以内的或者采购限额标准以上的货物、工程和服务过程中应当通过较为便捷化的方式支持所有企业公平地参与政府采购的市场竞争。

1. 参与方式的现状考察

公开招标是政府采购目前采取的主要方式,不同采购人在政府采购的招标公告中规定的竞标参与方式不尽相同。大部分支持企业直接参与竞标,有些则设置了一些非壁垒性的前置程序。例如,《合肥公共资源交易中心合肥市重点工程建设管理局安徽名人馆垃圾桶采购及安装公开招标公告》(项目编号:2014CGAZ2594)规定:本项目只接受合肥公共资源交易中心会员库中已审核通过会员报名,未入库的投标人请及时办理入库手续(会员办理网址请参见 http://www.hfggzy.com/hfzbtb/hyzq/HYZQ_Main_ztbzxnew.aspx 栏目中“合肥公共资源交易中心会员注册流程”,联系电话:0551-62692111,联系人:高工),因未及时办理入库手续导致无法报名的,责任自负。

在招标文件的获取上,除存在收费差别外,目前大体上有以下 3 种基本做法:第一,指定地点现场领取。例如,《交通运输部规划研究院关于交通运输环境数据中心一期工程应用软件开发的招标公告》(招标编号:0701—144000120031)规定:有意向的投标人可从 2014 年 11 月 6 日至 18 日每天 9:00

至16:00(北京时间),携带营业执照副本或事业单位法人证书副本或类似相关证明文件(原件或者加盖单位公章的复印件)及法人授权书,在中技国际招标公司购买招标文件,本招标文件每套售价为600元人民币/包。第二,兼容支持邮寄领取。例如,《交通运输部上海打捞局4500吨重型海洋工程起重机(4500吨A架旋转式起重机)采购项目公开招标公告》规定:所有的投标人可从2014年11月4日至11日,每天9:00至16:00(北京时间)在中国交通进出口总公司购买招标文件;本招标文件每套售价为人民币5000元,售后不退;招标机构将在收到投标人的汇款和邮购通知后,立即以特快专递方式邮寄;但如有丢失或迟误,招标机构概不负责。第三,网络直接下载获取。例如,《四川出入境检验检疫局专用检测设备采购项目(9)国内公开招标》(招标编号:SCCIQ—2014009)规定:招标文件自2014年11月5日至11日,9:00至17:00(北京时间,周末及节假日除外),通过网络领取采购文件。

在投标文件的提交上,目前大体上有以下三种基本做法。第一,指定地点现场递交。例如,《海关总署2014年金关工程二期应用项目(三)采购项目招标公告》(招标编号:HG14GK—C0107—D089)规定,投标文件的递交:纸质投标文件请于开标当日、投标截止时间之前由专人送达开标地点,逾期送达或送达的投标文件不符合本招标文件规定以及以电报、电话、传真、电子邮件、电子标书形式递交的投标文件将不予接受。第二,兼容支持邮寄递交。例如,《北京市公安局公安交通管理局2014年市属协管员反光背心采购项目招标公告》(招标编号:0701—144150200403)规定:递交投标文件截止时间和地点为2014年11月20日上午9:30(北京时间),北京市丰台区西三环中路90号通用技术大厦四层多功能厅,逾期收到或不符合规定的投标文件恕不接受。第三,现场、网络均可递交。例如,《上海市政府采购中心第2014—10714号信息——上海市政府公众信息网管理中心应用支撑平台核心交换机升级》(招标编号:shcg14—10714)规定,网上投标地址:上海市政府采购中心网(http://www.shzfcg.gov.cn);投标地点:上海市陆家浜路1054号4楼404室。

2. 参与方式的完善路径

向采购人作出承诺或者发出要约,标志着经营者正式进入政府采购的市场竞争,政府采购的参与方式在“起点”上直接影响着企业之间在交易机会上的公平竞争。因此,在确保交易安全的前提下,政府应当在最大程度上保持政府采购参与方式的便捷性。目前,我国应当而且有能力推进政府采购参与方式的全面电子化。①

全面电子化将彻底消除空间距离的差异,给企业在政府采购参与方式上带来的便捷性差异,最大程度上确保了政府采购参与方式的公平性。显而易见,无论是在招标文件的获取还是投标文件的提交上,大部分现行的类别做法客观上都会不同程度地导致企业在政府采购参与方式上的不太公平。指定地点现场领取招标文件或者递交投标文件,对于参与竞标的附近企业而言是比较方便的,但是对于外地企业而言是比较不便的。政府采购的这种参与方式,客观上导致了本地企业比外地企业不劳而获地拥有了额外的竞争优势,有时交通成本、航空管制催生的延误风险等因素会使这种效果出现倍增现象。即便兼容支持邮寄领取招标文件或者递交投标文件,在很大程度上消减了这种不公平竞争,撇开近乎可以忽略的邮寄费用不谈,邮寄过程中潜在的遗失风险在个案概率上还是极大地影响着不同地区企业在政府采购上的公平竞争。而根据实践来看,这些问题完全可以通过现代非常成熟的电子化办公系统彻底解决。况且经过自改革开放以来 30 多年的建设与发展,无论是政府机构还是企事业单位都拥有了较为先进的电子办公设备和网络通信系统。在这种背景下,政府应当采取措施全面推进政府采购参与方式的电子化,促进统一开放、竞争有序的市场体系尽快形成。

在推进政府采购参与方式的电子化过程中,如《世界贸易组织政府采购协议 12 版》"第 4 条一般原则"中的"电子手段的使用"条款要求那样,"以电子手段进行被涵盖的采购,采购实体应当:(a)确保在采购中使用的信息技术系统和软件,包括那些与身份验证和信息加密有关的信息技术系统和软件,是可以普遍获得的并且与其他可普遍获得的信息技术系统和软件相兼容;以及(b)确保投标申请书和投标文件完整性的维护机制,包括确定接收时间和防止不当访问"。在此前提下,针对全国统一的电子化政府采购管理交易平台,政府首先应当进行平台会员库建设。注册成为平台会员库会员的性质为非壁垒性前置程序,政府在环节上必须做好注册企业的信息核准工作,确保所有信息的真实、准确、无误。凡是符合条件的政府采购,只接受全国统一的电子化政府采购管理交易平台会员库已审核通过的会员报名,并根据特定项目的具体要求对应发放招标文件等。针对会员的身份识别,全国统一的电子化政府采购管理交易平台

① 参见王银梅:《对构建电子化政府采购管理交易平台的思考》,载《中国财政》2012 年第 6 期。

必须做到唯一性，并实现缴费、担保冻结等功能的集成化。① 目前，我们可以借助中国（上海）自由贸易试验区的改革平台进行试验，重点进行应用软件的完善测试和管理方法的摸索积累，但是必须给全国性的复制与推广留下足够的操作空间。

（四）政府采购评选机制中立

政府在使用财政性资金采购依法制订的集中采购目录以内的或者采购限额标准以上的货物、工程与服务过程中，应当根据公平的评选机制从入围企业中确定最终交易对象缔结政府采购合同。根据我国《政府采购法》第31条的规定，除了"只能从唯一供应商处采购的"或者"发生了不可预见的紧急情况不能从其他供应商处采购的"或者"必须保证原有采购项目一致性或者服务配套的要求，需要继续从原供应商处添购，且添购资金总额不超过原合同采购金额百分之十的"3种可以采用单一来源方式采购的特殊情形外，其他情形的政府采购至少都会有3家供应商入围参与交易机会的最终争夺。至于何者最终能够获得政府采购合同，这取决于政府采购评选机制产生的最终结果。因此，政府必须采用公平的评选机制确保政府采购的结果公平。

表2 广东省五华县学校"创强"教育教学设备采购项目评分

<table>
<tr><th colspan="4">评分 / 投标单位</th><th>分值</th><th>得分</th></tr>
<tr><td colspan="2" rowspan="3">技术响应程度</td><td>完全响应或优于招标文件要求</td><td>21~30</td><td rowspan="3">30</td><td rowspan="3"></td></tr>
<tr><td>部分响应部分招标文件要求</td><td>11~20</td></tr>
<tr><td>低于招标文件要求</td><td>0~10</td></tr>
<tr><td rowspan="4">投标设备技术先进性质量可靠性</td><td>设备样品</td><td>投标时提供所投品牌型号的计算机、交换机、展台、中控、投影机进行现场测试且测试结果经评标委员会认定为均能响应招标文件要求的，得20分；凡有一项设备未能响应招标文件要求的，扣4分；无提供或提供不全样品的得0分</td><td>20</td><td>20</td><td></td></tr>
<tr><td rowspan="3">配置情况</td><td>各项指标完全响应用户需求书的要求，且兼容性等指标在各投标人内最好</td><td>21~30</td><td rowspan="3">30</td><td rowspan="3"></td></tr>
<tr><td>各项指标在各投标人内较好</td><td>11~20</td></tr>
<tr><td>各项指标在各投标人内较差</td><td>0~10</td></tr>
</table>

① 参见王爱莲：《美国的政府采购制度及其对我国的启示》，载《天中学刊》2011年第3期。

续表

评分＼投标单位				分值	得分
投标人的实施计划	考核投标人项目实施情况,包括人员、项目管理、执行计划	优	13～20	20	
		良	7～12		
		一般	1～6		
合计				100	

首先,评选机制的公平要求评审人员中立。如果参与政府采购的项目评审人员因专业技能、利害关系、个人喜好等不能对入围企业进行公平评比,将会从根基上直接影响到评审结果的公平。因此,原国家发展计划委员会、国家经济贸易委员会、建设部、铁道部、交通部、信息产业部、水利部联合发布的《评标委员会和评标方法暂行规定》针对性地采取了4个方面措施:第一,专业水平。该文件第11条要求评标专家应符合下列条件:“(一)从事相关专业领域工作满八年并具有高级职称或者同等专业水平;(二)熟悉有关招标投标的法律法规并具有与招标项目相关的实践经验;(三)能够认真、公正、诚实、廉洁地履行职责。”第二,产生方式。该文件第10条指出,评标委员会的专家成员应当从省级以上人民政府有关部门提供的专家名册或者招标代理机构的专家库内的相关专家名单中确定;按前款规定确定评标专家,可以采取随机抽取或者直接确定的方式。一般项目可以采取随机抽取的方式;技术特别复杂、专业性要求特别高或者国家有特殊要求的招标项目,采取随机抽取方式确定的专家难以胜任的,可以由招标人直接确定。第三,关联回避。该文件第12条规定:“有下列情形之一的,不得担任评标委员会成员:(一)投标人或者投标人主要负责人的近亲属;(二)项目主管部门或者行政监督部门的人员;(三)与投标人有经济利益关系,可能影响对投标公正评审的;(四)曾因在招标、评标以及其他与招投标有关活动中从事违法行为而受过行政处罚或刑事处罚的。”第四,强加义务。该文件第13条强调,评标委员会成员应当客观、公正地履行职责,遵守职业道德,对所提出的评审意见承担个人责任。评标委员会成员不得与任何投标人或者与招标结果有利害关系的人进行私下接触,不得收受投标人、中介人、其他利害关系人的财物或者其他好处。目前,绝大部分政府采购的项目评审都是通过这些措施来保证评审人员保持中立。根据实践来看,除了产生方式外,其他都还存在很多有待完善的地方。在专业水平上,符合职称条件的专家客观存在的理论与实务脱节问题在有些政府采购的项目评选中不同程度地导致误判,过失性地影响

到企业评选结果;在关联回避上,如同学、校友、代持投资等不少隐蔽的利害关系因无法得到及时有效的查证而直接影响评比的公平;在强加义务上,因违规成本较低、查证比较复杂而使得这些制度性约束趋于弱化。在中国(上海)自由贸易试验区的政府采购过程中,政府应当有针对性地进行重点探索。

其次,评选机制的公平要求评审方法中立。假若项目评审使用的定性标准、量化工具存在问题,评比结果必然因失真而存在不公。① 所以,政府对政府采购的评审方法特别是针对公开招标作了很多规定。例如,建设部 2001 年第 89 号令发布的《房屋建筑和市政基础设施工程施工招标投标管理办法》第 41 条规定,评标可以采用综合评估法、经评审的最低投标价法或者法律法规允许的其他评标方法;商务部 2004 年第 13 号令发布的《机电产品国际招标投标实施办法》(现已失效)第 20 条规定了两种方法,即最低评标价法和综合评价法;财政部 2004 年第 18 号令发布的《政府采购货物和服务招标投标管理办法》第 50 条规定,货物服务招标采购的评标方法分为最低评标价法、综合评分法和性价比法;交通部 2006 年第 7 号令发布的《公路工程施工招标投标管理办法》(现已失效)第 47 条规定,公路工程施工招标的评标办法分综合评分法和最低评标价法。这些方法经过多年使用已经较为成熟,基本上能够保证评选结果的公平。除应当进一步扩大最低评标价法或者经评审的最低投标价法或者性价比法适用领域外,需要完善之处重点在于综合评分法或者综合评价法或者综合评估法的权衡因素及其相应权重上。这种方法综合评分的主要因素是价格、技术、财务状况、信誉、业绩、服务、对招标文件的响应程度以及相应的比重或者权值等,它们的不同配比将会导致不同的结果。以广东省五华县学校"创强"教育教学设备采购项目(采购编号:GDHS11MZHG07078)为例,其技术、商务、价格的权重分别为 50%、20%、30%,这对偏向技术优势的竞标企业而言是非常有利的,但是对偏向价格优势的竞标企业则较为不利。如果将权重分配改为 30%、20%、50%,则偏向价格优势的竞标企业中标可能性就大大提高。另外,既定权重的考评因素次级权衡指标存在的主观弹性空间在不同程度上也会影响到这种方法的使用结果,如前面示例项目的技术评分表栏目列举的技术响应程度、投标设备技术先进性质量可靠性、投标人的实施计划(见表 2)。在中国(上海)自由贸易试验区的政府采购过程中,我们可以重点探索不同情景下技术、商务、

① 参见张剑桥、班源:《传统评标方法和多目标模糊优选评标方法的比较》,载《项目管理技术》2011 年第 2 期。

价格的最佳权重分配,并通过合理延深次级权衡指标的级数来弱化主观定性对定量评价的影响程度,从而最大限度地提高综合评分法或者综合评价法或者综合评估法的科学性,确保政府采购评选结果的公平性。

第二节　经营负担中立

经营负担中立,即政府在干预市场过程中应当公平地处理各类参与市场资源配置的经营者的经营负担。任何企业在市场化经营过程中都面临着各种负担,既有来自政府方面单边课征的负担(强制性负担),又有来自市场方面合意课加的负担(协商性负担)。但无论这些负担来自何处,它们都直接或者间接决定着企业的经营成本,进而直接影响着一个企业能否成功实施成本领先战略以获得市场竞争优势。实践表明,政府不仅可以直接影响政府方面单边课征的负担,而且可以直接影响市场方面合意课加的负担。因此,政府在干预市场过程中应当最大限度地公平影响所有企业可能承受的经营负担,确保市场竞争的公平。

一、课征强制性负担中立

经营负担中立,首先要求政府在对企业课征强制性负担上保持中立。企业在任何交易机会下,都将不可避免地面临着政府在税收、监管、社会责任等多个方面课征的强制性负担,这类经营负担构成企业产品刚性成本的重要组成部分,它们对企业之间的公平竞争影响较大。

(一)税收中立

税收具有强制性、固定性与无偿性,它通常以货币形式直接计入企业的产品成本。因此,政府在税收的课征过程中必须保持中立。

1. 税收负担中立

课税对象及其税目的多寡、税率的高低、税收优惠的幅度等法定要素直接决定了企业税收的基本负担,政府在这些税收要素上的任何差异,都会影响不同类别企业之间的公平竞争。以企业所得税为例:在2008年以前,外资企业的企业所得税税率仅为15%且享受“两免三减半”与“五免五减半”等优惠,而内资企业的企业所得税税率则高达33%。这种较大悬殊的税负差异,在很长一段时间内使中国大陆企业处于市场竞争的不平等地位。尽管随着《企业所得税法》的施行,内外资企业所得税税率统一适用25%。但是外资企业在税收负担上还是不同形式地享有各种额外的优惠措施,例如,注册在上海市奉贤区、金山区的外资企业可以享受返还35%左右实际缴纳的营业税、16%左右实际缴纳的企业所得税、6%左右实际缴纳的增值税。因此,政府在推进减轻税负改革的基础上,必须采取措施深化税负公平改革,特别是税率的统一化、中央及地方税收减免与返还的平等化。①

在税收负担中立的探索上,中国(上海)自由贸易试验区的可为空间基本在于税收优惠的均衡性上。基于党的十八届三中全会决定"按照统一税制、公平税负、促进公平竞争的原则,加强对税收优惠特别是区域税收优惠政策的规范管理。税收优惠政策统一由专门税收法律法规规定,清理规范税收优惠政策"。《中国(上海)自由贸易试验区总体方案》并没有类别化地统一降低企业所得税税率(先前预期税率15%),只是实施促进投资与贸易的税收政策。"从现有的自贸区税收政策来看,应该说主要是对现有政策移植。"②所以,中国(上海)自由贸易试验区在税收负担中立的改革试验上,应当重点指向符合要求的出口退税、免税等内容,建立一套完善的税收优惠普惠机制。"目前对于自贸区想吸引的跨国企业来说,更为重要的是整个区域的开放度和税收负担的明确与公平。"③

2. 税收计算中立

企业纳税数额需要根据应纳税额公式进行计算,而不同税种及其税目采用的计算公式与税率是不同的。例如,一般增值税纳税人应纳税额 = 当期销项税额 - 当期进项税额,销项税额 = 销售额 × 适用税率(基本税率为17%,低税率为13%);企业所得税应纳税额 = 应纳税所得额 × 税率,应纳税所得额 = 收入总

---

① 近年来,各地政府为了招商引资,分别出台税收优惠政策吸引外来投资,造成我国目前税收优惠政策五花八门。据统计,我国各地目前出台实施的区域税收优惠政策共有30项。现行的区域性税收优惠有16类,具体包括:经济特区、沿海经济开发区、经济技术开发区、高新技术产业开发区、沿海开放城市、沿江开放城市、内陆开放城市、边境对外开放城市、国家旅游度假区、苏州工业园区、福建台商投资区、上海浦东新区、海南洋浦开发区、出口加工区、保税区、中西部及贫困地区。这种针对特定区域实行特殊的税收优惠政策,造成区域内外、不同区域企业之间在税负上的不公平待遇,不利于企业间的公平竞争,更不利于建立以公平为基础的现代市场体系。参见华税律师事务所中国税务部:《税制改革应坚持税负公平原则》,载《和讯税务》2013年12月24日。

② 胡怡建:《上海自贸区税收政策:创新、探索》,载《中国税收》2014年第3期。

③ 胡欣欣:《上海自贸区:税收政策到底用来干什么?》,载《21世纪经济报道》2014年3月10日,第9版。

额－准予扣除项目金额（企业所得税基本税率为25%，低税率为20%）。在很多跨国并购交易、设备与技术及服务打包交易等商业活动中，单个商业协议带来的创收（合同金额）往往涉及多个税种与税目。这不仅给经营者进行税收筹划提供了潜在机会，而且给政府实施弹性征税留下了活动空间。如果税务机关故意或者过失地允许不同企业采用不同的做法将这些涉税金额划入相应税目，这不仅将会导致政府税收的流失，而且将会影响企业的纳税公平。因此，政府必须在税收的计算上保持中立。

根据实践来看，税收计算中立需要政府重点做好以下三个方面工作：第一，细化明确入账、入税栏目。税务机关必须通过规范性的文件依法细化各个税种及其税目的涵盖范围，任何具有弹性空间的归入事项都应当采用统一的排除法，确保税务机关和纳税人的合法选择具有唯一性。第二，细化明确税基的计算。税务机关必须依法最大限度地详列抵扣事项、抵扣规则、抵扣系数及其上限等，其他具有弹性空间的操作事项都应当采用统一的禁止性规定，确保税基计算的公平。第三，加强税收稽核工作。税务机关应当通过问责制方式对辖区企业纳税进行稽核，重点检查企业纳税的税目及其适用税率的合规性与税收计算的正确性，特别是那些涉及较为复杂税收筹划方案的企业。在改革试验过程中，中国（上海）自由贸易试验区可以进行上述三个方面的大胆探索，包括税收稽核工作的第三方服务。

3. 税收缴纳中立

除采取税收保全措施或者税收强制执行措施情形外，经营者纳税的方式都是直接以货币形式按照规定的要求限期缴纳。从财务会计角度来看，缴纳的税收可以视为企业现金流量的必然扣减，但是它具有不同程度的时间弹性。这种时间弹性的生成不仅取决于税收立法规定的税收缴纳期限长短，而且取决于税务机关的税款征收工作。但是无论何者，都会影响这些税款在企业财务账户上的逗留时间。在没有从企业现金流量分离出来之前，这些税款影响着企业的融资需求和存款状况。因此，这种时间弹性的任何实质性差异都在一定程度上影响着企业之间的公平竞争，特别是企业的融资成本与流动资金的收益；并且这种效果随着应纳税额的大小而相应幅度地放大，应纳税额越大，这种效果越发明显。因此，政府必须在税收缴纳上保持中立。

在做好企业纳税便捷服务工作的基础上，政府应当重点做好以下三个方面工作确保税收缴纳的公平：第一，尽量统一企业税收缴纳期限。目前，我国企业的纳税期限因应纳税额大小、纳税税目不同、按照固定期限纳税能力差异等而在税收缴纳期限上存在不同程度的差异,国税机关与地税部门应当在现行法律框架下最大限度地消除这些差异。第二,尽量减少分期缴纳适用情形。除必需情形外,政府应当减少类似《中国(上海)自由贸易试验区总体方案》中提到的"注册在试验区内的企业或个人股东,因非货币性资产对外投资等资产重组行为而产生的资产评估增值部分,可在不超过5年期限内,分期缴纳所得税。"第三,尽量减少延期缴纳适用情形。虽然《税收征收管理法》第31条第2款规定:纳税人因有特殊困难,不能按期缴纳税款的,经省、自治区、直辖市国家税务局、地方税务局批准,可以延期缴纳税款,但是最长不得超过3个月;但是税务机关原则上应当最大限度减少这类审批权限的行使,且必须确保类似情形适用的公平。

4. 税收处罚中立

由于税收系国家财政收入的主要来源,关系到政治、经济、军事、文化等整个社会各个方面的发展。① 因此,我国按照世界各国通行的做法对税收征缴的违法违规行为,作了严格的处罚规定。在这些严格的处罚规定中,有些是没有任何自由裁量空间的,如滞纳金的加收。《税收征收管理法》第32条规定:"纳税人未按照规定期限缴纳税款的,扣缴义务人未按照规定期限解缴税款的,税务机关除责令限期缴纳外,从滞纳税款之日起,按日加收滞纳税款万分之五的滞纳金。"而大部分都是不同程度的存在自由裁量空间,如偷税的法律责任。《税收征收管理法》第63条规定:"纳税人伪造、变造、隐匿、擅自销毁账簿、记账凭证,或者在账簿上多列支出或者不列、少列收入,或者经税务机关通知申报而拒不申报或者进行虚假的纳税申报,不缴或者少缴应纳税款的,是偷税。对纳税人偷税的,由税务机关追缴其不缴或者少缴的税款、滞纳金,并处不缴或者少缴的税款百分之五十以上五倍以下的罚款;构成犯罪的,依法追究刑事责任。扣缴义务人采取前款所列手段,不缴或者少缴已扣、已收税款,由税务机关追缴其不缴或者少缴的税款、滞纳金,并处不缴或者少缴的税款百分之五十以上五倍以下的罚款;构成犯罪的,依法追究刑事责任。"税务机关在行使这些自由裁量权的过程中应当在最大程度上减少相同情形的处罚决定之间存在的客观差异,尽量为企业营造一个公平竞争的市场环境。作为我国经济改革的最新实验平台,中国(上海)自由贸易试验区应当更加重视税收处罚的公平问题。

---

① 参见严成樑、龚六堂:《税收政策对经济增长影响的定量评价》,载《世界经济》2012年第4期。

(二)监管中立

监管系政府基于确保国民健康、生命安全、可持续发展等公共政策目标而对微观经济进行的监督与管理,它通常以非货币形式间接计入企业的产品成本。因此,政府在监管过程中应当保持中立。

1. 监管范围中立

被纳入监管,意味着经营者在各种交易机会下都必须遵守特定的行为规范。而现代经济学理论研究表明,任何行为规范的遵守都会引发经济成本,至少包括如时间成本之类的隐性成本和合规成本之类的显性成本。所以,政府在追求国民健康、生命安全、可持续发展等公共政策目标时,必须兼容性地保证市场竞争的公平。无论基于何种角度的考虑,所有企业甚至所有经营行为都应当被纳入到政府监管的视野之下。但是正如 OECD 在《竞争中立:维持公有企业与私有企业之间竞争水平》所指出的那样:"考虑到通常的市场环境,在大多数 OECD 成员国(经济体)中,法人化的国有企业和私人企业受到相同或相似的监管。但在那些国有企业依照公司章程或由法律授权设立或者商业活动仍属于政府一般单位的情形中,法律可能允许不符合竞争中立政策的特定监管例外。"①因此,政府首先应当在法律层面上公平地将所有对象纳入监管范围,包括政府自身的经营行为。

在此前提下,政府必须做好监管范围中立的落实工作。根据实践来看,我国目前在这个方面与有待于进一步完善的现行法律制度仍然存在很大的落差。以国有企业的财务会计为例,检察机关立案查办的很多国有企业职务犯罪案件揭示:"一些单位部门规章制度不健全,执行起来走过场,有些单位甚至连最基本的财务管理规定都没有,也有些单位财务管理混乱,会计、出纳一人兼任,并且本身就是领导安排的所谓自己人,对领导旨意言听计从,具体事项明知违法、违规也坚决照办,甚至相互勾结、联手作案,导致窝案发生。"②这至少表明,政府部分职能部门对这些国有企业在财务会计上的监管出现了不同程度的缺失,后者在事实层面上脱离于政府监管之外。因此,落实监管范围中立应当成为我国政府工作的阶段性重点,而这在已经开始试运行的中国(上海)自由贸易试验区

---

① OECD, Competitive Neutrality: Maintaining a level playing field between public and private business, www.oecd.org, 2014.08.13.

② 罗猛、汪蕾、李思瑶:《国有资产监管五大突出问题应重视》,载《检察日报》2013 年 9 月 3 日,第 7 版。

显得格外紧迫。

2. 监管标准中立

针对被纳入监管范围的市场主体,政府必须依据公平的标准进行监管以确保监管的中立性。根据各国的实践来看,政府在监管标准上保持中立的基本做法便是采用绝对统一的监管标准,如垄断协议的豁免。《反垄断法》第 15 条规定:“经营者能够证明所达成的协议属于下列情形之一的,不适用本法第十三条、第十四条的规定:(一)为改进技术、研究开发新产品的;(二)为提高产品质量、降低成本、增进效率,统一产品规格、标准或者实行专业化分工的;(三)为提高中小经营者经营效率,增强中小经营者竞争力的;(四)为实现节约能源、保护环境、救灾救助等社会公共利益的;(五)因经济不景气,为缓解销售量严重下降或者生产明显过剩的;(六)为保障对外贸易和对外经济合作中的正当利益的;(七)法律和国务院规定的其他情形。属于前款第一项至第五项情形,不适用本法第十三条、第十四条规定的,经营者还应当证明所达成的协议不会严重限制相关市场的竞争,并且能够使消费者分享由此产生的利益。”

但是在不少情况下,政府在监管标准上的中立需要通过类别差异化的方式来实现,最为典型的例子莫属银行业的金融监管。放眼国际社会,各国银行制度、负债业务和资产结构差异巨大,需要结合本国实际制定具体的资本和流动性监管架构,“一刀切”的监管模式难以适应多元化的金融世界。① 而着眼于国内市场,作为中国版的《巴塞尔协议Ⅲ》,《商业银行资本管理办法(试行)》对于系统重要性银行和其他银行的资本充足率要求分别为 11.5% 和 10.5%,这种差异化的资本监管要求彰显“中国特色”。② 需要特别指出的是,政府在通过这种方式来实现监管中立时应当禁止采用国籍、企业性质等任何不合理的“身份识别”因素作为分类标准。

3. 监管力度中立

被监管对象在各种交易机会下对监管标准的遵守情况,需要通过监管部门的监督检查才能得出准确结论,而监管部门依法实施的任何监督检查都会不同程度地增加企业的经营成本。以产品质量的监督检查为例:《产品质量法》第 15 条规定,国家对产品质量实行以抽查为主要方式的监督检查制度,对可能危及人体健康和人身、财产安全的产品,影响国计民生的重要工业产品以及消费

① 参见向松祚:《银行监管难以“一刀切”》,载《人民日报》2012 年 5 月 14 日,第 22 版。

② 参见郭子初:《实施新资本监管标准是大势所趋》,载《中国金融家》2012 年第 7 期。

者、有关组织反映有质量问题的产品进行抽查;抽查的样品应当在市场上或者企业成品仓库内的待销产品中随机抽取;根据监督抽查的需要,可以对产品进行检验;检验抽取样品的数量不得超过检验的合理需要,并不得向被检查人收取检验费用。可以看出,被监督检查的生产者或者销售者至少需要承担两个方面的潜在成本:一是抽检所需的样品;二是配合抽查的组织工作。所以,政府不仅需要合理安排监管的密度,而且应当科学保证监管的公平,确保政府在监管力度上的中立。

监管力度中立需要政府重点做好以下三个方面的工作:第一,统一明确对各类被监管对象的例行监督检查周期与频率。监管机关应当通过规范性文件通告所有企业在一个时间单位内将会面临多少次数的常规性监督执法以及它们的正常间隔时间,避免过度打扰企业正常经营以及不同程度地发生选择性执法。第二,统一明确监管部门突击检查的适用情形。监管部门应当通过规范性文件告知企业在何种情况下可能会对被监管对象进行突击检查,确保实施的临时性监督检查在最大程度上具有公平性。第三,统一明确各类监督检查所需内容。监管机关应当通过指南的方式告知企业在接受监督检查过程中应当提供的必要内容,尽量避免过度取样或者重复索取以及差异化要求给企业的市场竞争造成负面影响。

4. 监管矫正中立

企业如果没有达到监管标准的要求,监管机关依据法定职权将会采取措施进行及时矫正。根据实践来看,监管部门可以采用的矫正手段不仅在选择上存在较大的弹性空间,而且在幅度上也是存在较大的弹性空间。以排污不达标的矫正为例,除了可以选择进行罚款外,环境保护部门还可以选择对违规对象进行关停、限期改正或者协调税务部门取消税收优惠措施,甚至还可以借助银行监管部门影响企业贷款发放。例如,"深圳市人居环境委将定期向深圳银监局提供企业环境违法等方面信息,不符合国家环保政策、污染排放不达标的企业在银行贷款时将会遭拒或受限"。[①] 在采取这些矫正手段过程中,环境保护部门在每个手段的使用幅度上基本都存在一定的自由裁量权。例如,《水污染防治法》第74条规定:"违反本法规定,排放水污染物超过国家或者地方规定的水污染物排放标准,或者超过重点水污染物排放总量控制指标的,由县级以上人民

① 周灵静、王晓芳:《企业排污不达标贷款或遭拒》,载《深圳晚报》2013年12月6日,第5版。

政府环境保护主管部门按照权限责令限期治理,处应缴纳排污费数额二倍以上五倍以下的罚款。限期治理期间,由环境保护主管部门责令限制生产、限制排放或者停产整治,限期治理的期限最长不超过一年;逾期未完成治理任务的,报经有批准权的人民政府批准,责令关闭。"为在最大程度上保证企业之间的竞争公平,监管部门在依法采取措施对违法违规企业进行矫正的过程中应当尽量减少使用手段及其幅度的差异性,做到监管矫正中立。针对这个问题,我们很有必要借助中国(上海)自由贸易试验区的试验平台探索不同矫正手段及其幅度启用的阶梯方案,并以规范性的文件对外公示。

(三)社会责任中立

企业社会责任(Corporate Social Responsibility),通常指向经营者在追求自身利润最大化过程中应当合理考虑其他社会利益的基本需求,它在不同程度上间接或者直接影响企业产品的生产成本。因此,政府必须在企业社会责任上保持中立。

1. 法律责任化类型的企业社会责任中立

诚如著名大法官霍姆斯所言,"法律乃是我们道德生活的见证和外部积淀"。① 所以,有些企业社会责任在法律中被以强制性规范的形式确定下来,即所谓的企业社会责任法律责任化。② 例如,1937 年的德国《股份公司法》规定董事"必须追求股东的利益、公司雇员的利益和公共利益"。③ 2008 年开始实施的英国《公司法》规定:"公司董事必须以一种其善意地相信为了其全体成员利益而促进公司成功的方式行事,并且在如此行事时,已经考虑了:(1)任何决策从长远来看可能的后果;(2)公司雇员的利益;(3)培植与供应商、顾客及其他方的商业关系的必要性;(4)公司的运作对社区及环境的影响;(5)通过高标准的商业行为来维持声誉的愿望;(6)在公司成员之间公平行事的必要。"④由于这类的企业社会责任带有刚性约束,所以它们对企业的日常经营有较大影响,因而政府必须公平地进行责任设置。

法律责任化类型的企业社会责任在我国还不少,它们主要集中在公共产品或者准公共产品的供给上。仅以特殊类型的商业保险为例,《保险法》第 135 条

---

① O. W. Holmes, "The Path of the Law", *in Collected Legal Papers* (New York, 1920), p. 170.

② 参见蒋建湘:《企业社会责任的法律化》,载《中国法学》2010 年第 5 期。

③ 傅穹:《公司社会责任的法律迷思与规制路径》,载《社会科学战线》2010 年第 1 期。

④ 罗培新:《我国公司社会责任的司法裁判困境及若干解决思路》,载《法学》2007 年第 12 期。

第 1 款规定:“关系社会公众利益的保险险种、依法实行强制保险的险种和新开发的人寿保险险种等的保险条款和保险费率,应当报国务院保险监督管理机构批准”;第 136 条规定:“保险公司使用的保险条款和保险费率违反法律、行政法规或者国务院保险监督管理机构的有关规定的,由保险监督管理机构责令停止使用,限期修改;情节严重的,可以在一定期限内禁止申报新的保险条款和保险费率”。而从实践来看,企业在履行这类社会责任的过程中往往承担着额外的竞争劣势。根据中国保险行业协会披露的信息显示,我国交强险亏损的态势仍继续,2013 年交强险保费收入 1259 亿元,承保亏损 43 亿元。[①] 这必然在不同程度上直接影响着相关企业在市场上的公平竞争。因此,政府不仅应当公平地分配和落实这类企业社会责任,而且应当建立公平的劣势冲抵机制,如政策性补贴、公共服务成本单独核算、税收优惠等;后者应当是中国(上海)自由贸易试验区改革试验探索的重点,特别是针对“兼职”履行提供公共产品的国有企业。

2. 软法责任化类型的企业社会责任中立

根据制定(或形成)主体、产生程序、表现形式和保障措施(或约束力)等方面的不同,法有硬法和软法之分。硬法是指由国家创制的、依靠国家强制力保障实施的法规范体系,具备法律责任条款是硬法的典型特征。软法是指不依靠国家强制力保证实施的法律规范,它是一种由多元主体经或非经正式的国家立法程序而制定或形成的,并由各制定主体自身所隐含的约束力予以保障实施的行为规范。当企业社会责任由软法予以规定的时候,企业社会责任便软法责任化了。[②]

软法责任化类型的企业社会责任在我国比较多,它们涉及食品安全、环境保护、劳动者待遇、金融安全等社会方方面面。例如,我国《食品安全法》第 4 条第 2 款规定:“食品生产经营者应当依照法律、法规和食品安全标准从事生产经营活动,保证食品安全,诚信自律,对社会和公众负责,接受社会监督,承担社会责任”;我国《海洋环境保护法》第 13 条第 2 款规定:“企业应当优先使用清洁能源,采用资源利用率高、污染物排放量少的清洁生产工艺,防止对海洋环境的污染”;我国《劳动法》第 76 条第 2 款规定:“用人单位应当创造条件,改善集体福

---

① 参见何雨欣、谭谟晓:《交强险累计承保亏损 443 亿元》,载 http://www.news.cn,最后访问日期:2014 年 11 月 21 日。

② 参见蒋建湘:《企业社会责任的法律化》,载《中国法学》2010 年第 5 期。

利,提高劳动者的福利待遇”;《商业银行法》第 34 条规定:“商业银行根据国民经济和社会发展的需要,在国家产业政策指导下开展贷款业务”。

尽管软法责任化类型的企业社会责任没有强制约束力,但是它们对企业的日常经营还是有一定影响的,这突出表现在此类企业社会责任的践行奖励上。例如,根据我国《环境保护法》第 22 条规定:“企业事业单位和其他生产经营者,在污染物排放符合法定要求的基础上,进一步减少污染物排放的,人民政府应当依法采取财政、税收、价格、政府采购等方面的政策和措施予以鼓励和支持”。除此之外,司法审判对企业社会责任的落实推动在有些情况下可能会影响到没有履行这类社会责任的企业利益。① 因此,无论是在这类企业社会责任的设置还是落实上,政府亦都应当在最大限度上保持中立,尽量避免影响企业在市场上的公平竞争。在探索内容上,司法审判如何公平地推动软法责任化类型的企业社会责任落实应当成为中国(上海)自由贸易试验区的改革试验重点。

3. 道德责任化类型的企业社会责任中立

“企业既不是机器也不是动物。它们是由人来运行的组织,而且正因为如此,即使它们不是道德人,但是却具有了接受道德评价的道德身份。”②道德责任是企业社会责任的源点,除了法律责任化类型的企业社会责任和软法责任化类型的企业社会责任外,其他所有的企业社会责任都是以道德责任的原始形态产生与动态存在。众所周知,道德责任的履行完全取决于个体的单方意志,即便企业不履行这类社会责任,包括政府在内的其他主体亦无权过问,最多在道义层面进行谴责而已。这似乎意味着道德责任化类型的企业社会责任对于各类企业的日常经营和市场竞争没有任何影响,政府对此亦无保持中立之必要。

然而事实未必如此,这在我国表现得尤为突出。“也许是因为‘企业社会责任’这个词由慈善事业进化而来,所以许多人继续将其同‘慈善事业’等同。”③就以慈善捐款为例,虽然各类善款的募集在理论上都是由企业根据自身的情况

① 参见宋晓明、林海权:《发挥司法能动作用,推动金融危机下企业社会责任的实现》,载《人民司法》2009 年第 19 期。

② [美]理查德·T. 德·乔治:《经济伦理学》,李布译,北京大学出版社 2002 年版,第 225 页。

③ Joel Bakan, The Corporation: The Pathological Pursuit of Profit and Power 35 (1st paperback ed. 2005). See Antonio Vives, “Corporate SocialResponsibility: The Role of Law and Markets and The Case of Developing Countries”, *Chicago-Kent Law Review*, 2008, p. 200.

自主决定是否捐赠以及捐赠多少,但是它在实践中对于不少企业特别是国有企业而言,通常都不同程度地带有"政治任务"色彩。这在日常扶贫助学、重大自然灾害的社会捐助中表现得非常明显,率先捐款及大额捐款基本成为国有企业面临的固有"潜规则"。尽管至今尚未出现因捐献大额善款而影响企业正常经营的案例,但是部分企业特别是国有企业与其他企业在道德责任化类型的企业社会责任的承担上客观存在的差异在一定程度上影响了它们在市场上的公平竞争。虽然根据党的十八届三中全会决定,"承担社会责任"是推进国有企业深化改革的一项重要内容,①但是它是以"规范经营决策、资产保值增值、公平参与竞争、提高企业效率、增强企业活力"为前提的。② 因此,政府也必须在道德责任化类型的企业社会责任上保持中立。在中国(上海)自由贸易试验区的经济改革试验过程中,消除国有企业与其他企业在这类企业社会责任的承担上出现的差异,应当成为政府探索的重点。

二、消减协商性负担中立

经营负担中立其次要求政府在对企业消减协商性负担上保持中立。除局部私法公法化领域之外,企业在任何交易机会下的协商性负担通常都是由合同当事人合意确定的,政府原则上不应当也不会进行干预;但是在实践中客观上还频频出现政府"越位""错位"现象,这在不同程度上影响了相关市场的公平竞争。

(一)贷款融资中立

贷款是企业融资的基本方式,商业银行与经营者在贷款上的合意情况通常都会对企业产生较大影响。因此,政府应当在贷款融资上保持中立。

1. 企业发展与贷款融资

优胜劣汰是市场经济的基本法则,任何企业在成为独立的经营者公平参与市场竞争之后,都会想方设法谋求发展。根据实践来看,企业在发展过程中都会不同程度的面临资金短缺问题,这在处于成长阶段的中小企业身上表现得非

---

① 参见张福君:《国有企业承担社会责任的战略价值》,载《光明日报》2014年9月8日,第7版。

② 该决定的表述如下:国有企业属于全民所有,是推进国家现代化、保障人民共同利益的重要力量。国有企业总体上已经同市场经济相融合,必须适应市场化、国际化新形势,以规范经营决策、资产保值增值、公平参与竞争、提高企业效率、增强企业活力、承担社会责任为重点,进一步深化国有企业改革。

常明显。"中小企业的规模扩张普遍伴随着资金紧张的局面……65.7%样本企业有过资金紧张的情况。"①即便是大型企业甚至跨国集团,它们亦会碰到"囊中羞涩、捉襟见肘"的财务困境。如果企业不能及时解决这些资金短缺问题,等待它们的厄运通常只有三种结果,即最终被他人兼并、最终被宣告破产或者最终被彻底出局。例如,昔日世界手机巨头芬兰诺基亚公司的移动电话和智能手机业务于2013年被美国微软公司全盘收购,昔日中国光伏最大企业无锡尚德太阳能电力有限公司于2013年被法院宣告破产。

融资是企业解决资金短缺问题的核心方法,它在方式上可以分为债务性融资和权益性融资。债务性融资主要包括银行贷款、发行债券和应付票据、应付账款等,它构成企业负债;在正常情况下,债权人无权参与或者干涉企业的经营决策。权益性融资通常系指股票融资,它构成企业自有资金;投资者通常有权参与企业的经营决策,并依法进行企业利润的分红。权益性融资具有以下特别:第一,门槛较高。例如,我国《证券法》第13条规定:"公司公开发行新股,应当符合下列条件:(一)具备健全且运行良好的组织机构;(二)具有持续盈利能力,财务状况良好;(三)最近三年财务会计文件无虚假记载,无其他重大违法行为;(四)经国务院批准的国务院证券监督管理机构规定的其他条件。"第二,周期较长。大部分至少需要6个月以上时间,有些则可能三年五载。再加上它容易导致控制权弱化甚至丧失,所以绝大部分企业优先考虑或者只能选择通过债务性融资的方式来解决资金短缺问题。而在债务性融资方式中,发行债券的条件要求比较苛刻,如"股份有限公司的净资产不低于人民币三千万元,有限责任公司的净资产不低于人民币六千万元",且需要较长的时间来完成;票据的使用系以出票人在相应银行的票据账号上存有资金为基础,且应付票据占用受票人的流动资金;应付账款必须以对方同意赊账为前提,且催付时间具有较高的不确定性。所以,从银行进行贷款成为很多企业融资的首选甚至唯一方案,特别是急需资金解决短期性资金短缺情形。因此,贷款是企业融资的基本方式,它对各类企业的发展有着较为普遍性的重大影响。

2. 贷款融资的影响因素

虽然贷款的发放与否及其数额大小取决于商业银行与申请企业的合意程度,但是它在不同程度上受到政府的影响。除《商业银行法》规定的"对同一借

① 梁冰:《我国中小企业发展及融资状况调查报告》,载《金融研究》2005年第5期。

款人的贷款余额与商业银行资本余额的比例不得超过百分之十”“商业银行不得向关系人发放信用贷款”“向关系人发放担保贷款的条件不得优于其他借款人同类贷款的条件”等正当影响之外，政府还可能对企业的贷款融资带来一些不当的影响，这突出表现在以下三个方面：

第一，政府提供担保。基于风险防范的考虑，商业银行的贷款发放原则上优先供给那些提供担保的贷款申请人，能否提供担保直接关系到贷款的发放及其数额。而商业贷款的担保提供系企业自身需要筹划的事项，根本不在政府的法定职责范畴。但是受到稳定税收来源、保证社会就业、关照裙带企业等因素的影响，政府特别是地方政府及其职能部门在有些情况下会为特定企业的商业贷款提供担保。[①] 这不仅使这些企业能够及时获得商业贷款，而且往往享受较为优惠的利率。根据实践来看，受益对象大部分为国有企业，但其中也不乏民营企业甚至外资企业，它们一般多为地方纳税大户。

第二，政府强制放贷。虽然我国《商业银行法》第 41 条规定：“任何单位和个人不得强令商业银行发放贷款或者提供担保，商业银行有权拒绝任何单位和个人强令要求其发放贷款或者提供担保”；但是政府特别是地方政府在有些情况下会直接或者间接地强制商业银行向某些企业发放各类贷款，包括抵押贷款和信用贷款。尽管这些贷款未必享有各种利率优惠甚至可能承担更重的利息，然而它毕竟实质上解决了企业资金短缺问题。在受益对象上，这类情形还是以国有企业为主、民企与外资为辅。

第三，政府许诺救市。即便贷款申请人可以向商业银行提供资产抵押，商业银行基于对抵押物的价值贬损风险评估也可能拒绝向其发放贷款。但是倘若政府出面承诺将会采取救市措施，如特定情形下接管企业、放开市场限购政策、最低保护价格收购等，银行在此情况下通常会因此向相关企业发放贷款甚至在利率上还会提供不同程度的优惠。这类情形的受益对象往往覆盖面较为广泛，而并非主要集中在国有企业身上。

然而，无论政府以何种方式对企业的贷款融资施加何种程度的不当影响，它们都会对企业在相关市场的公平竞争产生负面效果。显而易见，因政府不当介入而获得商业银行发放贷款或者享受更为优惠贷款条件的企业，明显比其他经营者拥有更多的额外竞争优势，甚至在某些情况下直接表现为生存机会。这

---

① 参见屈志：《地方政府性债务的几个认识问题》，载《经济研究参考》2014 年第 11 期。

在很大程度上影响了它们之间的公平竞争,必将导致市场竞争机制被人为地扭曲。

3. 政府保持中立的路径

为了保证市场竞争的公平性,政府必须在企业融资特别是贷款融资上保持中立。

首先,要求政府必须切实采取措施禁止以任何形式为企业的商业贷款提供担保。该项要求的核心在于制度落实,而非制度建立。因为我国《预算法》《担保法》等法律对此都作了原则性规定,而且国务院等也先后发了不少文件进行强调。例如,国务院《关于加强地方政府融资平台公司管理有关问题的通知》(国发〔2010〕19号)特别指出:"要严格执行《中华人民共和国担保法》等有关法律法规规定,除法律和国务院另有规定外,地方各级政府及其所属部门、机构和主要依靠财政拨款的经费补助事业单位,均不得以财政性收入、行政事业等单位的国有资产,或其他任何直接、间接形式为融资平台公司融资行为提供担保。"根据实践来看,我们应当通过加大问责负责人的方式来促进政府遵守禁止以任何形式为企业的商业贷款提供担保的法律规定。

其次,贷款融资中立要求政府禁止以任何方式强制商业银行向特定企业发放贷款。在《商业银行法》对此已经作了明文禁止的情况下,采取措施确保制度得到有效落实成为关键。根据目前的实践来看,除加强自身的自律教育和机制约束之外,政府应当建立完善的举报机制。当在审批企业贷款申请过程中受到政府及其职能部门的不当干预时,商业银行可以通过该举报机制向职能部门所属政府或者上一级政府进行举报。政府在收到举报信息后必须及时进行核对处理,并依法采取措施对相关责任人进行问责。

政府可以针对克服市场失灵的需求采取救市措施,但是贷款融资中立要求禁止政府为了使帮助特定企业获得商业贷款而采取不合理的救市措施。因救市措施在形式上往往具有宽泛性,所以在有些情况下很难看出它是否定向服务于特定企业。为有效防范部分政府及其职能部门为了帮助特定企业获得商业贷款而采取不合理的救市措施,政府应当加强干预市场决策机制的规范建设和制度落实,借助内部的职能分工机制和审批流程、外部的社会监督机制如听证制度等在最大限度上杜绝此类现象的出现。

总而言之,贷款融资中立要求政府在商业银行与经营者就商业贷款的发放条件、贷款类型、贷款利率、还款方式、还款期限等所有可能影响企业公平竞争的因素上必须保持不偏不倚,确保市场竞争的公平。

(二)违约责任中立

市场经济系契约经济,契约经济要求市场参与者必须守信。[①] 任何违背契约的行为都应当承担违约责任,而所有违约责任都会不同程度地影响企业的经营。因此,政府应当在违约责任上保持中立。

1. 政府合同的违约责任中立

“在经济发展、资源开发、教育培训、科学研究等领域,出现了很多政府与公民、企业、事业单位等主体以协商、协议方式达成行政目的的现象,这种行为方式有别于传统的单方命令与强制,而是体现为双方的沟通与协作。例如,公共工程承包合同、公共工程捐助合同、公务特许合同、政府采购合同、出卖国有不动产合同、行政委托合同……这些新生合同类型,均有一个共同之处,就是至少有一方当事人是政府或政府的代表,我们统一将其概括为政府合同。”[②]在政府合同中,双方当事人通常都会对违约责任作出明确约定。例如,《黑龙江省政府采购合同(试行)》文本在“第十一违约责任”条款中写道:“1. 乙方所提供的货物规格、技术标准、材料等质量不合格的,应及时更换,更换不及时的按逾期交货处罚;因质量问题甲方不同意接收的或特殊情况甲方同意接收的,乙方应向甲方支付违约货款额5%违约金并赔偿甲方经济损失……4. 甲方无故延期接收货物、乙方逾期交货的,每天向对方偿付违约货款额3‰违约金,但违约金累计不得超过违约货款额5%,超过×天对方有权解除合同,违约方承担因此给对方造成经济损失;甲方延期付货款的,每天向乙方偿付延期货款额3‰滞纳金,但滞纳金累计不得超过延期货款额5%……7. 其他违约行为按违约货款额5%收取违约金并赔偿经济损失。”[③]

虽然合同属性在理论上允许政府较为随意地与交易相对人依法约定违约责任,但是市场干预者的固有身份属性无论是在理论上还是在实践中,都对政府合同的违约责任提出了合理的限制性要求,其中之一便是违约责任的中立性。它不仅要求双方当事人在政府合同中约定的违约责任必须公平、合理,而且要求政府至少在相同类别的不同政府合同中约定的违约责任应当具有可以比较的公平性。倘若相同类别的不同政府合同约定的违约责任存在较大差异,特别是针对交易相对人的违约责任,这不仅在形式上影响到企业类型的交易相

---

① 参见张春桂:《市场经济就是契约经济》,载《党政干部论坛》2002年第11期。

② 施建辉、步兵:《政府合同研究》,人民出版社2008年版,第3页。

③ 黑龙江省财政厅文件(黑财采〔2007〕16号)。

对人在相关市场上的公平竞争,而且在实质上影响到企业类型的交易相对人在相关市场上的公平竞争。相同类别的不同政府合同在违约条款上的内容差异,意味着企业面临的违约风险是不同,当发生违约情形时,企业实际承担的后果亦是不同。而这种迥异格局的出现并非完全基于企业经营的差异,而是由政府不合理的歧视待遇所造成的。这客观上就导致了企业之间的竞争不公平问题,并且随着违约责任的轻重而不同幅度地被扩大。因此,为了在最大程度上确保市场竞争的公平,政府应当尽量在政府合同的违约责任上保持中立。

政府合同的违约责任中立,首先要求政府在违约责任的约定上保持中立,即针对具有可比性的政府合同特别是相同类别的政府合同,政府在所有的违约条款上应当尽量做到形式公平和实质公平。根据实践来看,实现该要求的基本路径便是采用较为统一的类别化政府合同示范文本,譬如前面提到的《黑龙江省政府采购合同》。这既避免了可能给相关市场的竞争带来负面影响,又节约了现行交易可能产生的交易成本。政府合同的违约责任中立其次要求政府在违约责任的履行上保持中立。无论是政府还是交易相对人出现了违约行为,政府原则上都应当按照事先约定进行处理。政府应当禁止随意免除或者减轻交易相对人的违约责任,更应当禁止政府通过各种手段随意减轻或者免除自身对交易相对人应当履行的违约责任。如果政府根据实际情况客观需要合理地免除或者减轻交易相对人的违约责任,或者免除或者减轻交易自身的违约责任,则必须在最大程度上做到受众对象的普遍性。相对于前者而言,后者应当是中国(上海)自由贸易试验区在改革试验过程中应当注意和探索的重点,包括违约责任的履行内容、方式、期限等。

2. 民事合同的违约责任中立

我国《合同法》第 2 条规定:“本法所称合同是平等主体的自然人、法人、其他组织之间设立、变更、终止民事权利义务关系的协议。”“我国《合同法》是一部民事合同法,根据《合同法》第 2 条的合同定义,也可以将行政合同、刑事和解合同、诉讼合同、劳动合同等合同类型排除出民事合同外延之外。但至此,合同概念的外延并不能达到清晰的程度,因为在平等主体之间设立、变更、终止民事法律关系的合同,包括债权合同、物权合同、身份合同等合同类型,是否全部纳入民事合同概念的外延,学者中存在争议,可以分为两种不同的观点:(1)广义合同说。这种观点主张只要是平等主体之间设立、变更、终止民事法律关系的合同都是民事合同。(2)狭义合同说。此种观点认为,民事合同仅指债权合同。"[①]因为消减协商性负担中立关注的视点在于政府对特定交易机会下企业经营负担的影响公平问题，所以我们对民事合同的范畴理解定位在上述"狭义合同说"，即仅指债权合同。

为促进合同得到有效履行，民事合同的双方当事人通常都会明确约定违约责任。根据我国《合同法》第七章"违约责任"规定，当事人一方不履行合同义务或者履行合同义务不符合约定的，应当承担违约责任。从实践来看，政府在绝大部分情况下不会违法或者违规插手干预民事合同的违约责任，特别是在违约责任的约定上；但是政府在有些情况下也会违法或者违规插手干预民事合同的违约责任，尤其是在违约责任的履行上。正如权威媒体指出那样："公安机关非法越权干预经济纠纷的事件，在现实中时有发生，或是将合同纠纷认定为刑事诈骗，或是将所有权纠纷认定为刑事侵占。一些地方公安经侦部门接受一方当事人的委托后，动辄以经济犯罪，如合同诈骗、职务侵占等罪名，对正常的经济纠纷进行刑事立案，并抓捕对方当事人，在逼取债务或者达到委托人的目的后，再考虑放人。"[②]这些现象的出现不仅严重损害了政府的社会形象，而且严重侵害了当事人的合法权益进而不同程度地影响了经营者在相关市场上的公平竞争。任何违约责任的维权与承担至少必然涉及经济费用问题，而这些经济费用最终都会打入企业的经营成本（产品成本）。因此，针对民事合同违约责任的所有非普遍性、非均衡性的政府干预特别是个案性的非法干预都会直接影响企业之间的公平竞争甚至可能决定个别企业的生死存亡。所以，政府在民事合同的违约责任上也必须保持中立。

除要求政府不得非法干预合同当事人在违约责任上的约定之外，民事合同的违约责任中立，还重点要求政府不得非法干预合同当事人在违约责任上的履行。首先，在合同纠纷没有经过当事人约定的仲裁机构或者依法有权管辖的法院作出最终认定之前，政府不得采取任何违法措施向任何一方当事人进行施压或者提供不合理的支持；其次，政府不得采取任何不合理的措施干预民事合同的仲裁或者法院审判；最后，即便在合同纠纷已经合法定性的情况下，政府不得采取任何措施要求任何一方当事人减轻或者免除或者加重对方违约责任的履行内容。由于这些要求本身在我国现行法律制度上都有明确规定，所以核心问

---

① 范志勇：《论民事合同的概念：兼谈我国〈合同法〉的应然选择》，载《研究生法学》2010年第6期。

② 王比学：《公安机关不得插手经济纠纷》，载《人民日报》2014年11月18日，第20版。

题应当在于制度的有效落实,它亦应该是中国(上海)自由贸易试验区在改革试验过程中重点破解的难题。

(三)侵权责任中立

侵权责任是现代企业在从事商业交易过程中客观面临的经营风险,它在不同程度上直接影响着企业的经营成本甚至生死存亡。因此,政府应当在(企业)侵权责任上保持中立。

1. 企业侵权与经营影响

为了周全保护消费者利益、社会公共利益和生态环境等,很多国家对企业在日常经营过程中实施的行为规定了严格的归责原则。最为严格的归责原则便是无过错责任原则,又称无过失责任原则,它是指没有过错造成他人损害的依据法律规定应当由与造成损害原因有关的人承担民事责任的确认责任的准则。[①]"无过错责任主要是基于工业生产给人们的生命安全带来的危险而产生的,故又称危险责任。法律规定高度危险作业、环境污染、产品缺陷以及法律特别规定的其他情况,适用无过错责任原则。"[②]在适用无过错责任原则的情况下,企业实施的行为被认定构成侵权的风险概率是很高的。虽然适用次级严格的归责原则——过错责任原则使得企业侵权的风险概率大大降低,经营者只有在自身存在过错的情况下才会被裁定构成侵权。但是现代产品生产工艺的复杂基础、商品流通的存储限制、权利义务的过度倾斜等多种因素的叠加,较为容易使得企业存在过错(包括故意与过失情形),从而使企业在日常经营过程中实施的行为,被认定构成侵权的风险概率在整体水平上还是比较高的。

一旦被裁定构成侵权,企业依法都要承担侵权责任。虽然根据我国《侵权责任法》第15条的规定,承担侵权责任的方式主要包括停止侵害、排除妨碍、消除危险、返还财产、恢复原状、赔偿损失、赔礼道歉、消除影响、恢复名誉等,但是对于企业而言,赔偿损失是承担侵权责任的主要方式和核心内容,这在很多其他部门法律规范当中都有所表现。例如,《产品质量法》第44条规定:"因产品存在缺陷造成受害人人身伤害的,侵害人应当赔偿医疗费、治疗期间的护理费、因误工减少的收入等费用;造成残疾的,还应当支付残疾者生活自助具费、生活补助费、残疾赔偿金以及由其扶养的人所必需的生活费等费用;造成受害人死

---

① 参见倪振峰、汤玉枢主编:《经济法学》,复旦大学出版社2014年版,第40页。

② 魏振瀛:《侵权责任方式与归责事由、归责原则的关系》,载《中国法学》2011年第2期。

亡的,并应当支付丧葬费、死亡赔偿金以及由死者生前扶养的人所必需的生活费等费用;因产品存在缺陷造成受害人财产损失的,侵害人应当恢复原状或者折价赔偿;受害人因此遭受其他重大损失的,侵害人应当赔偿损失。”再如,我国《消费者权益保护法》第50条规定:“经营者侵害消费者的人格尊严、侵犯消费者人身自由或者侵害消费者个人信息依法得到保护的权利的,应当停止侵害、恢复名誉、消除影响、赔礼道歉,并赔偿损失。”

根据实践来看,赔偿损失对所有企业的日常经营都有影响,只是这些影响因赔偿数额的大小、个体承受能力的差异而有所不同而已。一般而言,赔偿损失的数额越大,对企业经营的影响也就越大,这对大企业来讲亦是如此。譬如,在经过将近两年的诉讼历程后,甲骨文与SAP之间的侵权案终于在美国加州联邦法院宣判,SAP被判因侵犯甲骨文知识产权向甲骨文支付13亿美元,此案也因此成为历史上侵犯知识产权案件中赔偿额最高的案件,这必将对SAP的未来发展产生深远影响。① 一旦赔偿损失的总额成为无法承受之重,企业则面临走向破产的厄运,这在大规模侵权情形下表现得非常明显。大规模侵权是一个外来概念,译自于美国法中的“Mass Torts”,它是指基于一个不法行为或者多个具有同质性的事由,如瑕疵产品,给大量的受害人造成人身损害、财产损害或者同时造成上述两种损害。② 国内出现了影响巨大且损害后果广泛的“三聚氰胺奶粉”事件、“大头娃娃假奶粉”事件、“齐二药”事件等,这些都是典型的大规模侵权。③ 由于大规模侵权损害赔偿的数额往往很高,企业发生大规模侵权案件之后往往面临破产的境地。④

2. 责任承担与政府中立

侵权责任并非自动生成,它需要经过法定途径进行确认之后方才具有指向性的存在。根据实践来看,侵权纠纷的责任确认及其承担一般由当事人通过两种方式进行合意,即私人和解与民事诉讼。除法律规定外,政府原则上不得通常也不会介入这类私人侵权纠纷案件的争议解决。但是在有些情况下,特别是实施地方保护主义,政府也可能会滥用行政权力介入企业侵权纠纷案件。例

① 参见孙超逸:《SAP侵权甲骨文被判赔偿13亿美元》,载《北京日报》2010年11月25日,第10版。

② 参见朱岩:《大规模侵权的实体法问题初探》,载《法律适用》2006年第10期。

③ 参见杨立新:《〈侵权责任法〉应对大规模侵权的举措》,载《法学家》2011年第4期。

④ 参见李佳:《破产中大规模侵权之债优先性研究——以三鹿奶粉案为分析样本》,首都经济贸易大学2010年硕士学位论文,第2页。

如，在常州新际装饰材料有限公司与嘉兴市全盛纺织有限公司的窗帘图案著作权侵权纠纷案件中，在版权权利归属没有查明的情况下，常州市公安局新北分局将嘉兴市全盛纺织有限公司负责人吴全林拘留。中科院研究生院法律与知识产权系主任李顺德教授、北大知识产权学院张平教授、中国政法大学民商法学院张今教授、中国版权保护中心副主任索来军、最高人民法院知识产权庭前法官段立红等8位专家，针对此案作出的法律意见书称：仅从现有证据来看，常州新际装饰材料有限公司与嘉兴市全盛纺织有限公司都可能仅是作品的使用人，多数专家认为版权归争议双方委托的制版公司或设计者所有的可能性更大；在版权权利归属没有查明的情况下，对有关版权侵权的报案、举报或控告，公安机关不能立案，更不能轻率动用强制手段将被控侵权嫌疑人先行拘留，否则极易形成错案。[①] 这不仅严重损害了政府的社会形象，而且严重影响了企业的公平竞争。实践充分证明：政府的违法介入以及不当介入都会不同程度地影响侵权纠纷案件的企业在侵权责任上的承担情况，包括强加重甚至强加一方的侵权责任或者减轻甚至消除另一方的侵权责任。由于侵权责任的承担特别是以赔偿损失的方式都会直接影响企业的日常经营，因此，政府该类的介入必将不同程度地影响到企业在相关市场上的公平竞争。所以，政府应当在侵权责任上保持中立。

侵权责任中立，首先，要求政府在侵权纠纷的介入上保持中立。在正常情况下，政府不应当介入企业侵权纠纷案件的私人和解；如果政府基于特定因素的考虑通过合法的方式介入，则必须从前提上保证这种介入的普遍性，即针对类别化的企业侵权纠纷案件公平地提供各种有助于解决纠纷的帮助，包括为当事人提供场所、茶水、复印等便捷服务。政府不能选择性地介入特定企业的侵权纠纷案件，这会不同程度地影响企业的公平竞争；因为根据实践来看，任何侵权纠纷案件的私人和解都存在成本，政府偶然性的介入将会不公平地影响到不同侵权纠纷案件的企业在私人和解成本上的差异。如果当事人选择通过民事诉讼的方式来解决企业侵权纠纷，则政府不得以任何理由介入或者变相的介入；我国《民事诉讼法》第6条明确规定："民事案件的审判权由人民法院行使，人民法院依照法律规定对民事案件独立进行审判，不受行政机关、社会团体和个人的干涉"；但是目前的实践并不理想，行政权力插手民事审判还时有发生，

---

① 参见吴纪攀、杨梦奎：《江浙企业版权纠纷常州警方抓人被指地方保护》，载 http://js.people.com.cn，最后访问日期：2014 年 12 月 6 日。

特别是企业之间的经济纠纷案件。如何建立有效的防控机制禁止政府滥用行政权力干预包括企业侵权纠纷案件在内的民事审判工作应当成为中国(上海)自由贸易试验区改革探索的重要课题。其次,侵权责任中立要求政府在侵权纠纷的化解上保持中立。政府在依法公平地介入企业侵权纠纷案件之后,如依据法定职权组织劳资纠纷、交通事故、专利侵权当事人进行和解,不得带有任何偏见向任何一方当事人进行施压促成纠纷化解,包括要求侵权方满足受害者的非法(不合理)要求和要求受害者降低索赔数额等。政府应当采取的合理措施主要包括向企业侵权纠纷案件的当事人提供和解释现行相关法律规定、告知可以选择的鉴定机构等具有普遍中立性的内容。除了法律规定的情形外,如维护社会公共利益、保护市场健康发展等,政府不得动用财政性资金或者通过特定渠道定向筹集资金来解决特定企业侵权纠纷案件,包括临时性的垫付、代付等。

第三节　投资回报中立

投资回报中立,即政府在干预市场过程中应当公平地影响所有参与市场资源配置企业的投资回报。如史学家司马迁在《史记》"货殖列传"篇章中所曰:"天下熙熙,皆为利来;天下攘攘,皆为利往。"商业化运作的企业争取交易机会、承受经营负担的一切作为都是为了追逐投资回报,而能否获得投资回报以及回报率的高低,直接决定着一个企业在市场竞争中的命运。在市场经济条件下,企业的投资回报主要取决于各自的技术革新速度、成本管控绩效、市场营销能力等内在因素,但是在少数情况下还会不同程度地受到政府干预这个外在因素的影响。因此,政府在干预市场过程中应当在最大程度上保持投资回报中立,确保企业能够在市场上进行公平竞争。

一、价格规制中立

投资回报中立首先要求政府在价格规制上保持中立。虽然产品定价基本已经普遍实现企业自主化,但是各国都不同程度地保留了部分干预权。除在非竞争性市场上仍然大量存在的政府定价、政府指导价等传统价格管制外,包括我国在内的很多国家都在竞争性市场上进行了超高定价("以不公平的高价销售商品”)的反垄断规制(价格规制)。[①] 超高定价的反垄断规制如欧盟法院在General Motors Continental NV 案件判决中所言,“一个占有市场支配地位的企业,如果索要的价格与其他产品或者服务的经济价值相比过高,那就基本可以认定该企业存在超高定价问题”。[②] 由于企业的投资回报,通常都与产品的价格高低有着紧密的正比关系。所以,政府的价格规制行为,在一定程度上直接影响着企业获得的投资回报。因此,政府必须保持价格规制中立。

(一)价格违法认定标准中立

认定企业是否存在“以不公平的高价销售商品”必须依据特定的标准,政府在价格规制过程中至少必须保证认定标准的统一性。

1. 认定标准的争议

在没有价格管制的市场上,很多国家在如何判断一个企业的产品定价属于超高定价上都存在很大争议。我国亦是如此,这在国家发改委调查中国超高定价“第一案”——美国高通公司垄断案件过程中表现得非常明显。2014 年 2 月 19 日国家发改委证实,根据某些厂商联盟和律师协会的举报,2013 年已对无线通信设备巨头——美国高通公司涉嫌利用垄断地位进行价格歧视展开调查。国家发展改革委相关人士表示,举报反映的主要是美国高通公司涉嫌滥用其在无线通信标准必要专利市场和手机芯片市场上的支配地位,实施价格垄断行为,主要包括不公平的高价、歧视性定价、附加不合理交易条件等。[③] 在超高定价问题上,撇开持否定或者怀疑观点不谈,即便都是持肯定观点,不同主体采用的具体判断标准也是存在较大差异的。手机中国联盟秘书长王艳辉称,高通的专利基本都是应用在芯片组上的,那么通信芯片组的价格也只占到整机的 4%。所以高通收取专利费还是应该基于芯片组,因为手机的摄像头甚至手机的电池,这些东西是和高通没有一点关系的。而高通依然要收取 5% 的专利费,所以

---

① 竞争性市场的价格规制包括两个方面,即“以不公平的高价销售商品”与“以不公平的低价购买商品”。考虑到“以不公平的低价购买商品”在转换视角之后可以从“以不公平的高价销售商品”进行规制以及“以不公平的高价销售商品”现象的发生频率较高,故在此仅对“以不公平的高价销售商品”(超高定价)的价格规制进行对应主题探讨。

② Valentine Korah, *Case and Materials on EC Competition Law*, Oxford 1997, p. 111.

③ 参见陈阳:《手机反垄断风暴中的“专利战”:中国企业除了“忍”还要靠什么?》,载《中国经济导报》2014 年 2 月 27 日,第 B01 版。

这些转嫁、这些收费显然是不合理的。[①] 中国政法大学教授时建中表示，"中国最主要的几家手机生产企业，像华为、中兴，它们2013年的利润只有0.5%，而高通向这些企业收取的专利许可费达到5%，也就是说，它收取的费用是这些企业利润的10倍"。[②] 大成律师事务所律师邓志松指出，高通以手机整机售价作为计算专利许可费的基础，最终抬高了手机的价格，使消费者增加了支出，这种行为已经涉嫌构成《反垄断法》禁止的"以不公平的高价销售商品"。[③]

导致这种格局的直接原因，就是立法本身的模糊性。虽然很多国家对具有市场支配地位的企业强加了禁止超高定价等之类的特别义务，如德国法学家狄特瑞希·霍夫曼(Dietrich Hoffmann)所言，"一种行为若由其他企业实施则可能是正常的竞争，但若由拥有市场支配地位的企业实施就构成'滥用'并受到禁止"。[④] 但是它们都无一例外地只是进行了抽象的定性规定，没有任何国家在立法上对于超高定价的衡量标准作出具体说明。即便在相应立法上拥有后发优势的我国也是如此，我国《反垄断法》第17条第1款规定："禁止具有市场支配地位的经营者从事下列滥用市场支配地位的行为：(一)以不公平的高价销售商品或者以不公平的低价购买商品；(二)没有正当理由，以低于成本的价格销售商品；(三)没有正当理由，拒绝与交易相对人进行交易；(四)没有正当理由，限定交易相对人只能与其进行交易或者只能与其指定的经营者进行交易；(五)没有正当理由搭售商品，或者在交易时附加其他不合理的交易条件；(六)没有正当理由，对条件相同的交易相对人在交易价格等交易条件上实行差别待遇；(七)国务院反垄断执法机构认定的其他滥用市场支配地位的行为。"而导致这种格局的深层根源则是产品定价的自主化及复杂化。

根据我国《价格法》规定，除存在政府指导或者政府定价外，产品的价格均由经营者根据市场状况自主决定。自主化本身就必然导致各类产品定价水平的多样化，即便是相同或者相似的产品，而这种"参差不齐"甚至"相差甚远"的常态从根基上影响着各类主体对超高定价的判断标准。况且企业在自主定价

---

① 参见《美国高通公司再遭反垄断调查——或面临国内最高反垄断罚款传发改委正收集其销售数据》，载《大河报》2014年7月25日，第16版。

② 陈衍晖：《发改委已确定高通垄断事实国产芯片龙头直接受益》，载《江南时报》2014年7月26日，第A3版。

③ 参见徐志凤：《高通公司反垄断调查进入"深水区"》，载《上海商报》2014年7月25日，第11版。

④ 曹士兵：《反垄断法研究》，法律出版社1996年版，第140页。

过程中都是根据自身相应的投资成本、技术创新、管理方法、市场风险、财务需求、利润目标、经济趋势、交割时间、合作对象等各种复杂因素进行动态决定，并且每个企业的各自情况又不尽相同。这就加剧了人们对超高定价的认识分歧，包括超高定价的衡量标准甚至存废问题。①

认定标准存在争议，意味着超高定价的价格规制很有可能出现积极失误或者消极失误。1984年著名反垄断法专家弗兰克·H.伊斯特布鲁克大法官在发表的经典之作《反垄断的局限性》一文中指出，反垄断执法机构对垄断行为的认定不可能百分之百的准确，失误是无法避免的；这些失误可以分为两类：一是积极失误（又称第Ⅰ类失误、假阳性失误），即有效的竞争性行为被误认为是反竞争的，从而被反垄断执法机构禁止；二是消极失误（又称第Ⅱ类失误、假阴性失误），即垄断行为被反垄断执法机构认定为正常的商业行为。② 无论是出现积极失误还是消极失误，对于参与相关市场竞争的企业而言都是显失公平的。例如，遭受积极失误的企业不仅背负竞争违规的不良商誉，而且必将承担高额的经济损失，包括履行"停止违法行为"法律责任带来的降价损失、被反垄断执法机构没收的违法所得、被处上一年度销售额1%以上10%以下的罚款等；这势必将会不同程度地影响到受害企业与竞争对手在相关市场上对交易机会的争夺，特别是在经济损失数额巨大、相关市场竞争非常激烈的情况下。

2. 认定标准的选择

为了确保市场竞争的公平性，政府必须采用统一的认定标准来规制超高定价。在此前提下，政府应当尽量择用较为科学的认定标准。要想保证认定标准的科学性，采用的方法是核心关键。作为超高定价的坚定规制者，欧盟判断"不公平高价"的方法主要有以下四种：一是成本加合理利润比较法，即首先考察实际发生成本与实际索取价格之间的差距是否超高，如果确实超高，那么再考察

---

① 反对法律规制垄断的观点认为，竞争性行业中的垄断高价是价格机制作用的产物，经营者可以索取垄断高价对企业来说首先是一种激励，此外它还可以降低企业在创新和研发中的风险。不仅如此，在垄断高价的指引之下，其他竞争者或者潜在竞争者为了能分享垄断高价带来的高额回报，会把更多的社会资源投入相关市场与垄断者展开竞争。在此过程中，相关商品或者服务供应量会不断增加，进而使价格回归到竞争水平。概括起来，垄断高价是价格机制正常发挥作用所不可或缺的，而且价格机制自身就具有修正垄断高价的能力，因此国家没有必要借助法律手段对垄断高价加以规制。参见孙威：《规制垄断高价的必要性研究》，载《暨南学报》（哲学社会科学版）2011年第4期。

② See Esterbrook Frank, "The Limits of Antitrust", *Texas Law Review*, No. 63, 1984, pp. 1 – 40.

索取的价格本身是否就是不公平的，或者同竞争产品相比是不是不公平的；二是产品比较法，将一个垄断企业或者占市场支配地位企业的产品或者服务的价格与具有可比性的同类产品或者服务的价格进行比较；三是空间比较法，将一个垄断企业或者占市场支配地位企业的产品或者服务的价格与外国市场上同类产品或者同类服务的价格进行比较；四是时间比较法，把同一垄断企业或者占市场支配地位的企业在过去某个时刻的产品或者服务价格作为一个参照点，来评价该企业以后的涨价行为。① 就客观而言，除成本加合理利润比较法，其他三种方法都存在较大问题。对于产品比较法来讲，“企业生产成本的差异必然导致产品价格的不同，采取价格比较法来确定企业是否超高定价往往会使得那些通过正当竞争取胜的企业反而受到打击，扭曲市场竞争机制在商品经济中的刺激作用。因此，价格比较法不适合单独用来计算企业的价格是否超高，仅可以作辅助性参考”。② 对于空间比较法来讲，“现实生活中的市场各具特色，不可能存在两个完全一样的市场。即便在同一个市场，相同产品在不同卖方手中的价格可能是不一样的，只要不存在事先约定，人们总是可以根据自己的实际情况在一个波动的范围内对产品定价”。③ 对于时间比较法来讲，即便不考虑通货膨胀、产品成本变动、市场供需波动等因素，产品周期理论本身就决定了任何产品的价格在时空上整体都呈现抛物线状，这就使人们很难借助其正确地判断出一个企业在特定时间点上的定价是否合理。即使在个别情况下可以通过涉案企业降价前后的价格落差来推定特定时间的企业定价存在超高定价问题，如欧盟法院在通用公司案件中根据该企业在受到指控后将价格降到最初价格25%的事实推断通用公司存在不公平高价行为，姑且不论这种做法是否非常科学，它也存在一个致命的适用缺陷，即涉案企业在受到调查或者指控之后进行了较大幅度的降价。

但是成本加合理利润比较法也非尽善尽美，它需要进行诸多改进；我们将完善之后的成本加合理利润比较法称为利润率分析法，并建议政府统一择用其作为超高定价的认定标准。顾名思义，利润率分析法对超高定价的属性判断依赖于基本权衡指标——利润率。这种做法更为科学：首先，即使在同一个行业

① 参见孙威：《用法律手段规制垄断高价的研究》，载《价格理论与实践》2010年第9期。

② 丁茂中：《论自然垄断行业超高定价行为的法律规制》，载《安徽大学法律评论》2007年第2期。

③ 王晓晔主编：《中华人民共和国反垄断法详解》，知识产权出版社2008年版，第137页。

或者市场上，不同企业类似或者相同产品的生产成本、出货规模、市场定位等差异使人们很难根据利润额的绝对值（无论是利润单额还是利润总额）对企业的定价是否超高作出科学评价；其次，因各行各业的产品在生产成本、用途、物理体积、功能等上存在很大差异，它们销售价格与生产成本之间价差生成的利润单额根本不具有可比性。而以利润率作为基本权衡指标不仅可以保证相同行业或者市场的通用性，而且能够保证不同行业或者市场的通行性，从基础上确保了利润率分析法的公平程度。在统一采用目前较为成熟的方法确定涉嫌超高定价的企业销售价格、生产成本及其对应利润率的基础上，利润率分析法根据涉案企业的利润率所在风险对照表上的区间，决定采取差异性处理措施：如果涉案企业的利润率在“绿灯区值”范围内，如不超过行业平均利润率上浮60%或者去掉最高和最低得出的平均利润数值等，[①]政府则不再进行任何审查直接宣布合法；如果涉案企业的利润率进入“黄灯区值”范围，即超过“绿灯区值”上限，政府则需要作出进一步分析方可进行定性。在此情形下，政府首先需要考虑涉案企业的产品处于产品周期的哪个阶段：[②]如果处于引入期或者成长期，政府则应当不再进行竞争评估并宣布涉案企业不存在超高定价问题；如果处于成熟期或者衰退期，政府原则上应当推定涉案企业存在超高定价问题，除非涉案企业的生产成本及其市场风险相应比例地超过竞争对手。因为根据实践来看，利润率奇高通常只有在两种情形下发生，即技术创新和垄断行为，前者合理合法，后者违法且有失公平；而技术创新应当获得高额回报或者可以存续期间只有在产品引入期和成长期，产品成熟期或者衰退期往往因为市场的充分竞争使得利润率回归到平均水平直至因没有销量而导致利润率为零或者负值；除技术创新可以带来超高利润率外，剩余稳定的情形只有垄断行为，即滥用市场支配地位进行超高定价；若非如此，那就是完全敞露在市场竞争风险之下的企业“博傻”行为，而这完全在市场自身调节范畴之内。

（二）价格违法立案调查中立

反垄断法在西方国家素有“经济宪法”之称，这充分彰显出反垄断法对一个

---

① 基于公平考虑，政府必须采取类似衡量市场集中度的 HHI 指数那样明确划分各类情形的数值区间。有关数值区间的划定标准（参数），政府应当尽量通过较为科学的方法进行确定。

② 1966 年美国哈佛大学教授雷蒙德·弗农（Raymond Vernon）在发表的《产品周期中的国际投资与国际贸易》一文中提出了产品生命周期理论。他认为，产品和人的生命一样都是要经历形成、成长、成熟、衰退这样的周期。

社会的巨大影响。美国、欧盟等反垄断法先发国家的实践表明：一旦企业被反垄断执法机构立案调查，它们就将面临很大的压力。首先是经济压力，涉嫌实施垄断行为的企业通常需要花费较高的费用聘请反垄断专业人士出谋划策应对反垄断执法机构的调查。根据以往的经验来看，这些经营者不仅需要聘用反垄断法律专业方面的资深律师，而且需要聘请反垄断方面的经济学家或者专业人士，尤其是在如超高定价、价格歧视、掠夺性定价等涉及价格垄断问题的案件中；但是无论是聘请前者还是后者，企业基本上都需要支付很高的费用，少则几十万元人民币，高则上百万元甚至千万元人民币。其次是经营压力，涉嫌实施垄断行为的企业先前的日常经营通常都会受到不同程度地影响。按照通行的做法，企业在遭到反垄断执法机构调查的情况下都会想方设法调动公司所有资源特别是内部人力资源进行配合与应对，这必然会不同程度地影响到企业各个职能部门的正常运转。如果企业为了换得反垄断执法机构的终止调查而承诺在规定的期限内采取具体措施消除后果的，则还可能涉及企业经营模式的重大转变甚至彻底转型，这在超高定价案件中尤为突出。最后是商誉压力，涉嫌实施垄断行为的企业在社会形象上较为可能受到不同程度的减损。虽然遭到反垄断执法机构的调查并不意味着涉嫌对象必然竞争违规，但是社会公众往往因此会对这些企业开始不同程度地产生负面印象。因为利益博弈关系，这种潜在的效果在超高定价案件中转化成为现实的概率及其程度的可能性较高；消费者可能因为反垄断执法机构的立案调查对先前支付的价格产生种种质疑，并自发生成涉案企业过度贪婪、损耗消费福利、缺乏社会责任等一系列的个体认知。

为了保证企业能够公平竞争，政府应当在价格违法的立案调查上保持中立。根据实践来看，包括超高定价在内的垄断案件的调查启动有两种模式，即主动执法和社会举报。我国《反垄断法》第38条规定：“反垄断执法机构依法对涉嫌垄断行为进行调查；对涉嫌垄断行为，任何单位和个人有权向反垄断执法机构举报，反垄断执法机构应当为举报人保密；举报采用书面形式并提供相关事实和证据的，反垄断执法机构应当进行必要的调查。”无论政府通过何种模式启动反垄断调查，政府都应当尽量避免出现选择性执法。选择性执法现象是作为执法主体的国家或政府面临情势变化，运用剩余执法权以保证实现其政治、经济及社会目标的结果；选择性执法尽管在转轨时期有其合理性，但弊端已经随着改革的深入而日益凸显，包括对人们预期的扰乱，执法代理人的渎职、腐败，对执法体制进一步改革的阻碍等。[①] “如果我国反垄断执法机构进行选择性执法，这将会造成巨大的负面社会影响，最为直观的至少有以下两个方面：首先，反垄断执法机构的公正性形象将极大受损。选择性执法将会不同程度地减损甚至完全摧毁我国反垄断执法机构刚刚树立起来的较为稚嫩脆弱的执法形象，人们可能因为国企民企、内资外资等相关因素习惯性地对其所作出的任何裁决进行否定或者质疑，《反垄断法》与反垄断执法机构工具论将可能彻底淹没社会现存的理性声音。其次，相关市场的竞争机制可能被人为不当地扭曲……而这将不同程度地影响到这些企业之间的市场竞争。”[②]这就要求政府对凡是符合法定情形的超高定价案件都必须进行立案调查，并依法做好执法信息公开工作。

在包括超高定价案件的立案调查过程中，政府应当公平地对待所有涉嫌垄断行为的企业。首先，政府应当做好执法措施的公平采取。我国《反垄断法》第39条第1款规定：“反垄断执法机构调查涉嫌垄断行为，可以采取下列措施：（一）进入被调查的经营者的营业场所或者其他有关场所进行检查；（二）询问被调查的经营者、利害关系人或者其他有关单位或者个人，要求其说明有关情况；（三）查阅、复制被调查的经营者、利害关系人或者其他有关单位或者个人的有关单证、协议、会计账簿、业务函电、电子数据等文件、资料；（四）查封、扣押相关证据；（五）查询经营者的银行账户。”由于这些措施都会不同程度地影响到涉案企业的日常经营，因此，政府必须在这些措施的采取范围、力度、频率等因素上保证公平。其次，政府必须保证陈述意见权利得到公平行使。我国《反垄断法》第43条规定，被调查的经营者、利害关系人有权陈述意见，反垄断执法机构应当对被调查的经营者、利害关系人提出的事实、理由和证据进行核实。政府不仅必须确保企业定价的合理性经济分析报告等被调查对象的意见能够及时顺畅地传递到执法机构，而且必须保证这些意见得到实质性的考虑；除此之外，政府必须建立相应机制确保陈述意见权利的行使与执法调查的配合态度得到有效区分，避免职能部门变相地压制涉嫌垄断行为的企业合法行使陈述意见权利。最后，政府应当公平地适用我国《反垄断法》第45条规定的承诺制度。如果被调查的经营者承诺在反垄断执法机构认可的期限内采取具体措施消除该

---

① 参见戴治勇：《选择性执法》，载《法学研究》2008年第4期。

② 丁茂中：《现行〈反垄断法〉框架下维持转售价格的违法认定困境与出路》，载《当代法学》2015年第5期。

行为后果的,反垄断执法机构应当尽量统一决定中止调查;经营者履行承诺的,反垄断执法机构应当尽量统一决定终止调查。有下列情形之一的,反垄断执法机构必须依法统一恢复调查:(1)经营者未履行承诺的;(2)作出中止调查决定所依据的事实发生重大变化的;(3)中止调查的决定是基于经营者提供的不完整或者不真实的信息作出的。

(三)价格违法行政处罚中立

我国《反垄断法》第47条规定:"经营者违反本法规定,滥用市场支配地位的,由反垄断执法机构责令停止违法行为,没收违法所得,并处上一年度销售额百分之一以上百分之十以下的罚款。"如果被立案调查的企业最终被认定构成超高定价,政府必须依法追究其法律责任,并且在具体操作上应当尽量保持统一,确保市场竞争的公平。

1. 责令停止违法行为

相对于掠夺性定价、拒绝交易、限定交易、搭售、差别待遇等其他滥用市场支配地位行为而言,超高定价在责令停止违法行为上存在较大的操作弹性空间。反垄断执法机构依法必须作出的责令停止违法行为意味着实施超高定价的企业必须进行降价,至于降价多少才符合要求目前尚无一个明确的标准和统一的尺度。在竞争性市场上,只要实施超高定价的企业降价没有使销售价格低于成本,任何幅度的价格下调在形式上都是属于合法的降价行为。这不仅给实施超高定价的企业带来了巨大的选择余地,而且给反垄断执法机构留下了巨大的自由裁量空间。由于产品降价直接影响着企业的营业收入及其利润总额,因此,政府在超高定价的责令停止违法行为上所拥有的巨大自由裁量空间对企业的公平竞争有着很大影响。如果反垄断执法机构在不同的案件中允许企业采用的降价幅度存在很大差异,特别是在同一个相关市场上或者同一个行业中,这势必影响到这些企业在产品研发、市场拓展、现金流量、融资需求等方面的公平竞争。这就要求政府在超高定价的责令停止违法行为上必须在自由裁量空间内尽量缩小直至消除个案之间的差异,确保政府在干预市场过程中保持中立。

超高定价的反垄断执法成本通常都是比较高昂的,而且"禁止独占者的超高定价是一种保护消费者的措施,而不是保护竞争的设计"。[①] 这就决定了反垄断执法机构,必须实质性地介入实施超高定价的企业在被责令停止违法行为过

---

① 孔祥俊:《反垄断法原理》,中国法制出版社2001年版,第562页。

程中采取的降价措施，否则将会从根本上影响到这类执法的社会效果。但是因竞争性的市场在通常情况下不存在政府价格管制而形成的价格衡量标尺，这就意味着反垄断执法机构，首先必须寻找一个能够有效衡量涉案企业采取的降价幅度是否合理的标准。根据实践来看，不同产品的单个价格绝对值差异、相同企业的产品销售规模差异、售后服务及其用户支持差异等直接排出了单个产品降价额度（如每件衬衣价格下调 10 元人民币）的适用可能性，而降价比例（如每部手机价格下降20%）似乎成为理想选择。但是考虑到超高定价应当采用的认定标准以及现实中客观存在的先提价、后打折之类的不良促销现象，利润率还是应当成为最佳的选择对象，即政府应当根据实施超高定价的企业在降价之后的产品利润率来判断其是否实质性地履行了停止违法行为的法定义务。至于利润率的具体衡量标准（特定参数），反垄断执法机构应当结合超高定价认定过程中有关“绿灯区值”进行类别化的统一，尽量确保适用标准的公平性。

2. 没收违法所得

如何确定企业的违法所得，至今仍然是我国行政处罚领域的难题，这包括超高定价在内的所有垄断行为的违法所得计算问题。“或许是以为太过简单明了，现行行政处罚立法中，尚未有对违法所得作出直接的界定，《行政处罚法》只是简单指明没收违法所得作为一种行政处罚形式的存在，而其他法律法规更是将违法所得作为不言自明的先见概念，拿来就用。”①“我国《反垄断法》第四十六条和第四十七条明确规定对违法垄断行为没收违法所得并处罚款，这是我国对垄断行为的罚则规定。然而，由于在反垄断案件中违法所得往往数额巨大，而《反垄断法》在罚款问题上又设定了上一年度销售额 1% 的最低限制，这些对于部分企业来说，可能构成一个难以承受的过大的数额。因此，如何明确并适用这一罚则显得尤为重要——既维护《反垄断法》的威慑力，同时又不至于给企业带来太过于沉重的处罚。”②

针对超高定价的违法所得计算，理论上有两种方法：商品的销售价格 × 销售数量；（商品的销售价格 - 商品的市场均价）× 销售数量。相较而言，“商品的销售价格 × 销售数量”的计算方法比较简单，但是它导致企业承受的经济负担是比较沉重；“（商品的销售价格 - 商品的市场均价）× 销售数量”的计算方法

① 叶平、陈昌雄：《行政处罚中的违法所得研究》，载《中国法学》2006 年第 1 期。

② 张昕：《垄断行为没收违法所得的美国经验及对我国的启示》，载《价格理论与实践》2013 年第 11 期。

比较复杂，特别是商品的市场均价测算，但是它导致企业承受的经济负担是比较轻些。为了确保政府在没收违法所得上的公平性，反垄断执法机构必须首先统一超高定价的违法所得计算方法。在上述两种计算方法中，"（商品的销售价格－商品的市场均价）×销售数量"更为适宜。除确实可以避免给企业过度强加负担外，它更契合超高定价的法律要义与认定标准以及反垄断执法机构采取的责令停止违法行为，即具有市场支配地位的企业只对超过合理水平的部分价格承担法律课征的特殊义务。在统一超高定价的违法所得计算方法的基础上，反垄断执法机构还应当在销售数量、商品的市场均价、违法行为的存续时间等具体操作上尽量保持统一。根据实践来看，这些因素上的人为差异必然直接影响到超高定价的违法所得数额，且数额之差往往都是比较大的。

3. 处上一年度销售额1%以上10%以下的罚款

并处上一年度销售额1%以上10%以下的罚款是包括超高定价在内的所有垄断行为最有操作弹性空间的法律责任，这首先突出表现在1%以上10%以下的罚款比例上。例如，在洋奶粉纵向价格垄断协议案件中，国家发改委根据涉案企业在调查过程中的态度分别对合生元、美赞臣、多美滋、雅培、富仕兰、恒天然按照6%、4%、3%、3%、3%、3%进行了罚款，罚款额对应为人民币1.629亿元、2.0376亿元、1.7199亿元、0.7734亿元、0.4827亿元、0.0447亿元。[①] 虽然这种自由裁量可以使反垄断执法机构有效地推进案件的查处工作，但是它客观上可能导致反垄断执法在行政罚款上出现有失公平的问题。因此，政府应当尽量减少在包括超高定价在内的所有垄断行为的罚款上进行的自由裁量差异。最为科学的做法不是统一罚款比例，而是计算实施垄断行为的企业给市场造成的损害，并以此作为分子比照实施垄断行为的企业上一年度销售额来确定罚款比例；如果比值低于1%或者超过10%，则按照相应最低或者最高罚款比例进行操作。这种做法在最大程度上保证了反垄断罚款的公平性，但是它在具体操作上比较复杂，特别是在给市场造成损害的评估上，反垄断执法机构需要借助特定的经济模型和调研数据，通过定量分析方法方可得出较为精确的结果。

除罚款比例外，处上一年度销售额1%以上10%以下的罚款还存在以下两个方面的操作弹性空间：第一，上一年度的选择。在包括超高定价在内的很多垄断案件中，涉案企业实施的垄断行为可能具有跨年度的持续性，并且这些垄

① 参见林火灿：《国家发展改革委开出反垄断最大罚单——6家乳粉企业被罚约6.7亿元》，载《经济日报》2013年8月8日，第8版。

断案件的立案调查、最终裁决等往往都是需要超过一年的时间甚至几十年。这就使可以选择的上一年度出现多个问题，如实施垄断行为的任何一个上一年度、立案调查的上一年度、最终裁决的上一年度；而涉案企业在这些不同的上一年度的销售额应当是不同的，甚至可能出现较大的悬殊。因此，采用不同的上一年度最终计算出来的罚款比例可能存在较大差异。如果反垄断执法机构在不同的案件中采用不同的做法，这将会在实质上不同程度地影响到企业在相关市场上的公平竞争。所以，政府必须明确上一年度的统一选择标准，例如以销售数额最大的年度为准。第二，销售额的选择。在包括超高定价在内的很多垄断案件中，涉案企业的经营业务可能是多元化的；在这种情况下的销售额就存在可选择余地，即整个企业的所有销售额还是部分经营业务的销售额。根据以往经验来看，这两者之间往往存在很大的差额。如果反垄断执法机构在不同的案件中采用不同的做法，这必然实质性地影响到反垄断罚款的公平性。因此，政府亦必须明确销售额的统一选择标准，最为科学的做法应当就是统一根据相关市场界定过程中涉及的相关产品市场来进行确定。

二、政府补贴中立

投资回报中立要求政府在政府补贴上中立。政府补贴是企业除从市场之外获得投资回报的另一个重要途径，能否获得补贴、获得补贴额度的大小以及获得补贴的行业份额比等都在不同程度上影响着一个企业的生存与发展，这在整体经济低迷、行业产能升级、个体财政危机等特殊情况下表现得尤为突出。因此，政府应当在政府补贴上保持中立。

（一）政府补贴对象中立

政府在利用公共财政对企业进行补贴过程中必须公平地面向所有市场主体，凡是符合公平条件的经营者都应当能够获得政府补贴。

1. 中央补贴

如果市场失灵使政府必须采取补贴措施优化产业结构、保持市场稳健、促进经济发展，则应当由中央政府来进行组织实施（最为科学）。首先，建设统一、开放、竞争、有序的市场体系既是中央政府的改革目标，更是中央政府的工作职能；其次，中央政府的利益超高使政府补贴在受益对象上更为广泛，能够在最大程度上确保公平；最后，中央政府的统筹视角相对可以保证政府补贴的社会效益，包括经济效益、生态效益以及人文效益等。但是正如近些年来越来越多的社会人士所意识到和指出的那样:“财政补贴多年来一直作为宏观调控手段,积极作用显而易见,但消极影响也逐步显现。有企业从中受益,亏损可补为盈利,有部门从中作假,违规补贴现象严重,加之享受补贴的企业大都是国企,导致市场不公平现象加剧。”①因此,即使中央政府在市场失灵的情况下进行政府补贴,也应当在最大限度上确保受益对象的公平性。这就要求中央政府依法实施的中央补贴原则上具有普惠性,应当尽量惠及所有的相关市场主体。

普惠性要求的最低限度允许中央政府根据社会发展需求进行行业补贴,即单项中央补贴政策只是阶段性地针对特定行业。虽然行业补贴客观上影响了不同行业的经营者在投资回报等上面的竞争结果,但是行业转换的壁垒清除及不同行业的经营差异使得行业补贴在实质上几乎没有影响到相关市场的公平竞争。相关市场是各国竞争法律制度中的一个特殊概念,它是各国反垄断执法机构评估一项商业行为是否影响公平竞争的参照背景。根据我国《反垄断法》第12条第1款规定,相关市场是指经营者在一定时期内就特定商品或者服务进行竞争的商品范围和地域范围。以往的实践经验充分表明:尽管具体案件涉及的相关市场与当事人所在的行业通常都会不同程度地存在偏差,然而二者覆盖区域的重叠比例还是非常高的。因此,在目前没有更为精准且更为公正的划分标准的情况下,中央政府以行业为标准进行补贴还是在最大程度上保证了受益对象的公平性和市场竞争的公平性。

普惠性要求的最低限度限制中央政府进行地区补贴,即单项中央补贴政策只是阶段性地针对特定地区。因为这种政府补贴将会直接影响到相关市场的公平竞争,造成不同地区的企业在产品销售、投资收益等上出现人为扭曲化的差异。除我国台湾地区、香港特别行政区、澳门特别行政区以及中央政府依法设立的中国(上海)自由贸易试验区等特别行政区外,我国主权所辖其他地区的市场至少应当是统一、开放的。在统一、开放的市场环境中,除偶然性出现政府滥用行政权力排除、限制市场竞争情形外,如地区垄断、部门垄断等,所有合法产品原则上都是可以自由流动的。这就导致位于不同地区的企业因处于同一个相关产品市场而产生不同程度的竞争关系,特别是在产品的供给上。而中央政府进行的地区补贴,往往使特定地区的企业在产品销售上具有额外的竞争优势,并因此获得较多的投资收益。显而易见,这有悖于市场公平竞争原则,通常

① 李嫒:《政府补贴上市公司年增20%企业家吁要公平不要补贴》,载《新京报》2014年8月5日,第B06版。

导致市场竞争机制被不当扭曲。因此,除政策性扶贫开发、保护自然环境、维护名胜古迹等特殊情形外,中央政府原则上不应当进行地区补贴。

普惠性要求的最低限度禁止中央政府进行个体补贴,即单项中央补贴政策只是阶段性地针对特定个体。因为这种政府补贴必然严重影响相关市场竞争,完全背离市场运行的基本规律。需要指出的是,如果中央政府进行的行业补贴即便在公平标准下客观上也只有为数不多的受益企业甚至只有一个(如电力输送行业的国家电网公司),这亦区别于个体补贴;但是我们需要采取措施防止行业补贴沦为变相的个体补贴,特别是那些市场集中度较高、市场结构呈现寡头特质的开放性行业,如石油行业、民航市场等。

2. 地方补贴

在目前的政府补贴实践中,地方补贴在次数与总额上都占有重要比例,呈现出普遍性特征。例如,根据《江苏九九久科技股份有限公司关于获得政府补贴的公告》,江苏九九久科技股份有限公司于2014年12月19日收到如东县财政局下发的《关于下达科技攻关专项经费的通知》(东财预〔2014〕19号)和江苏省如东沿海经济开发区管理委员会下发的《关于下达科技攻关项目研发专项经费的通知》(东沿管〔2014〕159号),获得三氯吡啶醇钠技术改造经费补助559.83万元;根据《四川北方硝化棉股份有限公司关于获得政府补助的公告》,以及泸州市财政局、襄阳市政府、襄阳市财政局、襄阳市经济和信息化委员会、西安环保局等相关部门文件精神,四川北方硝化棉股份有限公司,截至本公告日,公司及控股子公司在2014年累计获得22笔政府补助,共计941.55万元;根据《迪康药业关于公司收到政府补助的公告》以及公司控股子公司拉萨迪康医药科技有限公司与西藏拉萨经济技术开发区经济发展局签订的《企业入驻协议书》,拉萨迪康公司于2014年10月15日至12月17日,依据西藏拉萨经济技术开发区管理委员会拉经开企〔2014〕321号、482号及572号文件,陆续收到了拉萨经济技术开发区财政局的企业发展金共计232.34万元。

但是这并不意味着地方政府实施的地方补贴,都完全具有合理性。恰恰相反,除法律另有规定和中央政府统一允许外,地方政府原则上不应当进行地方补贴,无论是针对本地区的特定行业还是特定个体。因为这类补贴较为容易影响到市场的公平竞争。首先,突出表现在地方补贴的受益对象都是具有地域性特质上。地方补贴,顾名思义,即地方政府针对地方企业进行的政府补贴。因此,并非相关市场上的所有经营者都能够享受到特定地方政府进行的具体地方补贴。这就使不同地区的企业在单个地方补贴下具有不同的竞争优势,获得政府补贴的企业明显比没有获得补贴的企业拥有额外的竞争优势，从而不公平地导致后者在相关市场上的竞争处于劣势。地方补贴较为容易影响到市场的公平竞争。其次，突出表现在各个地方政府进行的地方补贴基本非均等性上。因地方财力、政府决策等诸多差异，不同地方政府进行的地方补贴力度是不同的；有些地方补贴的力度可能很大，有些则可能较小，有些则根本没有。这就导致不同地区的企业在获得地方补贴上存在不同程度的差异，进而直接影响到这些企业的产品定价、销售服务以及投资回报等。显而易见，获得补贴越多的企业在相关市场上具有越大优势，而这严重背离市场公平竞争原则。

地方补贴不仅较为容易影响到市场的公平竞争，而且较为容易影响到市场的统一开放。"任何一个企业在地理市场的占有方面都有着起点，这个起点一般是特定的地方市场；当企业在相关地方市场立足以后，企业在财力、人力和物力允许的情况下，一般都会竭力寻求地理市场的扩张；但是企业在地理市场上的扩张并不是无限制的，它在遇到较大的贸易壁垒时通常会适度停止。"[①]根据实践来看，地方补贴是不少行业的经营者在市场拓展过程中遇到的重要障碍，它客观上影响了国内市场的统一开放。仅以新能源汽车市场为例，"新能源汽车推广一直处于叫好不叫座的境地，而地方保护政策也颇受诟病。对于成本高昂且缺乏规模优势的新能源车来说，政府补贴在前期推广环节的作用至关重要……之前新能源汽车之所以不能快速被消费者广泛接受，除产品本身以及配套的问题外，地方政府设立的隐形门槛也是原因之一"。[②] 正因如此，国务院在2014 年 11 月 27 日发布了《关于清理规范税收等优惠政策的通知》（国发〔2014〕62 号）明确要求，各地区未经国务院批准不得通过税收政策、非税等收入管理、财政支出等手段进行地方补贴。国务院在文件中特别指出：一些税收等优惠政策扰乱了市场秩序，影响国家宏观调控政策效果，甚至可能违反我国对外承诺，引发国际贸易摩擦。全面规范税收等优惠政策，有利于维护公平的市场竞争环境，促进形成全国统一的市场体系，发挥市场在资源配置中的决定性作用；有利于落实国家宏观经济政策，打破地方保护和行业垄断，推动经济转型升级。

（二）政府补贴方式中立

政府在利用公共财政对企业进行补贴过程中应当采用更为科学的方式加以实施，力求在最大程度上确保政府补贴的公平性。

---

① 丁茂中：《反垄断法实施中的相关市场界定研究》，复旦大学出版社 2011 年版，第 99 页。

② 曾祥萍：《新能源补贴或将统一车企叫好》，载《信息时报》2014 年 6 月 5 日，第 A10 版。

1. 补贴模式

即使中央政府根据普惠性要求最低限度地以行业为标准进行政府补贴，但是如果采用的补贴模式不同，这亦会在不同程度上影响到市场的公平竞争。根据现阶段政府补贴主要出现的领域——产业政策的施行情况来看，我们目前还是主要采用纵向补贴模式，即政府根据客观的标准从特定行业遴选出符合条件的具体企业进行政府补贴。尽管这种补贴模式在不少情况下能够覆盖整个行业，如财政部2012年11月1日发布的《关于出台页岩气开发利用补贴政策的通知》(财建〔2012〕847号)规定：中央财政对页岩气开采企业给予补贴，2012～2015年的补贴标准为0.4元/立方米。然而它在很多情况下只能惠及部分企业，如环保部2014年4月29日公布的《房间空调器行业丙烷空调器生产线改造增加运行费用补贴办法》受益对象，目前包括珠海格力电器股份有限公司、广东美的制冷设备有限公司、青岛海尔空调器有限公司、重庆海尔空调器有限公司、TCL空调器(中山)有限公司、广东科龙空调器有限公司、四川长虹空调有限公司等。虽然纵向补贴在推进产业升级上效果非常明显，但是这种模式对市场竞争的影响较大。首先，它比较容易影响到特定行业的企业在相关市场上的公平竞争。即便政府系根据客观、公正的条件进行遴选，但是非惠及行业的所有企业局面客观上造成获得补贴的企业在不同程度上比没有获得补贴的企业具有额外的竞争优势，包括在产品定价、企业研发、现金流量、投资回报等各个方面上。其次，它比较容易导致特定行业的市场结构趋于集中化甚至呈现出寡头或者独占格局。除政府补贴直接导致某些或者某个企业直接占据行业制高点外，持续存在的因获得政府补贴差异而产生的不公平竞争，通常会逐步使没有获得政府补贴的企业被踢出相关市场，获得政府补贴的企业逐步占领更多的市场份额并最终可能拥有市场支配地位。

因此，越来越多的国家开始转向采用横向补贴模式，即通过搭建科研平台、产业孵化园区等方式向特定行业的所有企业甚至其他领域的经营者提供技术、资金、服务等方面的普遍性支持。横向补贴模式较早出现在欧盟，基本成形于20世纪80年代后期到90年代初期欧盟共同产业政策的形成阶段。1980年产业委员达维尼翁(Davignon)召集欧洲主要电脑和电信设备制造商展开对话，探讨如何协调研发计划，因为当时认为协同研发有助于提升欧洲的研究数量和质量，有助于欧洲产业追赶美国竞争对手。这一项目之后被命名为“欧洲信息技术研究战略规划”(Euopean Strategic Program in Information Technology，ESPRIT)，ESPRIT的基本原则是专注于竞争前的研究阶段，以确保参与企业不会触犯共同体的竞争政策，这一模式后来为一系列欧洲科技计划所采纳；1985年在法国总统的倡议下，成立了欧洲经济协调局(EUREKA),一个在欧委会之外独立运作的政府间项目,旨在为成员国研发计划提供补充。① 比较明显,横向补贴对市场的公平竞争影响应当很小。因为特定行业的企业都可以进入政府搭建的科研平台、产业孵化园区等,所以它们从政府补贴获得的额外竞争优势应当是基本均衡的。这在最大程度上减少了因政府补贴而给企业在产品定价、企业研发、现金流量、投资回报等上造成的种种不公平差异,相对有效地确保了它们在相关市场上的公平竞争,而且基本上不会因为政府补贴导致相关市场区域高度集中。近年来,政府搭建的各类科研平台、服务平台等公共平台已经充分显示这种补贴模式在产业政策的实施与竞争政策的推行上具有高度的兼容性与协调性,并且政府补贴的社会效益相对大幅提高。因此,我国在政府补贴上应当逐步重点采用横向补贴模式。

2. 补贴形式

政府补贴的具体形式可以多样化,目前常用的主要有以下四种:第一,财政拨款,即政府为了支持企业而无偿拨付但不取得股权的款项。例如,根据《关于下达2014年襄阳市科技研究与开发项目和经费分配指标的通知》,襄阳市科学技术局、襄阳市财政局给予湖北金环股份有限公司研究开发与产学研补助30万元。第二,财政贴息,即政府代企业支付部分或全部贷款利息。例如,广西梧州自治区林业厅在2014年9月下达文件,批复广西三威林产工业有限公司新建年产45万立方米中纤板项目、广西欧蒙人造板股份有限公司年产15万立方米中/高密度纤板项目新增林业贷款14,790万元,中央财政贴息资金394.6万元。第三,税收返还,即政府按照国家有关规定采取先征后返(退)、即征即退等办法向企业返还的税款。例如,根据《新天科技股份有限公司关于收到软件产品增值税退税款及政府补助的公告》,经郑州高新技术产业开发区国家税务局核准同意,新天科技股份有限公司所属期为2012年11月~2013年9月的软件产品收入实际税负超过3%的部分享受即征即退的税收优惠政策;新天科技股份有限公司于2013年12月24日收到上述软件产品增值税退税款6,065,375.30元,2013年12月25日收到上述软件产品增值税退6,314,889.50元,合计共收到上述软件产品增值税退税款12,380,264.80元。第四,无偿划拨非货币性资产,即政府以零对价的方式向企业划拨土地、房屋、设备、股权、专利等非货币性的经营资产。例如,根据《浙江英特集团股份有限公司关于华辰投

① 参见黄勇、江山等:《产业政策与竞争政策关系研究》,国家发改委价格监督与反垄断局2013年委托课题结项报告,第163页。

资等部分国有股权无偿划转获得浙江省人民政府国有资产监督管理委员会批复的公告》,浙江省人民政府国有资产监督管理委员会于2014年1月下发《关于同意浙江华辰投资发展有限公司等部分国有股权无偿划转的批复》,同意将浙江省综合资产经营有限公司持有的浙江华辰投资发展有限公司39%国有股权、浙江致恒贸易有限公司18.46%国有股权、杭州余杭海欣投资有限公司50%国有股权,无偿划转给浙江省国际贸易集团有限公司。

政府在对同一补贴政策之下的企业进行政府补贴过程中,应当采用统一的补贴形式,可比较对象享受补贴形式的差异将会不同程度地影响到企业的公平竞争。在上述政府补贴主要采用的四种形式中,财政拨款与无偿划拨非货币性资产明显比财政贴息与税收返还更为有利。除了政府补贴规定的政策性条件之外,财政拨款与无偿划拨非货币性资产至少在形式上没有要求补贴对象承担某些负担;但是财政贴息与税收返还则相反,二者均以补贴对象承担不同形式的负担为前提基础。财政贴息系以补贴对象申请贷款为前提基础,企业没有贷款则意味着没有政府贴息;税收返还系以补贴对象先行缴纳税收为前提基础,企业依法客观没有课征之税则意味着没有税收返还;无论是申请贷款还是缴纳税收,它们对于企业而言都是经营负担。如果政府在对相同批次的补贴对象采用不同的补贴形式,特别是有些采用财政拨款或者无偿划拨非货币性资产,有些采用财政贴息或者税收返还,这明显影响到企业在相关市场上的公平竞争,尤其是投资回报。采用财政拨款或者无偿划拨非货币性资产的,无论补贴对象是否申请贷款或者做出纳税贡献,只要进入补贴政策范围之内就可以获得额外的收入;而采用财政贴息或者税收返还,即便进入补贴政策范围之内,但是若没有发生贷款或者纳税便就无法获得额外的收入或者因为前提基础的数额较小而获得很少的政府补贴。因为政府补贴在财务会计上直接构成企业收入,所以这直接影响着企业的诸多方面,至少包括投资收益、现金流量、产品定价、后续投入等。[①] 因此,政府必须在补贴形式上保持中立,或者统一采用财政拨款,或者统一采用无偿划拨非货币性资产,或者统一采用财政贴息,或者统一采用税收返还,确保在最大限度上保证企业在相关市场上的公平竞争。

(三)政府补贴标准中立

政府在对符合条件的企业采用统一的形式进行补贴过程中应当在补贴额

---

① 参见邵敏、包群:《政府补贴与企业生产率——基于我国工业企业的经验分析》,载《中国工业经济》2012年第7期。

度的标准上保持中立，确保政府补贴不会影响到企业的公平竞争。

1. 补贴标准起码统一

补贴标准中立要求政府在补贴标准上最起码做到统一，即政府补贴原则上应当按照一个统一的标准对符合条件的企业进行补贴，包括计算单位、单位金额、补贴期限等相关要素。例如，《浙江省政府办公厅关于对家禽业实施紧急救助的通知》规定：对2014年2月1日前取得《种畜禽生产经营许可证》并在有效期内的祖代以上种禽场和地方品种资源保种场，政府给予每只种禽50元（种鸽每2只50元）的生产维持性补助；补助经费由省和县（市、区）财政共同承担，欠发达地区省财政承担70%，县（市、区）财政承担30%；其他地区省和县（市、区）财政各承担50%；对拥有日单班宰杀3万只以上家禽能力的大型禽产品加工企业，在2014年3月1日至5月30日收购当前本省压栏活禽并加工的禽产品冷藏，省财政将给予每月每吨80元的补助，补助期为6个月。

如果政府在补贴标准上存在差异，通常必将影响到企业的公平竞争。首先，单位额度获得较多补贴的企业在产品定价上往往拥有更多的市场竞争优势，通常表现为更为低廉的价格；低廉的价格通常可以帮助企业获得更多的市场份额，使其具有较强的市场势力，而这又使这类企业更具有进行价格战的优势。“价格竞争是回应市场竞争的一种手段，尤其对于市场势力强的公司更是如此。由于市场势力较强公司本身经营规模较大，产品的单位成本更低，因而通过价格竞争，在产品技术条件差异不大的情况下，可以将高成本公司挤出市场，从而使自身在竞争中处于有利位置。”[①]其次，单位额度获得较多补贴或者补贴期限较长的企业，在计算单位与统计数量具有可比较性的情况下，意味着获得的政府补贴总额较多，它们获得的投资回报也就更多。如前面所言，政府补贴无论在财务会计上还是在同期事实上都构成企业的收入，甚至在有些行业政府拨款、财政贴息或者税收返还成为企业的唯一利润来源。很多国家的实践充分证明，对于获得投资回报越多的企业而言，它们在后续的产品研发、产品宣传、产品销售等上越具有竞争优势。

因此，政府必须在补贴标准上尽量保持统一。补贴标准统一不仅应当考虑形式统一，而且应当考虑实质统一。在有些情况下，补贴标准的形式统一可能会影响到企业在相关市场的公平竞争。例如，中央政府在对处于不同地区特别是东部与西部但是可能属于同一个相关市场上的企业采用每个计算单位相同

---

① 王亮亮、任保全：《市场势力、行业结构与价格竞争——基于A股上市公司的实证分析》，载《财经经济》2014年第2期。

的单位额度进行补贴,如果这些政府补贴在生产要素上因地区差异导致货币购买力出现产品物理特性、运输损耗、运输费用等无法抵消的显著性差异时,①这将会影响不同地区的企业在同一个相关市场上的公平竞争,特别是产品的价格竞争。在这种情况下,政府在补贴标准的统一上应当需要考虑实质统一,即可能不同地区的企业在每个计算单位上的单位额度应当出现不同幅度的差异。相对于形式统一而言,补贴标准的实质统一较为复杂,它需要政府事先调研和考虑到补贴对象的市场各种因素;如果任何一个因素的考虑不周全,这将很有可能导致政府补贴在补贴标准上出现实质性的不公平问题。从目前的实践来看,补贴标准的实质统一主要应当在针对不同地区的企业进行的中央补贴;地方政府进行的地方补贴原则上保持形式统一,需要考虑实质统一的情形基本没有。

2. 补贴标准应当科学

虽然政府补贴客观上能够增加企业的收入,但是政府补贴并不是纯粹为了增加企业收入。根据实践来看,政府补贴在大多数情况下系服务于产业政策或者其他政策。因此,政府不仅应当在补贴标准上起码统一,而且应当在补贴标准上尽量科学。如果政府在补贴标准上缺乏科学性,则很可能导致类似钢铁行业早些年出现的政府调控失灵问题。②

---

① 例如,因为西部地区的生活水平相对东部沿海城市特别是北京、上海、广州而言较低,所以人力资源的成本相对具有很大的优势,相同额度的政府补贴必然在一定程度上影响到不同地区企业的产品定价以及投资回报等初始格局,如果补贴对象的产品在加上运输费用等其他事项内容后到达东部地区仍然具有价格优势,则这就会影响到不同地区的企业在相关市场上的公平竞争。

② 目前,政府已经及时调整了钢铁行业的政府调控措施。国务院《关于化解产能严重过剩矛盾的指导意见》(国发〔2013〕41 号)决定:分解落实年度目标,在提前一年完成"十二五"钢铁、电解铝、水泥、平板玻璃等重点行业淘汰落后产能目标任务的基础上,通过提高财政奖励标准,落实等量或减量置换方案等措施,鼓励地方提高淘汰落后产能标准,2015 年年底前再淘汰炼铁 1500 万吨、炼钢 1500 万吨、水泥(熟料及粉磨能力)1 亿吨、平板玻璃 2000 万重量箱。"十三五"期间,结合产业发展实际和环境承载力,通过提高能源消耗、污染物排放标准,严格执行特别排放限值要求,加大执法处罚力度,加快淘汰一批落后产能。中央企业在淘汰和退出落后产能方面要发挥示范带头作用。完善激励和约束政策,研究建立过剩产能退出的法律制度,引导企业主动退出过剩行业。分行业制修订并严格执行强制性能耗限额标准,对超过能耗限额标准和环保不达标的企业,实施差别电价和惩罚性电价、水价等差别价格政策。产能严重过剩行业项目建设,须制定产能置换方案,实施等量或减量置换,在京津冀、长三角、珠三角等环境敏感区域,实施减量置换。项目所在地省级人民政府须制定产能等量或减量置换方案并向社会公示,行业主管部门对产能置换方案予以确认并公告,同时将置换产能列入淘汰名单,监督落实。鼓励各地积极探索政府引导、企业自愿、市场化运作的产能置换指标交易,形成淘汰落后与发展先进的良性互动机制。

表3　2005～2010年国内钢铁行业产能过剩的政府调控与实际效果

调控文件	调控目标	调控结果
《钢铁工业控制总量、淘汰落后、加快结构调整的通知》(2005年)	"十一五"期间,钢的生产能力力争控制在4亿吨左右,淘汰1亿吨落后炼铁生产能力、5500万吨落后炼钢能力	2006年:约4.7亿吨 2007年:4.89亿吨 2008年:6.6亿吨 2009年:超过7亿吨 2010年:约8亿吨
《关于钢铁工业控制总量淘汰落后加快结构调整的通知》(发改工业〔2006〕1084号)	严格控制钢铁工业新增产能,加快淘汰落后生产能力,"十一五"期间,淘汰约1亿吨落后炼铁能力,2007年前淘汰5500万吨落后炼钢能力等,2006年淘汰落后产能工作要取得实质性进展	
国务院《关于进一步加强淘汰落后产能工作的通知》(国发〔2010〕7号)	2011年年底前,淘汰400立方米及以下炼铁高炉,淘汰30吨及以下炼钢转炉、电炉	
客观评价:国家发改委相关负责人表示,过去所采取的主要政策措施,过多依靠控制和限制审批,总以为控制和限制审批就能够解决产能过剩问题;但几年过去了,产能过剩愈演愈烈①		
原因分析:政府调控主要以高炉容积与生产能力为标准,这非常容易使钢铁企业为了避免政策性关停而不断进行扩大生产规模,从而导致产能不断过剩		

不仅如此,这还可能直接影响到企业的公平竞争。优胜劣汰是市场竞争的基本规律,它主要是通过资源的占有实现的。越是优秀的企业,获得的资源应当越多。尽管这主要指向市场资源,但是它亦包括政府补贴。因此,政府补贴应当更多地流向较为优秀的企业。根据实践来看,补贴标准的择用对此有着很大的影响。以钢铁行业为例:如果政府补贴以高炉容积与生产能力为标准实施,这些资源未必被低污染、低排放、高科技的钢铁企业所获得,不少高污染、高能耗、低技术的钢铁企业恰恰可能因此获得更多的政府补贴;如果政府补贴根据环保、能耗、科技等因素标准实施,则这些资源将会更多地被低污染、低排放、高科技的钢铁企业所获得,高污染、高能耗、低技术的钢铁企业必将难以获得这

① 参见包征宇:《化解产能过剩之钢铁业》,载http://jingji.cntv.cn,最后访问日期:2014年12月28日。

些政府补贴。非常明显，前者情形是有悖于市场公平竞争精神，比较容易导致“劣币驱逐良币”格局；而后者情形高度契合市场公平竞争精神，可以有效保持“良币驱逐劣币”状态。所以，政府在补贴标准上应当尽量科学。

本章小结

商业化的经营者在争夺市场资源过程中，进行的激烈竞争所涉内容是方方面面的。“澳版”竞争中立政策与“OECD 版”竞争中立政策，针对国有企业与私营企业公平竞争问题而重点突出的税收中立、监管中立、债务中立、政府补贴中立、公共采购中立等只是其中影响较大的事项。作为一项非常重要的经济政策，竞争中立政策的内容必须全面、系统，这不仅包括政策的作用对象（全体经营者），而且包括政策的约束规范（行为准则）。根据市场营销学的竞争战略理论，影响企业市场竞争的所有因素可以系统归口为三大内容，即交易机会、经营负担与投资回报。交易机会的潜在性是企业参与市场竞争的前提，而经营负担的高低性则牵制企业能否将这些潜在的交易机会转化为现实的商业合同，投资回报的多寡性则影响企业的最终存续。交易机会、经营负担与投资回报的系统作用内化呼应市场竞争的自然规律，优胜劣汰引发的市场进入与市场退出便成为一种常态。因此，我们在充分吸收“澳版”竞争中立政策、“OECD 版”竞争中立政策的基础上提出了针对全体经营者的限制政府干预的三大行为准则，即交易机会中立、经营负担中立与投资回报中立。交易机会中立是“中版”竞争中立政策的第一行为准则，它具体包括两个方面，即市场进入中立与政府采购中立。前者要求政府在企业的经营资质赋予、业务市场拓展、商业合同缔结上保持中立，确保它们能够公平地争夺市场“内在”提供的交易机会；后者要求政府在政府采购的开放对象、信息公开、参与方式、评选机制上保持中立，确保企业能够公平地争夺政府“外在”提供的交易机会。经营负担中立是“中版”竞争中立政策的第二行为准则，它具体包括两个方面，即强制性负担课征中立与协商性负担消减中立。前者针对政府方面单边施加的诸如税收、监管、社会责任等强制性负担，后者针对市场方面合意施加的譬如贷款融资、违约责任、侵权责任等协商性负担。投资回报中立是“中版”竞争中立政策的第三行为准则，它重点强调两个方面，即价格规制中立和政府补贴中立。价格规制中立要求政府必须依据我国《反垄断法》公平地规制具有市场支配地位的经营者“以不公平的高价销售商品”或者“以不公平的低价购买商品”，确保所有企业能够公平地获得市场利润;政府补贴中立要求政府在利用公共财政对企业进行补贴过程中必须公平实施,确保所有企业能够公平地获得政府补贴。行为准则的系统性与全面性,确保了"中版"竞争中立政策在中国(上海)自由贸易试验区等地域/领域付诸实施的可用性程度。

第三章　竞争中立政策的适用除外

第一节　非市场化领域的政府管理

竞争中立政策的施用基础——领域市场化，决定了竞争中立政策只适用于市场化领域。根据各国的实践来看，非市场化在整体上有两种类型，即绝对非市场化和相对非市场化。绝对非市场化领域的政府管理完全超出竞争中立政策的管束范围，而相对非市场化领域的外资禁入、国家安全审查等政府管理属于竞争中立政策的适用除外范畴。

一、绝对非市场化领域的政府管理

绝对非市场化领域是指相应资源的配置直接由政府以公权力作出命令的方式进行统筹安排的领域，如军事防务、公立教育、财政转移、社会保障等，这些领域的政府管理不受竞争中立政策的管束。

（一）军事防务的政府管理

军事建设关系到国防根基，国防强弱决定国家命运。因此，美国、俄罗斯、日本、德国以及我国等几乎所有的国家都投入大量的资源进行国防建设，这突出表现在各国的军费总额及其军费占 GDP 比重。① 根据财政

---

① 相应图表及数据均引用自凤凰网军事栏目“聚焦2014年中国军费”，载 http://news.ifeng.com，最后访问日期：2014年8月1日。

部向十二届全国人大二次会议提交的《关于2013年中央和地方预算执行情况与2014年中央和地方预算草案的报告》,我国2014年的军费预算约8082亿元人民币,较2013年的7202亿元人民币上涨了12.2%。

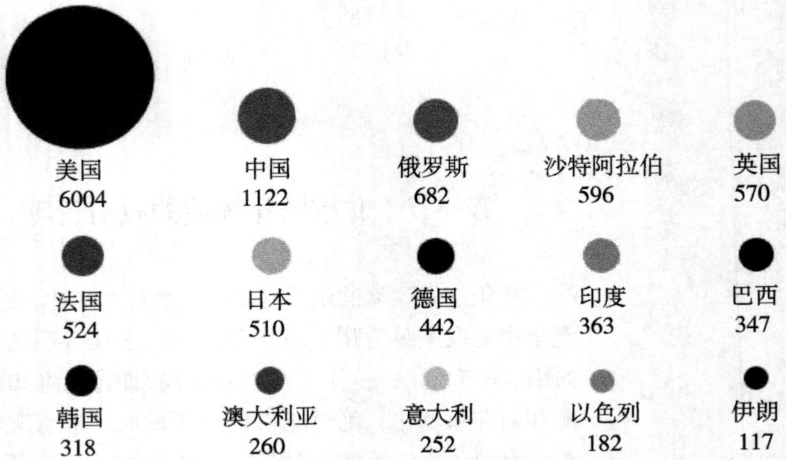

图2 2013年全球军费前15位的国家(亿美元)

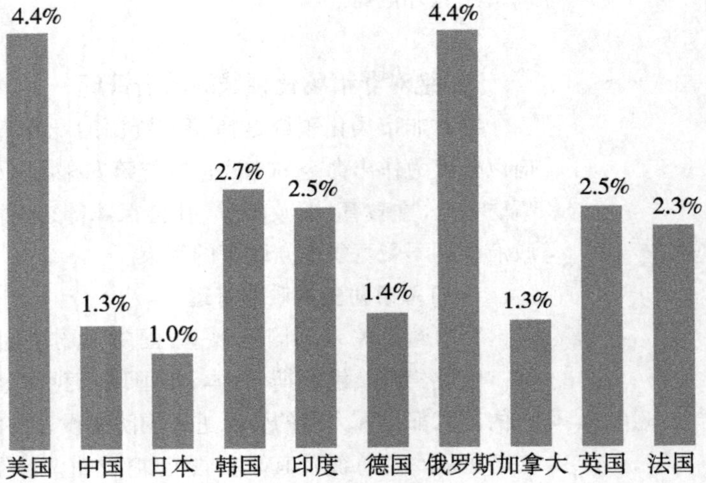

图3 各国军费占GDP比重

尽管军费的使用客观上会影响到不同行业的发展,如若政府将军费较多地投向空军建设,则航空工业通常获得较大的发展;若政府将军费较多地投向海军建设，则造船工业通常获得较大的发展；若政府将军费较多地投向陆军建设，则装甲工业通常获得较大的发展。然而政府在以军费的使用为代表的军事防务上进行的管理无须保持中立，政府可以根据军事防务的发展需求采取任何非均衡性的举措。除军队体制内部的武器研发、装备、训练等之外，即便是面向企业的军事采购，政府亦可以采取非普惠性、定向性的扶持政策。对此，军事经济学院政委马建国深刻地指出："军事采购不是独立的市场行为。为更好地保障国防利益，需要对国防工业进行扶持和给予军事采购国家政策优惠，需要相关部门进行统一管理，按照法规提供优惠政策和良好服务。如国家税务、价格部门对军事采购活动的组织实施，提供税收、价格等方面的优惠政策和良好服务，对国防工业进行政策、税收、价格等方面的扶持；在市场采购无法满足重大军事行动需要时，经国家有关部门审批，军队可直接动用国家战略储备物资；国家对承担军事采购应急保障任务的供应商，实行必要的经济补偿，等等。"①因此，各行各业的企业无权指控政府在军事防务管理过程中实施的（合法）非中立措施有悖于市场公平竞争原则。

（二）公共教育的政府管理

百年大计，教育为本。各国都非常重视教育事业，持续投入大量的资源推动本国教育事业的发展。根据教育部国家统计局财政部《关于2013年全国教育经费执行情况统计公告》（教财〔2014〕4号）：2013年我国教育经费总投入为30,364.72亿元，比2012年的27,695.97亿元增长9.64%；其中，国家财政性教育经费（主要包括公共财政预算教育经费、各级政府征收用于教育的税费、企业办学中的企业拨款、校办产业和社会服务收入用于教育的经费等）为24,488.22亿元，比2012年的22,236.23亿元增长10.13%；其中，全国公共财政教育支出（包括教育事业费、基建经费和教育费附加）为21,405.67亿元，比2012年的20,314.17亿元增长5.37%；其中，中央财政教育支出3883.92亿元，比2012年增长2.7%。如表4、表5所示，这些教育经费的使用并不是均等的，不同地区往往存在不同程度的差异。②

---

① 宋歆：《马建国代表：加快制定〈军事采购法〉》，载《解放军报》2009年3月8日，第7版。

② 对应图表及数据均来自《教育部国家统计局财政部关于2013年全国教育经费执行情况统计公告》的附件"2013年全国教育经费执行情况统计表"。

表 4　各级教育生均公共财政预算教育事业费增长情况(续)

单位:元,%

地区	普通小学			普通初中			普通高中		
	2012 年	2013 年	增长率	2012 年	2013 年	增长率	2012 年	2013 年	增长率
全国	6128.99	6901.77	12.61	8137.00	9258.37	13.78	7775.94	8448.14	8.64
北京市	20, 407.62	21, 727.88	6.47	28, 822.01	32, 544.37	12.91	31, 883.79	36, 763.03	15.30
天津市	14, 718.04	15, 447.39	4.96	20, 796.76	22, 840.57	9.83	17, 666.55	21, 103.92	19.46
河北省	4785.98	4936.80	3.15	7252.09	7470.83	3.02	7040.76	7105.34	0.92
山西省	5815.94	6417.16	12.06	6638.19	7765.15	16.95	7358.44	7121.26	-3.22
内蒙古自治区	8896.05	9837.99	10.59	10, 207.12	11, 414.81	11.83	10, 068.71	10, 670.59	5.98
辽宁省	8067.13	8304.58	2.94	11, 489.26	11, 462.64	-0.23	8979.98	8960.43	-0.22
吉林省	8694.48	9174.47	5.52	10, 515.17	11, 451.44	8.90	7582.79	7882.03	3.95
黑龙江省	7893.87	8895.02	12.68	8689.44	10, 334.05	18.93	7518.25	8217.32	9.30
上海市	18, 543.78	19, 518.03	5.25	23, 771.86	25, 445.47	7.04	27, 271.01	30, 593.83	12.18
江苏省	9548.08	10, 584.64	10.86	12, 479.57	15, 140.80	21.32	10, 793.22	12, 788.19	18.48
浙江省	8197.65	8874.54	8.26	11, 500.02	12, 617.07	9.71	9869.79	12, 192.62	23.53
安徽省	5587.19	6437.96	15.23	7457.25	8830.00	18.41	6685.41	7039.90	5.30

续表

地区	普通小学			普通初中			普通高中		
	2012 年	2013 年	增长率	2012 年	2013 年	增长率	2012 年	2013 年	增长率
福建省	6747.47	7522.51	11.49	9231.83	10,510.97	13.86	7617.38	8718.26	14.45
江西省	4848.60	5817.11	19.98	6536.06	7882.12	20.59	7269.71	8587.12	18.12
山东省	6094.82	6642.19	8.89	9308.07	10,171.24	9.27	8726.34	8972.57	2.82
河南省	3458.02	3913.95	13.18	5761.78	6453.79	12.01	5312.60	5617.66	5.74
湖北省	4817.88	5408.12	12.25	7328.46	8543.48	16.58	5275.12	6277.74	19.01
湖南省	4892.59	5721.18	16.94	8145.90	8835.38	8.46	6142.89	6543.86	6.53
广东省	5681.33	6742.84	18.68	6116.61	7508.99	22.76	7253.20	8027.72	10.68
广西壮族自治区	4863.70	5472.39	12.51	6361.27	6750.79	6.12	6030.98	6712.68	11.30
海南省	7358.93	8347.48	13.43	8850.70	10,076.82	13.85	10,901.61	10,305.92	-5.46
重庆市	6378.25	6308.70	-1.09	7422.55	7606.65	2.48	6980.82	7418.09	6.26
四川省	6107.61	6822.64	11.71	7024.97	8336.83	18.67	5882.14	6252.92	6.30
贵州省	5038.12	5975.72	18.61	5403.22	6140.45	13.64	6184.97	6312.89	2.07

续表

地区	普通小学			普通初中			普通高中		
	2012 年	2013 年	增长率	2012 年	2013 年	增长率	2012 年	2013 年	增长率
云南省	4979.84	6145.38	23.41	6131.55	7189.98	17.26	6474.77	6802.99	5.07
西藏自治区	11,727.54	12,820.24	9.32	10,632.87	12,783.54	20.23	13,513.53	15,315.65	13.34
陕西省	8747.40	9633.06	10.12	10,502.62	11,358.64	8.15	8303.25	8577.17	3.30
甘肃省	5371.52	6191.50	15.27	6411.44	7494.27	16.89	5868.51	7306.10	24.50
青海省	8037.07	8200.50	2.03	10,062.21	10,494.92	4.30	10,634.95	11,673.77	9.77
宁夏回族自治区	5312.20	6011.26	13.16	7886.81	8479.07	7.51	7771.25	8408.39	8.20
新疆维吾尔自治区	9094.62	10,463.21	15.05	12,022.20	14,549.15	21.02	10,852.88	11,771.52	8.46

表5　各级教育生均公共财政预算教育事业费增长情况(续)

单位:元,%

地区	中等职业学校			普通高等学校		
	2012年	2013年	增长率	2012年	2013年	增长率
全国	7563.95	8784.64	16.14	16,367.21	15,591.72	-4.74
北京市	21,700.90	23,635.72	8.92	47,623.53	47,629.14	0.01
天津市	17,175.20	19,901.89	15.88	21,873.01	23,046.92	5.37
河北省	5942.47	6890.12	15.95	16374.54	12904.36	-21.19
山西省	8019.75	8383.91	4.54	14,196.77	10,941.96	-22.93
内蒙古自治区	11,784.04	11,943.86	1.36	14,678.16	15,356.47	4.62
辽宁省	8027.38	9859.91	22.83	13,145.78	12,493.59	-4.96
吉林省	11,103.10	14,641.32	31.87	16,992.46	12,852.09	-24.37
黑龙江省	9411.16	9780.26	3.92	12,958.10	11,594.71	-10.52
上海市	17,879.89	20,702.80	15.79	30,116.56	30,186.34	0.23
江苏省	8522.50	9736.64	14.25	14,835.94	14,836.89	0.01
浙江省	9555.28	12,712.68	33.04	12,938.29	13,765.91	6.40
安徽省	6420.71	7414.91	15.48	12,152.91	10,102.66	-16.87
福建省	7205.94	9759.55	35.44	13,426.34	11,201.53	-16.57
江西省	5861.06	7218.22	23.16	17,991.99	12,638.40	-29.76
山东省	9493.04	9886.38	4.14	13,437.80	11,545.88	-14.08
河南省	5562.02	5847.00	5.12	11,007.33	10,681.49	-2.96
湖北省	5072.43	6483.74	27.82	11,254.58	12,528.95	11.32
湖南省	7493.77	8769.85	17.03	13,384.89	12,995.41	-2.91
广东省	5886.86	7111.91	20.81	13,225.21	14,186.45	7.27
广西壮族自治区	5722.84	6528.29	14.07	12,450.49	13,382.09	7.48

续表

地区	中等职业学校			普通高等学校		
	2012 年	2013 年	增长率	2012 年	2013 年	增长率
海南省	7613.22	8473.26	11.30	12,176.44	15,164.70	24.54
重庆市	6332.86	7560.24	19.38	13,976.43	12,358.08	-11.58
四川省	7198.93	8146.44	13.16	12,622.00	12,012.40	-4.83
贵州省	6960.62	9060.32	30.17	12,005.79	14,957.26	24.58
云南省	5922.11	8105.25	36.86	22,653.06	12,825.88	-43.38
西藏自治区	13,427.89	15,822.99	17.84	25,106.51	27,378.79	9.05
陕西省	7405.40	8478.92	14.50	12,811.57	12,934.96	0.96
甘肃省	6152.75	6838.57	11.15	11,235.89	10,497.46	-6.57
青海省	8031.31	7674.27	-4.45	19,702.95	16,504.51	-16.23
宁夏回族自治区	6338.02	9067.61	43.07	20,698.16	17,665.66	-14.65
新疆维吾尔自治区	11,932.11	12,741.22	6.78	14,557.47	15,372.47	5.60

中央财经大学党委副书记袁东指出，由教育经费配置差异所导致的培养人才质量问题，必然影响当地经济与社会的发展，需要中央政府不断加大对这些地区教育财政转移支付的力度，不断缩小与全国平均水平的差异。[①] 尽管教育经费特别是公共教育存在的地区差异客观上影响到不同地区企业的发展，包括交易机会的获取（如教学大楼的承建、教学设备的供应等）与人力资源的获得（如高新技术工程师、特种技工、国际性管理人才等）。但是，由于公共教育没有市场化，所以企业无权指控政府在公共教育管理过程中实施的（合法）非中立措施有悖于市场公平竞争原则。

（三）财政转移的政府管理

财政转移，即财政转移支付，它是政府为解决自身组织内部出现的财政失

① 参见王茗辉：《高校教育经费配置不均衡》，载《信报》2011 年 11 月 15 日，第 14 版。

衡而通过一定的形式和途径转移财政资金的活动,具有单方性与无偿性。“中国经济体制改革以前,政府间的财政补贴虽然以不同的形式存在,但是作为真正意义上的财政转移支付制度,是在1994分税制改革中出现的,它是分税制体制的重要组成部分,具有了特定的制度特点。”①分税制财政体制改革后,中央财政逐步建立并完善转移支付制度,形成了一般性转移支付与专项转移支付相互协调的转移支付体系:一般性转移支付是指中央政府对有财力缺口的地方政府(主要是中西部地区)的补助,地方政府可以按照相关规定统筹安排和使用,主要解决基本公共服务均等化问题,资金补助包括均衡性转移支付、革命老区、民族和边境地区转移支付、农村税费改革转移支付、调整工资转移支付以及义务教育转移支付等;专项转移支付是指中央政府对承担委托事务、共同事务的地方政府,给予的具有指定用途的资金补助,以及对应由下级政府承担的事务,给予的具有指定用途的奖励或补助,主要解决外部性、中央地方共同支出责任以及实现中央特定目标问题,主要用于教育、社会保障、农业等方面。②

从我国目前的实践来看,中央财政转移支付呈现非均衡性。仅以西部大开发为例,2012年中央就转移支付了13,628.51亿元,但是相关各省获得的数额却存在不同程度的差异:西藏自治区获得中央转移支付708.47亿元,中央转移支付是本身收入的1097%;新疆维吾尔自治区获得中央转移支付1810.6亿元,中央转移支付是本身收入的199%;青海省获得中央转移支付868.31亿元,中央转移支付是本身收入的271%;甘肃省获得中央转移支付983.06亿元,中央转移支付是本身收入的99.9%;宁夏回族自治区获得中央转移支付412.15亿元,中央转移支付是本身收入的47.2%;陕西省获得中央转移支付526.81亿元,中央转移支付是本身收入的18.8%;内蒙古自治区获得中央转移支付928.71亿元,中央转移支付是本身收入的37.18%;四川省获得中央转移支付3009.8亿元,中央转移支付是本身收入的124.3%;重庆市获得中央转移支付1040亿元,中央转移支付是本身收入的29.8%;云南省获得中央转移支付671.39亿元,中央转移支付是本身收入的29.7%;广西壮族自治区获得中央转移支付1799.22亿元,中央转移支付是本身收入的154.3%;贵州省获得中央转

① 国务院发展研究中心课题组:《中国政府间财政转移支付制度的现状、问题与完善》,载《经济要参》2005年第28期。

② 参见预算司:《中央对地方转移支付情况》,载 http://www.mof.gov.cn,最后访问日期:2015年1月5日。

移支付 1738.4 亿元,中央转移支付是本身收入的 171.43%。① 经验充分表明:中央财政转移支付的多寡与分配不仅直接关系到各个地方经济的发展,而且直接影响各个地方企业的发展;对于后者,这表现在很多方面,如地方政府补贴力度、地方政府采购能力、地方居民消费水平、地方基础设施层级等。虽然如此,但是由于中央财政转移支付等财政转移支付属于非市场性的分配活动,所以企业无权指控政府在财政转移管理过程中实施的(合法)非中立措施有悖于市场公平竞争原则。

(四)社会保障的政府管理

社会保障内容庞大复杂,至少包括社会保险、社会救济、社会福利、优抚安置等。一个国家人口越多,社会保障支出往往越大。1992 年我国社会抚恤、福利和救济支出为 66.45 亿元,占财政支出的 1.78% 和 GDP 的 0.25%;而 10 年后的 2002 年,中国政府财政用于社会抚恤、福利和救济支出 372.97 亿元,加上行政事业单位职工离退休费和各类社会保障补助支出,2002 年狭义的全国社会保障财政支出达到了 2636.22 亿元,占当年财政总支出的 11.95%。② 而根据 2012 年第 34 号公告《全国社会保障资金审计结果》,中国 2011 年社会保障资金支出规模高达 21,100.17 亿元,中央与地方的财政投入达到 7555.34 亿元。③

表 6　2011 年社会保障资金收支和累计结余情况

单位:亿元,%

保障资金类别	收入规模		支出规模		年末累计结余	
	金额	占比	金额	占比	金额	占比
社会保险	26,194.53	92.22	19,070.01	90.37	30,303.72	97.38
社会救助	1856.59	6.54	1718.73	8.15	645.35	2.07
社会福利	350.93	1.24	311.43	1.48	169.52	0.55
总计	28,402.05	100.00	21,100.17	100.00	31,118.59	100.00

① 参见郝鸣电:《中央对西部省份的财政转移支付》,载 http://blog.sina.com.cn,最后访问日期:2015 年 1 月 5 日。

② 参见王延中、龙玉其:《改革开放以来中国政府社会保障支出分析》,载《财贸经济》2011 年第 1 期。

③ 详细情况参见表 6、表 7,对应图表及数据摘自 2012 年第 34 号公告《全国社会保障资金审计结果》。

表7　2011年中央和地方财政投入情况

单位：亿元，%

项目	财政投入合计		中央财政		地方财政	
	金额	占比	金额	占比	金额	占比
社会保险	5391.48	100.00	3271.07	60.67	2120.41	39.33
社会救助	1833.96	100.00	1187.33	64.74	646.63	35.26
社会福利	329.90	100.00	50.36	15.27	279.54	84.73
合计	7555.34	100.00	4508.76	59.68	3046.58	40.32

根据实践来看，这些巨额资金的使用虽然具有普惠性，但是并非均衡。“在现行的社会保障体制下，即使同一保障项目在待遇水平方面也有很大的差距。如机关事业单位同企业之间、中西部贫困地区和东南沿海富裕地区之间、同一地区的不同单位之间的社会保障水平悬殊过大。”①而研究表明：“社会保障制度的地区不公平性，使得本应以促进社会公正为目标的社会保障制度，在我国反而变成了导致社会不平等的来源，反映在对居民消费方式的影响上，就是导致中西部地区居民、农村地区居民以及社会弱势群体消费支出（或生活水平）的下降，换句话说，就是给不同地区、城乡居民的消费支出带来巨大差异。”②这必然在不同程度上影响不同地区的企业发展，特别是企业的营业收入。尽管如此，但是由于社会保障特别是政府主导的并未商业化，所以企业无权指控政府在社会保障管理过程中实施的（合法）非中立措施有悖于市场公平竞争原则。

二、相对非市场化领域的政府管理

相对非市场化领域是指相应资源的配置在特殊情况下政府基于一些事由的考量而临时性、个案性或者永久性、普遍性地不向特定企业开放的领域，这些领域的外资禁入、国家安全审查等政府管理不受竞争中立政策的管束。

（一）相对非市场化及领域

社会资源的配置总体上有两种方式，即政府的“有形之手”和市场的“无形之手”。除少数特殊领域外，政府把大部分社会资源配置交给了市场。但是在

① 程铁军、江涌：《四大理念奠基“社保公平”》，载《瞭望》2010年第37期。

② 纪江明：《转型期我国社会保障与居民消费的地区差异研究》，复旦大学2011年博士学位论文，第1页。

具体做法上又分化为两种情形:绝对市场化和相对市场化。如前面所述,绝对市场化是指在除发生战争、严重对峙、重大自然灾害等特殊事件以外的正常情况下,相应领域的资源配置完全由参与市场竞争的所有经营者根据既定的规则自由进行,政府原则上不会对任何交易进行限制或者禁止之类的干预;相对市场化是指在除发生战争、严重对峙、重大自然灾害等特殊事件以外的正常情况下,部分领域的资源配置并不总是对所有经营者进行开放,政府基于国家安全等因素的考量可能会在一些情形下对特定的交易本身进行限制或者禁止。相对市场化情形对于被限制特别是禁止参与的部分经营者而言,这些社会资源配置呈现出相对非市场化特质。因此,它具有双重属性,即集相对市场化与相对非市场化于一体;相对于绝对市场化而言,其可谓相对市场化;相对于绝对非市场化而言,其可谓相对非市场化。

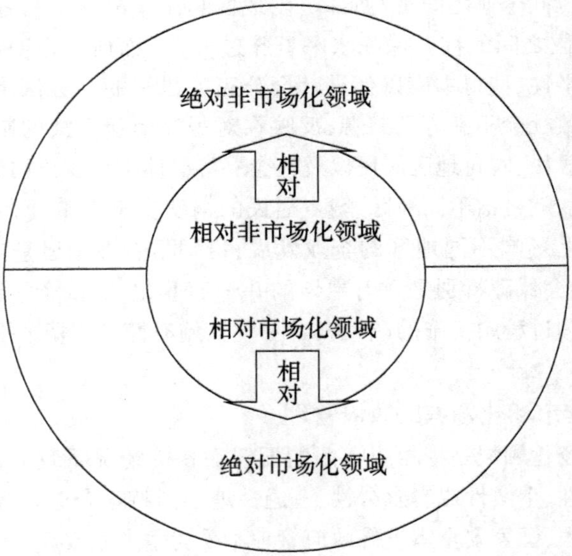

图 4

相对非市场化领域并不是固化存在的,它随着政府采取的外资禁入、国家安全审查等管理措施变化而不断地动态演进。以中国(上海)自由贸易试验区的精制茶制造业为例,根据《中国(上海)自由贸易试验区外商投资准入特别管理措施(负面清单)(2013 年)》规定,所有外资禁止投资我国传统工艺的绿茶及特种茶加工(名茶、黑茶等),但是《中国(上海)自由贸易试验区外商投资准入特别管理措施(负面清单)(2014年修订)》则取消了对绿茶的外资禁入。

表8　《中国(上海)自由贸易试验区外商投资准入特别管理措施(负面清单)(2013年)》精制茶制造业特别管理措施

C15 酒、饮料和精制茶制造业	C151 酒的制造	限制投资黄酒、名优白酒生产(中方控股)
	C153 精制茶加工	禁止投资我国传统工艺的绿茶及特种茶加工(名茶、黑茶等)

表9　《中国(上海)自由贸易试验区外商投资准入特别管理措施(负面清单)(2014年修订)》精制茶制造业特别管理措施

C15 酒、饮料和精制茶制造业	25	限制制投资黄酒、名优白酒生产(中方控股)	C151
	26	投资中国传统工艺的绿茶生产加工须中方控股,禁止投资中国传统工艺的特种茶(白茶、黄茶、乌龙茶、黑茶、紧压茶等)生产加工	C153

(二)外资禁入的政府管理

外资禁入是政府在相对非市场化领域实施的重要管理行为,它较为普遍性地存在各国经济领域。即便在中国(上海)自由贸易试验区,根据《中国(上海)自由贸易试验区外商投资准入特别管理措施(负面清单)(2014年修订)》规定,如表10所示,也还存在不少外资禁入情形。

表10　《中国(上海)自由贸易试验区外商投资准入特别管理措施(负面清单)(2014年修订)》外资禁入情形

部门	国民经济行业分类代码	特别管理措施(禁止情形)
A 农、林、牧、渔业	A	禁止投资中国稀有和特有的珍贵优良品种研发、养殖、种植以及相关繁殖材料生产(包括种植业、畜牧业、水产业优良基因),转基因生物研发和转基因农作物种子、种畜禽、水产苗种生产
	A04	禁止投资中国管辖海域及内陆水域水产品捕捞
B 采矿业	B09M747	禁止投资钨、钼、锡、锑的勘查、开采和稀土、放射性矿产的勘查、开采、选矿
	B10M747	禁止投资萤石勘查、开采

续表

部门	国民经济行业分类代码	特别管理措施(禁止情形)
C 制造业	C153	禁止投资中国传统工艺的特种茶(白茶、黄茶、乌龙茶、黑茶、紧压茶等)生产加工
	C243	禁止投资象牙雕刻,虎骨加工,脱胎漆器、珐琅制品、宣纸、墨锭生产
	C253	禁止投资放射性矿产冶炼、加工
	C267	禁止投资武器弹药制造
	C273C274	禁止投资列入《野生药材资源保护条例》和《中国珍惜、濒临保护植物名录》的中药材加工
	C273C274	禁止投资中药饮片的蒸、炒、灸、煅等炮制救赎应用及中成药保密厨房产品的生产
	C384	禁止投资开口式(酸雾直接外排式)铅酸电池、含汞扣式氧化银电池、含汞扣式碱性锌锰电池、糊式锌锰电池、镉镍电池制造
F 批发和零售业	F518 F524	禁止投资文物拍卖和文物商店
G 交通运输、仓储和邮政业	G563	禁止投资空中交通管制公司
	G601G602	禁止投资经营信件的国内快递业务和投资邮政公司
I 信息传输、软件和信息技术服务产业	I63	禁止投资各级广播电台(站)、电视台(站),广播电视频道(率)、广播电视传输覆盖网(发射台、转播台、广播电视卫星、卫星上行站、卫星收转站、微波站、监测台、有线广播电视传输覆盖网)
	I64	禁止投资新闻网站、网络视听节目服务、互联网上网服务营业场所、互联网文化经营(音乐除外)
	I64	禁止直接或者间接从事和参与网络游戏运营服务
	I65	禁止投资经营因特网数据中心业务

续表

部门	国民经济行业分类代码	特别管理措施(禁止情形)
K 房地产业	K701	禁止投资别墅的建设、经营
L 租赁和商务服务业	L723	禁止投资社会调查
M 科学研究和技术服务业	M731	禁止投资人体干细胞技术开发和应用
	M734	禁止投资基因诊断与治疗技术开发和应用
N 水利、环境和公共设施管理业	N771	禁止投资自然保护区和国际重要湿地的建设、经营
	N771	禁止投资国家保护的原产于中国的野生动、植物资源开发
P 教育	P82	禁止投资义务教育,以及军事、警察、政治、宗教和党校等特殊领域教育机构;禁止投资经营性学前教育、中等职业教育、普通高中教育、高等教育等教育机构
R 文化、体育和娱乐业	R851	禁止投资新闻机构
	R852	禁止投资图书、报纸、期刊的出版业务
	R852	禁止投资音像制品和电子出版物的出版、制作业务
	R86	禁止投资广播电视节目制度经营公司、电影制作公司、发行公司、院线公司
	R882	禁止投资高尔夫球场的建设、经营

虽然外资禁入导致了外资企业无法获得相关市场的潜在交易机会,但是由于这类政府管理行为,系基于国家主权对国家安全等非市场化因素的优先考虑而做出的,因此,除了当事国与外资企业所属国签订了双边或者多边贸易协议并对此进行了特别约定外,它们不受竞争中立政策的制约。

(三)政府的国家安全审查

国家安全审查是政府针对特定的外商投资进行的行政管理,它是各国目前采用的通行做法。美国不仅从 20 世纪 50 年代就开始发布《1950 年国防生产法》(The Defense Production Act of 1950)、《1979 年出口管理法》(Export

Administ ration Act of 1979）等推动对外资的国家安全审查，而且在宣布加入TPP谈判前夕专门出台了《2007 年外商投资与国家安全法案》（Foreign Investment and National Security Act of 2007）强化对外资的国家安全审查。“外资并购交易如果威胁到美国在关键技术领域的世界领先地位，或影响美国的本土就业，都将被视为威胁国家安全。由此可见，美国为其行政审批设定了更为宽泛的范围，也让外国投资者赴美并购的风险大大增加。”①中国海洋石油有限公司收购美国尤尼科石油公司的失败就是这类风险导致的结果：中国海洋石油公司于 2005 年 6 月 22 日宣布，以 185 亿美元全现金收购美国第九大石油公司尤尼科石油公司；6 月 30 日美国众议院以 398∶15 通过了一项不具约束力的法案，以威胁损害美国国家安全为由，敦促布什政府对中海油竞标进行严审；在遭到美国国会的强烈反对之后，中国海洋石油公司于 8 月 2 日宣布退出竞购。②

我国对外商投资的国家安全审查最早明文规定在国务院 2002 年发布的《指导外商投资方向规定》第 7 条，即“属于下列情形之一的，列为禁止类外商投资项目：（一）危害国家安全或者损害社会公共利益的；（二）对环境造成污染损害，破坏自然资源或者损害人体健康的；（三）占用大量耕地，不利于保护、开发土地资源的；（四）危害军事设施安全和使用效能的；（五）运用我国特有工艺或者技术生产产品的；（六）法律、行政法规规定的其他情形”。我国 2007 年颁布的《反垄断法》首次在法律层面上对此作了规定，该法第 31 条规定：“对外资并购境内企业或者以其他方式参与经营者集中，涉及国家安全的，除依照本法规定进行经营者集中审查外，还应当按照国家有关规定进行国家安全审查。”2011 年国务院办公厅发布了《关于建立外国投资者并购境内企业安全审查制度的通知》（国办发〔2011〕6 号），初步建立了外国投资者并购境内企业安全审查制度；安全审查的范围包括：外国投资者并购境内军工及军工配套企业，重点、敏感军事设施周边企业，以及关系国防安全的其他单位；外国投资者并购境内关系国家安全的重要农产品、重要能源和资源、重要基础设施、重要运输服务、关键技术、重大装备制造等企业，且实际控制权可能被外国投资者取得。

---

① 王小琼、何焰：《美国外资并购国家安全审查立法的新发展及其启示——兼论〈中华人民共和国反垄断法〉第 31 条的实施》，载《法商研究》2008 年第 6 期。

② See Joshua W. Casselman, “China’s Latest Threat to the United States: The Failed CNOOC-Unocal Merger and Its Implications for Exon-Florio and CFIUS”, 17 *Ind. Int’l & Comp. L. Rev.* 155 (2007).

各国实践充分表明，国家安全审查客观上将会导致不同外资企业对相同交易机会的获取，出现巨大的人为差异。然而，由于国家安全审查系政府基于国家主权对国家安全这个非市场化因素的优先考虑而做出的，因此，一国政府依法做出的相应裁决对于外资而言不受竞争中立的管束。

第二节　引入竞争机制的政府改革

竞争中立政策的适用前提——竞争有效化，决定了竞争中立政策只适用于市场处于有效竞争的情形，如果一个市场化的领域缺乏有效竞争，那么政府引入竞争机制的改革行为则不受竞争中立政策的管束。

一、竞争不足情形：垄断格局

竞争与市场并非总是天然性的同步存在，市场化的领域因为多种元素的影响可能阶段性地出现竞争不足的情形，局部呈现寡头或者独占的垄断格局。

（一）放松管制初期的市场垄断

管制，即“政府通过法律的威慑来限制个体和组织的自由选择”。[①] 根据管制领域的不同，政府管制可以分为经济管制、政治管制与经济管制。[②] 经济管制主要是指政府对企业在价格、产量、进入和退出等方面的决策进行限制，它的主要手段包括控制价格、控制数量、控制进入与退出以及控制质量等。[③] 政府实施的经济管制特别是进入管制、价格管制一般多存在于电力行业、电信行业、铁路行业、民用航空等自然垄断行业，但是它们不是静止不变的。伴随着科学技术的发展和市场结构的变化，政府通常适时地放松特定领域的经济管制，包括进入管制与价格管制等。例如，1978 年 10 月 24 日美国颁布《民航放松管制法》部分解除对航空市场的政府管制；1989 年美国全面解除民航的价格管制，实行进入与退出、兼并和联盟的自由。在大部分情况下，放松管制通常随即会给市场带来竞争，甚至出现白热化格局。仍以美国民航市场为例，“放松管制后，大量

---

① Alan Stone, *Regulation and Its Alternatives*, Washington, D. C.: Congressional Quarterly Press, 1982, p. 10.

② 参见曾国安：《管制、政府管制与经济管制》，载《经济评论》2004 年第 1 期。

③ 参见[美]W. 吉帕・维斯库斯等：《反垄断与管制经济学》（第 3 版），陈甬军等译，机械工业出版社 2004 年版，第 172～173 页。

航空公司涌入航空运输市场。1978～1986年,共出现198家新航空公司,但同时期共有160多家航空公司破产、倒闭或被兼并”。[①]“数据显示,从1978年到1996年,美国的平均机票价格下降32.2%,而在没有新航空公司加入的航线中仅下降14.7%;在西南航空进入的情况下,机票价格下降54.3%。”[②]

但是在少数情况下,即便是放松进入管制也未立即使得相关市场充满竞争,甚至可能出现先前的寡头或者独占格局在一段时间内得以持续存在。以日本的电信行业为例,虽然日本在1985年颁布了《电气通信事业法》放松了内资的进入管制,在1998年取消了对外资进入电信运营业的禁令:除了对外资进入NTT集团和KDD公司有所限制之外,[③]外资进入其他运营商已经全面放开;但是直到20世纪90年代特别是日本电信集团的出现,才实质性地打破放松管制之前的市场格局:在《电气通信事业法》颁布之前,日本的电信市场处于垄断经营阶段,NTT垄断经营本地电话和国内长途电话市场,而KDD则垄断国际电话业务市场。这种现象的出现并非偶然,以下因素的单体作用或者叠加影响可能导致这种格局发生:第一,技术因素,即放松管制的市场对进入者在技术上有较高的要求,如果拟进入该市场的企业没有或者无法获得相应的技术,则难以在短期内迅速进入这个市场;第二,资金因素,即放松管制的市场对进入者在资金上有着较高的要求,如果拟进入该市场的企业在短期内无法筹集足够的资金进行投资,则难以在短期内进入这个市场;第三,人才因素,即放松管制的市场对进入者在人才上有着特定的要求,如果拟进入该市场的企业无法满足人力资源的刚性需求,则难以在短期内进入这个市场;第四,设备因素,即放松管制的市场对进入者在设备上有着特殊的要求,如果拟进入该市场的企业没有或者无法获得这些必要设备,则难以在短期内进入这个市场。

(二)长期竞争导致的市场垄断

优胜劣汰是市场竞争的基本规律,在市场进入条件较低的环境下,潜在竞

---

① 胡玉敏、杜纲:《美国民航放松管制的效应及其新问题》,载《生产力研究》2008年第10期。

② 李小群:《低成本航空风行全球》,载《人民日报》2014年5月7日,第23版。

③ 由于NTT集团的特殊地位,日本专门制定了《NTT法》来对NTT公司进行管制。在《NTT法》中对NTT集团的股权结构作了如下规定:政府至少要拥有NTT集团1/3的股份;外国公司和法人在NTT集团的投票权应限制在1/5以内。2001年3月,拥有NTT集团股权的外国公司和法人达2,641,729个,占16.42%,符合《NTT法》的规定。随着日本电信市场的进一步对外开放,《NTT法》将会进行修改,有可能将外资持股比例由1/5提高到1/3。参见覃庆玲:《日本电信市场发展情况介绍》,载《通信世界》2003年第6期。

争对手可以相对随意地不断进入,有效地填补了“劣汰”空位,从而使市场能够持续处于有效竞争状态。这在很多市场进入门槛较低的行业表现得非常明显,除了塑料制品行业、厨具行业、普通包装行业等外,服装行业应当最为典型。经过30多年的发展,我国服装行业已经成为国民经济的重要支柱产业,服装市场的竞争在诸多企业的进进出出过程中,持续升温并呈现出较为稳定的常态化格局。根据国家统计局统计,2013年服装行业规模以上企业有15,212家,累计实现主营业务收入19,250.91亿元,同比增长11.29%,利润总额1141.09亿元,同比增长9.83%,主营业务收入和利润总额增速较2012年分别提高0.7和-0.33个百分点;2013年东部地区服装行业规模以上企业完成服装产量215.86亿件,同比下降0.87%,占全国服装总产量比重的79.65%,下降1.72个百分点;中、西部地区产量同比分别增长10.16%和15.48%,占全国服装总产量比重分别提升1.48和0.24个百分点;如图5所示,地区间企业竞争持续加剧,但东部地区仍然占据主导地位。①

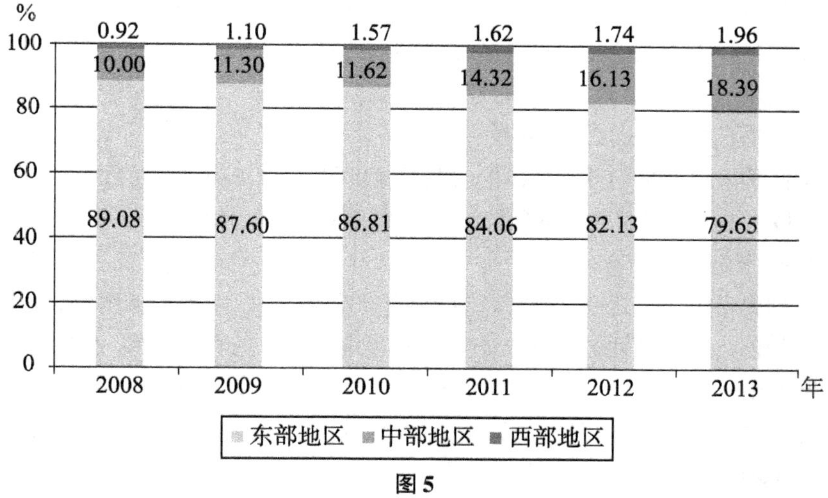

图5

如果因为技术、资金、人才、品牌、销售渠道等因素的作用使市场进入存在较高的门槛导致“劣汰”空位无法得到有效填补,以优胜劣汰为基本规律的市场竞争通常会在一个相对不长的周期内催生出垄断市场;它在多数情况下表现为

① 参见中国服装协会:《2013年服装行业经济运行概况》,载http://www.dnaerp.com,最后访问日期:2015年1月20日。

寡头市场,在极少数情况下呈现出独占格局。这在很多存在市场进入门槛的行业同样表现得非常明显,仅以硬盘市场为例:硬盘行业起步于20世纪70年代初期,1973年IBM推出了Winchester硬盘,首次采用Winchester密封结构,这是我们现代硬盘的原型。诚如,中国商务部在《关于附加限制性条件批准西部数据收购日立存储经营者集中反垄断审查决定的公告》所言:"调查发现,知识产权及其他专有知识对硬盘行业至关重要,特别是非知识产权的核心技术、工艺流程和技术队伍构成进入该市场的实质性障碍。规模经济在相关市场中同样重要,新进入者如无法达到一定的生产和销售量则无法生存,而要达到相应规模则需要高额的生产、研发和市场开拓投资,潜在风险巨大。近十年来,没有新的竞争者进入相关市场。据此,商务部认为硬盘市场进入难度很大。"①较高的市场进入门槛使硬盘市场在激烈的竞争中逐步走向高度集中,寡头市场日渐浮现。"数据显示,在全球硬盘业务市场,近20年来市场集中度不断提高。此次收购前,硬盘市场上仅存希捷、西部数据、日立存储、东芝和三星5家生产商。业内认为,在两大并购之后,全球硬盘生产商从原来的5家减少到3家。未来全球硬盘市场上将是希捷与西部数据之间的对垒了。"②

二、增强竞争方式:引入对手

哈佛学派的SCP范式和各国的实践经验表明,打破寡头或者独占垄断格局基本方式应当是向市场引入足够数量对手,以此能够基础性地增加市场竞争强度。

(一)市场自然孕育模式

正如史学家司马迁在《史记》"货殖列传"篇章中所言:"天下熙熙,皆为利来;天下攘攘,皆为利往。"企业参与市场竞争的根本目的在于获利,而且是竭力追逐利润最大化。因此,垄断格局中的独占企业或者寡头企业,通常有强烈的冲动进行提价且往往付诸实际行动。这除了可能招致竞争执法机构的反垄断调查或者消费者提起的反垄断民事诉讼外,③还必然招致潜在进入者的"觊觎"与"窥视"。当处于垄断状态的市场出现资本利润率大幅高于其他行业时,通常将会吸引数量不等的企业进入该领域。所以,市场在优胜劣汰的竞争中走向垄

---

① 商务部公告2012年第9号。

② 索冬冬、段郴群:《全球硬盘市场大洗牌》,载《广州日报》2011年12月14日,第A8版。

③ 可能面临的指控主要是反垄断法所禁止的滥用市场支配地位中的"以不公平的高价销售商品或者以不公平的低价购买商品"。

断而又在企业追求利润最大化的过程中由垄断走向竞争，只是每个市场需要历经的周期可能存在较大差异，市场进入门槛较高的市场通常比市场进入门槛较低的市场需要的周期更长，有些可能至少需要数十年的时间。

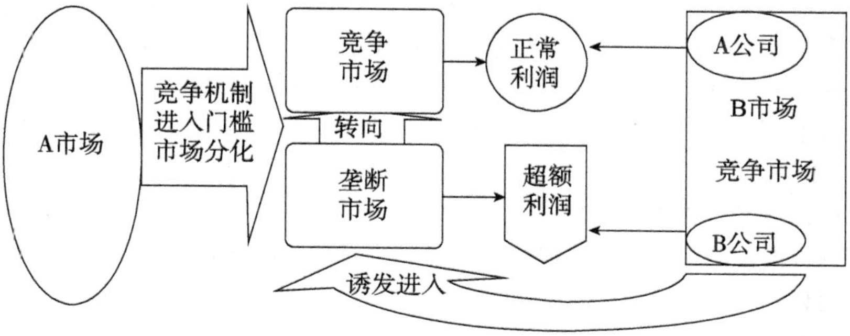

图6　市场自然孕育模式

根据实践来看，市场利用企业追逐利润最大化的自然规律引入竞争对手，主要是通过两种路径来进行的，即代内产品更替和代际产品革新。产品是企业参与市场竞争的核心载体，除传统的4P营销理论外，现代的5C营销理论以及5S营销理论都充分说明了这点并以此为中心进行营销设计。优胜劣汰导致的竞争走向垄断情形一般都是发端于产品基本进入成熟期的市场，规模化、整体化、白热化的市场交锋使产品功能、质量、价格等占优的企业逐步掌控市场，而劣势的经营者则不得不逐步退出市场；但是如果在位厂商在现行产品没有进行升级换代的情况下仅以目前市场处于独占或者寡头状态而实施利润最大化行为，这将会在不同程度上招致先前退出市场的企业重新返场或者新的企业进入，尤其是在市场进入门槛很低的领域。这种情形即代内产品更替，它是市场引入对手破解阶段性垄断的基本路径，对于产品没有升级空间的市场而言是非常重要的。零售市场、物流市场、服装之类的代工市场等周期性出现的市场退出与进入事件，都是代内产品更替的现实表现。而代际产品革新则是通过产品的升级换代来基本或者彻底结束一个产品的生命周期，而开启另一个新产品的生命周期，并就此使先前被基本或者彻底结束生命周期的产品的市场业已存在的垄断格局失去现实意义。① 以现代通信工具市场为例：截至目前，产品基本经

① 代际产品革新在通常情况下呈现出新的垄断（产品引入期的创新者）替代旧的垄断，两者的碰撞在性质上属于更深层次的竞争，且前者更容易引发新的市场进入，促进市场有效竞争。

历了寻呼机→蓝屏手机→彩屏手机→智能手机4个阶段,而每次相应的代际产品革新都使得先前的市场垄断在很大程度上失去了经济价值;最为典型事例就是苹果与三星发起的智能手机革命,基本一举击垮了诺基亚先前在非智能手机市场的霸主地位。“这一变化不仅意味着诺基亚手机在Android系统上的尝试宣告终结,同时也代表了其他以诺基亚名称出现的产品也将被Lumia这个品牌所代替。另外,诺基亚品牌之前还存在的Asha系列、功能机产品,也将面临停产,也就是说诺基亚这个品牌名将越来越少出现在手机产品上,直至完全消失。”①

(二)政府人工培育模式

耦合市场的发展需求决定了政府在干预市场过程中应当扮演多元角色,除依法履行管理者的基本职能外,政府还可以成为市场的投资者。虽然大多数国家实施的政府投资基本发生在铁路基建、城市路政、农业水利等公共产品供给领域,但是并不排除、限制或者禁止政府对其他领域的投资,包括食品、服装、旅游等之类的竞争性市场。因此,政府投资无论是在理论上还是实践上,都具有普遍性。这就为政府人工培育模式提供了存在空间,即政府可以通过直接设立市场化的企业来向出现独占或者寡头垄断格局的市场引入竞争对手。尽管各国在具体的投资架构与管理体制上存在不同的做法,②然而利用政府人工培育模式向特定领域引入竞争却是世界通行做法。美国、英国、日本、德国、澳大利亚等都采用过这种做法,我国亦是如此,而且采用得更为频繁、普遍。这不仅表现在较为庞大的国有企业数量上,而且表现在多个领域引入市场竞争机制的放松管制改革上。根据财政部企业司的数据:2013年全国独立核算的国有法人企业15.5万户,同比增长5.8%。中央企业5.2万户,同比增长7.2%;其中,中央部门企业9988户,同比增长8.2%;国资委监管企业3.8万户,同比增长7.6%;

① 《诺基亚手机或将退出市场》,载《城市快报》2014年7月20日,第13版。

② 政府投资设立企业涉及国有资产管理问题。世界各国对经营性国有资产的管理模式因国情不同,存在许多差异,大致说来,主要有以下几种典型的管理模式:(1)以控股机构为中心的管理模式,其基本特点是,政府主管部门通过设置大型控股公司来实现对国有资产的管理,在大型控股公司之下一般还设有专业控股公司,具体管理和经营所属企业,这样就形成了一个控股公司体系,意大利是实行这种管理模式的代表;(2)以财政部为核心的管理模式,其基本特点是,由财政部作为国有资产的所有者代表,对各行各业的国有企业进行统一管理和监督,德国是以财政部为核心的管理模式的代表,类似的还有英、法、美、日等国;(3)以综合协调机构为中心的多部门管理模式,印度是这种管理模式的代表。详情参见《国外国有资产几种典型的管理模式》,载http://www.sasac.gov.cn,最后访问日期:2015年1月23日。

财政部监管企业3614户,同比增长0.8%。地方国有企业10.4万户,同比增长5.1%;其中,省级4.2万户,同比增长5%;地市级1.6万户,同比下降4%;县级及以下有4.5万户,同比增长9%。① 在这些庞大的国有企业群体中,不少是政府为了引入市场竞争、推动行业改革而专门设立或者重组的,如中国联通、中国移动、中国电信等,它们对推动中国电信行业的市场改革起到了非常重要的作用。如图所示,经过多年的政府改革,中国电信行业从先前的完全垄断市场开始逐步走向竞争性的市场。

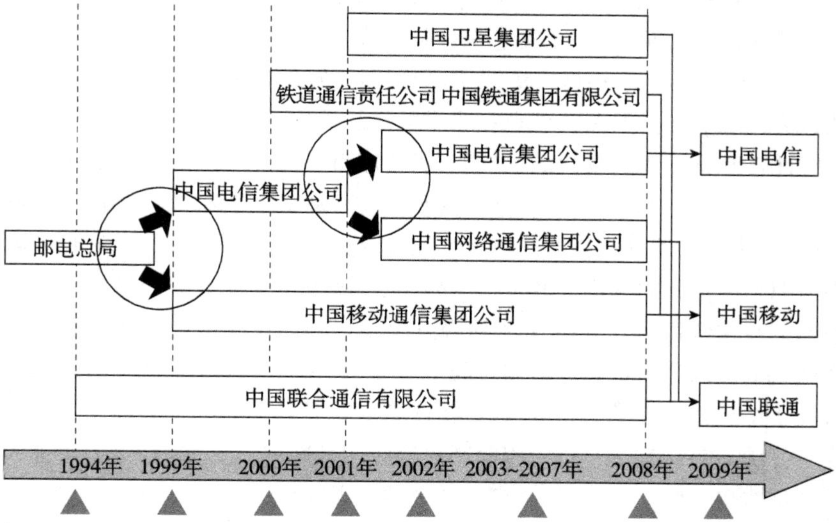

图7

三、政府潜在选择:价值取向

为了满足经济发展效率最大化的现实需求,政府在有些情况下会通过政府人工培育模式来打破特定市场的垄断格局,这在政府放松管制的自然垄断行业表现得尤为明显。

(一)效率化的不对称扶持

虽然相关市场出现的垄断格局可以通过市场自然孕育模式进行破除,但是

① 《财政部发布2013年全国国有企业财务决算情况》,载http://qys.mof.gov.cn,最后访问日期:2015年1月24日。

这种做法未必总是有效的。当呈现寡头或者独占垄断格局的市场进入门槛/壁垒较高,这通常意味着潜在的进入者需要更多的时间才能进入或者真正进入相关市场。时间越长,市场运作的效率也就越低。因为垄断通常伴生性地带来各类损失,“垄断影响社会福利,这一观点早为人们接受”。[①]“垄断造成的社会福利的损失至少有两种情形。一种是包括消费者剩余和生产者剩余在内的整个剩余的损失;另一种是所谓的X非效率,即垄断者由于处于垄断地位而丧失了追求成本最小化和利润最大化的动力,致使垄断企业的平均生产成本高于最低可能成本。在剩余损失中,尽管垄断厂商因提高价格而使生产者剩余增加,但消费者剩余减少得更多,整个剩余因较高的价格、较低的产量而产生无谓损失(deadweight loss)。而X非效率则完全是社会资源的浪费。”[②]除此以外,一些寡头或者独占垄断的垄断客观存在诸多的体制性壁垒,纯粹依赖市场的自身力量是很难甚至根本无法解决的。例如,当特定市场的业务开展必须以某项必要设施为基础,而这项必要设施先前因为政府的市场进入管制而被在位的厂商所独占时,如果政府不介入强制这些必要设施进行有效共享或者资产划转或者政府不采取措施扶持新的进入者进行另行建设,相关市场的垄断格局通常是很难打破的。在这些情况下,基于经济发展的效率考虑,政府往往会通过政府人工培育模式来引入竞争机制。根据实践来看,政府在这个过程中往往会采取一些不对称扶持措施,我国电信行业的经济改革应当是这个方面的典型示例。1994年为了打破垄断、引入竞争,中国联通获得政府批准成立。“在联通公司进入的移动通信市场,邮电部门大幅降低了入网费和资费,但电信市场并没有形成规模竞争。”[③]对此,政府除了先后陆续采取分拆了中国电信等措施外,还时不时倾斜性采取措施扶持中国联通。时至今日,这种情况依然还客观存在。例如,在财政部发布的《关于完善中央国有资本经营预算有关事项的通知》(财企〔2010〕392号)附件《中央企业国有资本收益收取比例分类表》中并未出现中国联通,这实际上是一种政策的扶持和倾斜。专家指出,“从产业发展的角度和市场平衡的角度看,中国联通与另外两家运营商相比,其市场竞争水平还处于弱势地位。2010年中国联通在3G网络建设和市场拓展方面的持续投入致使其

---

① 刘志彪、姜付秀:《我国产业行政垄断的制度成本估计》,载《江海学刊》2003年第1期。

② 李锋:《我国现存垄断行业导致严重的社会福利损失》,载 http://www.macrochina.com.cn,最后访问日期:2015年1月27日。

③ 蔡毅:《对中国电信业改革的思考》,载《当代通信》2004年第4期。

财务方面的表现差强人意,为了促进市场竞争,扶持弱势运营商也是其豁免上缴红利的一个重要因素。这实际上是国家除了直接拨款以外的另外一种资金扶持方式,如2008年,国资委决定直接从中国移动划拨500亿元给中国联通,作为中国电信购买C网的付款,这同样也是一种政策扶持和促进市场平衡的方式"。[①] 实践经验充分表明,适时采取一些不对称的扶持措施对于特定情形的竞争引入是非常必要的。但是显然这种做法至少在形式上是有悖于公平原则,受益对象获得的额外扶持必然在等量内容上对于竞争对手而言取得非市场化的局部优势,势必在不同程度上影响这些企业在相关市场上的竞争过程甚至结果。但是由于政府采取这类行为的背景是相关市场处于缺乏有效竞争状态,且政府采取的这类行为客观在于创造竞争,其道义不仅与竞争中立政策同向,而且视野高于竞争中立政策。因此,它们不受竞争中立政策的约束。

(二)效率化的非压制扶持

但是值得指出的是,政府采取的非对称性扶持措施通常是而且应当是非压制性,即原则上不去刻意打击被扶持对象的竞争对手。以英国电信行业的早期改革为例:20世纪80年代初,英国的邮政和电信还是统一由国有企业英国邮政局垄断经营。1981年英国政府通过了《英国电信法》,将电信业务和邮政业务分开,分别建立了英国电信公司(British Telecom)和皇家邮政公司(Royal Mail)。为了推动电信行业走向市场化,英国政府同年批准了成立莫克瑞通信公司(Mercury Communications),使之与英国电信公司在国内展开竞争。"英国政府对新成立的Mercury公司有一定的扶持,但并不刻意削减BT公司的实力。"[②]"1983年英国政府明文规定国内只允许BT与莫克瑞通信公司建设经营固定网络和经营基本电信业务,从此英国的电信产业形成了双寡头垄断格局,这个格局一直维持到1991年,其他运营商才得以进入英国电信产业的固定网络市场。英国政府采取这一政策的目的,是通过在一定时期内建立和维持一个双寡头垄断的格局,帮助新成立的莫克瑞公司建立起自己的通信网络,使其不断地扩大市场份额,增强与BT的竞争能力,适应未来激烈的市场竞争。"[③]

---

① 陈丽容:《专家:联通得"豁免权"实属政策倾斜》,载《通信信息报》2011年1月19日,第A07版。

② 袁正、高伟:《中国电信业改革回顾、经验与问题》,载《宏观经济研究》2009年第9期。

③ 刘戒骄:《英国电信产业的放松管制和对主导运营商BT的再管制》,载《中国工业经济》2002年第1期。

这种现象是有着深刻的社会缘由的,而非偶然。如果政府采取的非对称性扶持措施倾向压制性质,尽管这种做法在形式上维持了相关市场的竞争均衡性,使新的进入者能够暂时立足,但是它在实质上很容易导致相关市场的竞争水平长期处于较低状态。因为新的进入者有可能患上依赖政府的非对称性扶持变得慵懒,而其竞争对手可能因为政府采取的压制性措施,而失去增加市场竞争强度的动机或者能力。只有政府采取的非对称性扶持措施系非压制性的:一方面,被扶持对象的竞争对手因此面临着压力而不断创新,使市场竞争水平不断上升;另一方面,被扶持对象在此情况下唯一能够存续发展的方式就是不断努力追赶竞争对手。非常明显,前者情形的市场效率是很低的甚至可能出现无效化,而后者情形的市场效率将会较高且具有持续性。因此,虽然政府在市场缺乏竞争的情况下可以采取非对称性扶持措施来引入市场竞争,但是这些措施原则上应当限制在非压制性范围内。

如前所述,由于国际市场的商品供给可能不同程度地受到政治制裁、经济制裁、出口管制等政治因素的影响,所以各国政府在评估国际市场的竞争状况过程中,除了需要考虑厂商数量等市场核心因素之外,还必须合理考虑厂商国籍等相关政治因素。如果一国的特定物资供给基本由外国企业实际掌控,并且较为容易受到国际政治因素的影响,即便厂商数量并非呈现独占或者寡头特质,该国政府也可以认定此市场化领域缺乏有效竞争。以航空发动机为例,虽然通用电气公司、普拉特·惠特尼集团公司、罗尔斯·罗伊斯公司、斯奈克玛公司、雷宾斯克乌法发动机生产联合体和彼尔姆航空发动机股份公司、莫斯科克里莫夫公司、国际航空发动机公司、CFM 国际发动机公司等企业都向国际市场供给飞机发动机,但是这些企业几乎都是美俄英法德的本土企业,而且它们的产品出口都很容易受到本国政府的政治外交影响,所以相对于主要依赖于进口的印度、澳大利亚以及我国等国家而言,这类国际市场可以视为垄断市场。在保持不采取任何措施刻意打击其他市场参与者的前提条件下,一国政府在此情形下有权通过产业政策在人力、资金、技术等方面倾斜性地培育和扶持本土企业,包括以国家资本形式存在的国有企业和以民间资本形式存在的私营企业。

本章小结

竞争中立政策的适用不是绝对普遍的,不适用竞争中立政策的情形构成竞争中立政策的适用除外。从应然视角来讲,军事防务、公立教育、财政转移、社会保障等绝对非市场化领域的政府管理与相对非市场化的外资禁入的政府管理、政府的国家安全审查以及为了打破市场垄断格局进行引入竞争机制的政府改革(非对称性扶持),均属于竞争中立政策的适用除外范畴。但是这并不意味着竞争中立政策的适用除外只有这些,政府可以根据社会发展需求确定其他竞争中立政策的适用除外情形,但这些内容必须公开、透明。竞争中立政策的适用除外对于竞争中立政策的推行具有非常重要意义:一方面,竞争中立政策的适用除外直接关系到市场(对内或者对外)开放的深度,如果竞争中立政策的适用除外内容过于广泛,这必然直接影响市场在资源配置中的作用;另一方面,竞争中立政策的适用除外直接关系到国际市场竞争的实质公平,如果没有划定必要的竞争中立政策的适用除外情形,包括中国在内的大部分发展中国家的企业,在多边开放的区域性市场竞争中相较美国等发展国家的企业而言,明显处于实质不公平竞争的劣势地位,容易使"OECD 版"竞争中立政策与"美版"竞争中立政策对于欧美发达国家企业而言形成国际贸易保护效应。因此,政府应当根据竞争中立政策的施行国内背景与国际背景的差异,相应确定竞争中立政策的适用除外情形。基于中国(上海)自由贸易试验区与我国其他相关市场存在较高的风险隔离机制,且中国(上海)自由贸易试验区肩负着"我国在新时期加快政府职能转变、积极探索管理模式创新、促进贸易和投资便利化,为全面深化改革和扩大开放探索新途径、积累新经验的重要使命",中国(上海)自由贸易试验区在实施竞争中立政策的过程中原则上应当最大限度地控制竞争中立政策的适用除外范畴,力求使市场开放深度最大化,以便进行相应的经验探索与抗压测试。但是政府在面向国内整个市场或者特定行业推行竞争中立政策过程中,除缔结的国际协定另有规定外,必须慎重地保留足够的竞争中立政策的适用除外,避免因政策过于激进而落入国际贸易保护主义陷阱。

第四章 竞争中立政策的贯彻路径

第一节 行政执法

行政执法，即行政机关和法律、法规授权的具有管理公共事务职能的组织，在法定权限范围内按照法定程序依据现行(广义)法律进行施法行为，它是竞争中立政策可以得到有效贯彻的路径之一。

一、路径地位：基本贯彻路径

市场经济基本都呈现如下特质：第一，参与市场资源配置的经济主体数量非常巨大。根据国家工商行政管理总局的数据统计：截至2015年1月底，全国实有各类市场主体7017.64万户，企业1848.38万户；其中，内资企业1802.08万户，外商投资企业46.31万户，个体工商户5037.31万户，农民专业合作社131.95万户。[①]第二，参与市场资源配置的经济主体业务类型庞杂。根据《国民经济行业分类》(GB/T 4754—2011)，仅门类就涉及农林牧渔业、采矿业、制造业、电力、热力、燃气及水生产和供应业、建筑业、批发和零售业、交通运输、仓储和邮政业、住宿和餐饮业、信息传输、软件和信息技术服务业、金融业、房地产业、租赁和商务服务业、科学研究

① 参见李晶：《全国市场主体实有户数突破7000万》，载《中国工商报》2015年2月14日，第1版。

和技术服务业、水利、环境和公共设施管理业、居民服务、修理和其他服务业、教育、卫生和社会工作、文化、体育和娱乐业等数十个。第三,参与市场资源配置的经济主体交易方式多样。譬如,按照商品交易时间的不同,可将交易方式分为现货交易、远期合同交易和期货交易;按商品交易中所有权转移的不同,可将交易方式分为购买交易和租赁交易;按照商品交易付款方式的不同,可将交易方式分为现金交易和非现金交易;按照商品交易批量的不同,可将交易方式分为批发交易和零售交易。这就决定了市场经济的有效运行,必须得到具有约束力规则的全面支撑,否则根本无法组织进行资源优化配置。即使局部、短暂可以勉强进行,它也终将彻底崩溃。毫无疑问,这些具有约束力规则应当是法律,而非道德。道德的不可经济化以及依赖个体的自我约束使其无法承受市场要求之重,它只能起到补充性作用。所以,市场经济必须是法治经济。"法治可以约束经济人的行为,包括产权界定和保护、合同和法律的执行、维护市场竞争等。倘若没有法制的保障,产权就是不安全的,市场主体就不可能致力于通过提供产品和服务获取利益,就不可能形成高效有序的市场竞争环境,就难以实现经济健康发展。"①

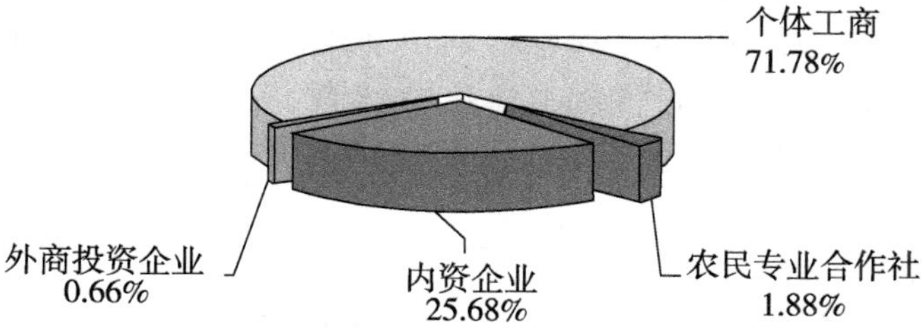

图 8　全国各类市场主体实有户数结构(截至 2013 年 1 月底)

众所周知,法治的付诸实施系由立法、执法、司法、守法四个环节有机组成。"'科学立法、严格执法、公正司法、全民守法',是全面落实依法治国基本方略的新方针,是建设'法治中国'的基本要求,同时也是实现'法治中国'的基本标准。科学立法是建设法治中国的前提,严格执法是建设法治中国的关键,公正司法是建设法治中国的防线,全民守法是建设法治中国的基础。四者缺一不可。"②按照常规解释:立法是国家权力机关制定、认可和变动法律的活动;执法

① 刘武俊:《深刻理解市场经济是法治经济》,载《人民日报》2012 年 7 月 2 日,第 7 版。
② 胡建淼:《"依法治国"基本方略的新提升》,载《瞭望》2013 年第 26 期。

是国家行政机关依照法定职权和法定程序，行使行政管理职权、履行职责、贯彻和实施法律的活动；司法是指国家司法机关及其司法人员依照法定职权和法定程序，具体运用法律处理案件的专门活动。虽然国家主权视角下的政府，包括立法机关、行政机关与司法机关等，而且权力机关的立法活动与司法机关的司法活动也都会影响市场的公平竞争。前者如我国《证券法》直接决定企业通过资本市场进行股权融资的门槛，后者如对互联网市场产生深远影响的360诉腾讯垄断案的终审判决。但是因为大部分（狭义）法律特别是涉及经济领域的法律，很多是行政机关根据市场经济的发展需求通过大量调研形成草案而提请权力机关审议制定的。且这些法律总体上都是较为抽象化或者原则性规定，因此使权力机关通常都会在法律中明确授权行政机关制定具体的实施细则和相应的自由裁量；而社会使命、法定职能、不告不理原则等使法院不会主动介入市场经济活动，只是被动地实施公正的居间裁判。这就使行政机关的执法活动，成为政府在法治经济环境下干预市场的主要方式。各国基本皆是如此，事实上这是由行政机关的执法职能、组织体系庞大、管理行为细杂等综合因素客观决定的。由计划经济向市场经济转变而来的我国在这个方面表现得较为突出，无论是中央政府还是地方政府都在通过各种各样的具体行政行为和抽象行政行为广泛地影响着市场发展，有些甚至超越法律权限或者解决市场失灵的需求；前者譬如地方政府滥用行政权力实施地区垄断限制外地商品流入本地市场，后者譬如违背市场规律推进根本无法适合本地自然气候的农业项目马上试图解决贫困问题。

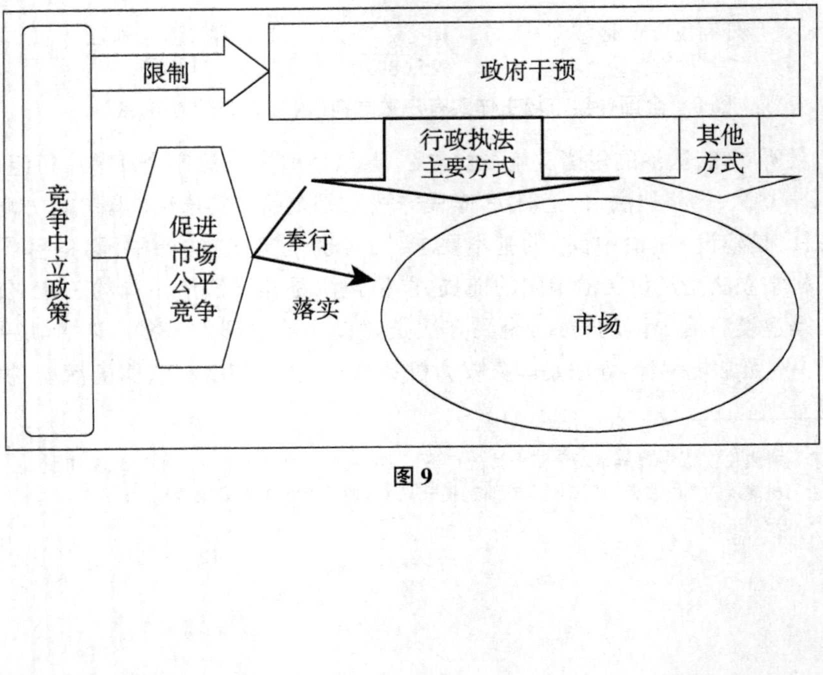

图9

行政执法成为政府在法治经济环境下干预市场的主要方式,决定了行政执法应当成为政府所有经济政策的基本贯彻路径,包括竞争中立政策。政府应当首先从行政执法入手推进竞争中立政策的落实,换言之,竞争中立政策的贯彻应当首先从行政执法开始。而频率的日常性使行政执法能够随时践行竞争中立政策,范围的普遍性使行政执法能够广泛践行竞争中立政策,影响的持续性使得行政执法能够深度践行竞争中立政策。

二、基本要求:确保公平执法

市场是资源配置的有效机制,这已为19世纪欧洲和北美洲大多数国家的资本主义经济成就所证明。但是,市场不是万能的,市场机制也固有许多自身不可克服的缺陷,以致在资源配置上失灵和失效,即不能或难以实现资源的高效配置,这已为19世纪末以来资本主义经济的发展状况,特别是周期性经济危机所证明。① 市场失灵是政府干预的基础,政府干预缘于弥补市场失灵的需要。但是"我们说政府有时可以改善市场结果并不意味着它总能这样"。② "当政府政策或集体行动所采取的手段不能改善经济效率或道德上可接受的收入分配时,政府失灵便产生了。"③导致政府失灵的原因是多样化的,除公共决策过程中的缺陷导致公共政策的低效甚至偏离公共目标、公共政策执行的低效率或者自身的不确定性引起政策失灵、政府的组织结构不利于信息的传导引发政策失灵等外,权力寻租是其中一个重要原因。"所谓权力寻租,就是个人或者利益集团为了谋取自身的经济利益,而采取行贿等不正当手段对权力执掌者施加影响的活动,其实质就是寻求政府的强制性或者特权供应,以便获取市场价格与权力价格之间的差额。同时,政府在干预经济和管理社会事务的过程中,也存在利用权力进行设租的行为,其目的在于通过设租获得不正当的利益收入。"④权力寻租不仅容易导致腐败产生,如国家食品药品监督管理局局长郑某某贪污受贿案、国家能源局煤炭司原副司长魏某某贪污受贿案、国家发改委价格司塌方腐败案等,而且直接影响市场的健康发展。这促使很多法律特别是涉及经济领域

---

① 王全兴:《经济法基础理论专题研究》,中国检察出版社2002年版,第80页。

② [美]曼昆:《经济学原理》(第3版),梁小民译,机械工业出版社2003年版,第10页。

③ [美]保罗·A.萨缪尔森、威廉·D.诺德豪斯:《经济学》(下),高鸿业等译,中国发展出版社1992年版,第1189页。

④ 王先林主编:《经济法教程》,上海交通大学出版社2013年版,第6页。

的法律本身,在授权政府干预市场的同时又进行了某种程度限制,要求依法确保执法公平便是其中最为普遍性的做法。

这首先突出表现在很多法律的公平原则条款上。例如,我国《行政许可法》第5条规定:“设定和实施行政许可,应当遵循公开、公平、公正的原则。有关行政许可的规定应当公布;未经公布的,不得作为实施行政许可的依据。行政许可的实施和结果,除涉及国家秘密、商业秘密或者个人隐私的外,应当公开。符合法定条件、标准的,申请人有依法取得行政许可的平等权利,行政机关不得歧视。”我国《政府采购法》第3条规定:“政府采购应当遵循公开透明原则、公平竞争原则、公正原则和诚实信用原则。”我国《招标投标法》第5条规定:“招标投标活动应当遵循公开、公平、公正和诚实信用的原则。”我国《证券法》第3条规定:“证券的发行、交易活动,必须实行公开、公平、公正的原则。”我国《中小企业促进法》第38条规定:“国家完善市场体系,实行统一的市场准入和市场监管制度,反对垄断和不正当竞争,营造中小企业公平参与竞争的市场环境。”其次突出表现在各部法律的公开制度规范上。例如,我国《税收征收管理法》第3条规定:“税收的开征、停征以及减税、免税、退税、补税,依照法律的规定执行;法律授权国务院规定的,依照国务院制定的行政法规的规定执行。任何机关、单位和个人不得违反法律、行政法规的规定,擅自作出税收开征、停征以及减税、免税、退税、补税和其他同税收法律、行政法规相抵触的决定。”我国《产品质量法》第25条规定:“产品质量监督部门或者其他国家机关以及产品质量检验机构不得向社会推荐生产者的产品;不得以对产品进行监制、监销等方式参与产品经营活动。”我国《环境保护法》第22条规定:“企业事业单位和其他生产经营者,在污染物排放符合法定要求的基础上,进一步减少污染物排放的,人民政府应当依法采取财政、税收、价格、政府采购等方面的政策和措施予以鼓励和支持。”

而这正是竞争中立政策所要求的内容。竞争中立政策以促进市场公平竞争为使命,它要求政府原则上应当公平地对待参与市场资源配置的所有经营者。竞争中立政策的行为准则对此都作了细化要求,包括执法公平。以交易机会中立行为准则为例,它要求政府在影响市场进入的经营资质赋予、业务市场拓展、商业合同缔结上保持中立,确保企业能够公平地争夺市场“内在”提供的交易机会;要求政府在影响政府采购的开放对象、信息公开、参与方式、评选机制上保持中立,确保企业能够公平地争夺政府“外在”提供的交易机会。政府公平执法是市场公平竞争的重要基础,《中国企业发展环境报告2013》甚至提出:

创造公平的市场环境比政府补贴更重要。[①] 因此,贯彻竞争中立政策对行政执法的基本要求,就是政府在行政执法过程中必须合法、合理地遵守(广义)法律所确定的公平原则(精神)及/或制度规范。

表 11　交易机会中立行为准则

<table>
<tr><td rowspan="9">市场进入中立</td><td rowspan="3">经营资质赋予中立</td><td>自然赋予中立</td><td>凡是符合条件的,应当贴近自然法则公平地直接赋予自然人各项权利</td></tr>
<tr><td>注册赋予中立</td><td>职能部门核心注意事项:注册条件、材料递交、审查流程、工作周期</td></tr>
<tr><td>许可赋予中立</td><td>重点事项:进入管制信息传导、实质审查信息透明、决定结果事项说明</td></tr>
<tr><td rowspan="4">业务市场拓展中立</td><td colspan="2">禁止滥用行政权力妨碍商品在地区之间的自由流通</td></tr>
<tr><td colspan="2">禁止滥用行政权力排斥或者限制外地经营者参加本地的招标投标活动</td></tr>
<tr><td colspan="2">禁止滥用行政权力排斥或者限制外地经营者在本地投资</td></tr>
<tr><td colspan="2">禁止滥用行政权力排斥或者限制外地经营者在本地设立分支机构</td></tr>
<tr><td rowspan="2">商业合同缔结中立</td><td>限制当地含量要求</td><td>除法律规定外,所有地方政府不得在行政区域内实施当地含量要求</td></tr>
<tr><td colspan="2">禁止滥用行政权力限定单位或者个人经营、购买、使用其指定的经营者提供的商品</td></tr>
<tr><td rowspan="2">政府采购中立</td><td rowspan="2">政府采购开放对象中立</td><td>对内开放中立</td><td>禁止阻挠和限制供应商自由进入本地区和本行业的政府采购市场</td></tr>
<tr><td>对外开放中立</td><td>《世界贸易组织政府采购协议 12 版》第 4 条的“非歧视”条款</td></tr>
</table>

① 参见唐福勇:《公平的市场环境比政府补贴更重要》,载《中国经济时报》2013 年 8 月 27 日,第 3 版。

续表

	政府采购信息公开中立	公开信息内容中立	不得设立违背公平竞争原则的条件、按照公开透明原则公布结果
		公开信息方式中立	建设全国统一的电子化政府采购管理交易平台,统一发布采购信息
	政府采购参与方式中立	建设全国统一的电子化政府采购管理交易平台,推进政府采购参与方式的全面电子化,注册成为平台会员库会员的性质为非壁垒性前置程序	
	政府采购评选机制中立	人选中立	核心评价指标:专业水平、产生方式、利害回避、职业操守
		方法中立	事先确定方法:最低评标价法、性价比法、综合评分法、综合评价法

三、完善重点:加强竞争执法

因"一揽子"原则性禁止政府滥用行政权力排除、限制竞争,我国《反垄断法》的有效实施特别是常态化的反垄断执法,对于竞争中立政策的贯彻至关重要。

(一)行政性垄断的治理现状

经过反复的博弈与斟酌,我国2007年颁布的《反垄断法》最终还是将通称为行政性垄断的"滥用行政权力排除、限制竞争"纳入规制范畴。该法第32条规定:"行政机关和法律、法规授权的具有管理公共事务职能的组织不得滥用行政权力,限定或者变相限定单位或者个人经营、购买、使用其指定的经营者提供的商品。"第33条规定:"行政机关和法律、法规授权的具有管理公共事务职能的组织不得滥用行政权力,实施下列行为,妨碍商品在地区之间的自由流通:(一)对外地商品设定歧视性收费项目、实行歧视性收费标准,或者规定歧视性价格;(二)对外地商品规定与本地同类商品不同的技术要求、检验标准,或者对外地商品采取重复检验、重复认证等歧视性技术措施,限制外地商品进入本地市场;(三)采取专门针对外地商品的行政许可,限制外地商品进入本地市场;(四)设置关卡或者采取其他手段,阻碍外地商品进入或者本地商品运出;(五)妨碍商品在地区之间自由流通的其他行为。"第34条规定:"行政机关和法律、法规授权的具有管理公共事务职能的组织不得滥用行政权力,以设定歧视性资质要求、评审标准或者不依法发布信息等方式,排斥或者限制外地经营者参加本地的招标投标活动。"第 35 条规定:"行政机关和法律、法规授权的具有管理公共事务职能的组织不得滥用行政权力,采取与本地经营者不平等待遇等方式,排斥或者限制外地经营者在本地投资或者设立分支机构。"第 36 条规定:"行政机关和法律、法规授权的具有管理公共事务职能的组织不得滥用行政权力,强制经营者从事本法规定的垄断行为。"第 37 条规定:"行政机关不得滥用行政权力,制定含有排除、限制竞争内容的规定。"

虽然这些规定的出台在较大程度上威慑、遏制了行政性垄断的蔓延势头,但是滥用行政权力排除、限制竞争的行为目前仍然频发。近年来,除了发生的国家质检总局防伪码案、江西弋阳双汇案、广东省教育厅指定赛事软件案、广东省珠海市指定新时空公司卫星定位汽车行驶监控平台为市级监控平台案等之外,还发生了类似河北过路费歧视收费案。2013 年 10 月河北省交通运输厅、物价局和财政厅联合下发《关于统一全省收费公路客运班车通行费车型分类标准的通知》,规定:从 2013 年 12 月 1 日起,有固定运营线路的客运班线车辆,通过办理高速公路 ETC 卡(包括记账卡等非现金支付方式)或月票,可享受车辆通行费 5 折优惠;另外,客运班车办理高速公路 ETC 卡(包括记账卡等非现金支付方式),在享受上述费额优惠政策的基础上,办卡车辆继续享受 5% 优惠政策。[1] 2013 年 10 月 30 日河北省交通运输厅下发《关于贯彻落实全省收费公路客运班车通行费车型分类标准有关事宜的通知》进一步明确规定,优惠政策"只适用于本省经道路运输管理机构批准,有固定运营线路的客运班线车辆"。"发改委接到了韩国大使馆的举报:河北对本地客运企业制定了优惠政策,过路过桥费打对折,只收半价,但其他省份跨省运输则无权享受这一优惠。一个在天津的中韩合资企业,未能享受到该优惠待遇。"[2]"据调查,通行费支出对经营者收益率影响较大。根据某运输公司测算的数据,高速公路通行费占其总收入的比重约为 10% 至 20%。河北省有关部门对本省客运班车实行通行费优惠政策,其实质是对本省客运班车经营者按照通行费额给予经济补偿,使河北省客运班车经营者的通行费成本大幅低于其他省份相关经营者,导致外省经营者处于不利的竞争地位。以天津至石家庄线路为例,天津公司单程需缴纳通行费

---

① 参见冬子:《12 月 1 日起客运班车通行费五折》,载《石家庄日报》2013 年 11 月 29 日,第 3 版。

② 王姝:《河北回应"反垄断调查":误读了规定》,载《新京报》2014 年 9 月 13 日,第 A02 版。

360元，与之对开的河北省公司缴纳180元，单次差额180元。据天津一运输公司测算，仅这一线路天津公司比河北公司每年多支出130余万元。”①“发展改革委称，河北省有关部门这一做法，损害了河北省客运班车经营者与外省同一线路经营者之间的公平竞争，违反了《反垄断法》相关规定。发展改革委已依据《反垄断法》相关规定，向河北省人民政府办公厅发出执法建议函，建议其责令交通运输厅等有关部门改正相关行为，对在本省内定点定线运行的所有客运企业，在通行费上给予公平待遇。”②

这类政府行为严重影响了企业在相关市场上的公平竞争，杜绝和制止这些行为对于推进竞争中立政策的有效落实具有战略性意义。如果无法有效地规制政府滥用行政权力排除、限制竞争，竞争中立政策的贯彻也就失去了根据地。只有确保政府实施的行政行为起码符合法律规定包括我国《反垄断法》有关“滥用行政权力排除、限制竞争”的立法，竞争中立政策才得到基础性的贯彻。因此，深化行政性垄断的规制，成为行政执法特别是反垄断执法在贯彻竞争中立政策过程中一项非常重要的工作。

（二）行政性垄断的规制改进

虽然社会各界普遍认为，“行政垄断是和市场垄断一样，都是一样需要被严格限制和杜绝的（价格）违法行为。甚至，行政垄断在一定意义上是更恶于市场垄断的违法行为，更需要给予重视和解决”。③ 但是正如国务院反垄断委员会专家咨询组副组长、对外经济贸易大学法学院教授黄勇指出的那样：“虽然跟行政权力有关的经济领域，多有涉嫌‘行政垄断’的影子，‘比如河北就高速公路制定的差别性待遇，就是对地方利益保护的一种表现。’但《反垄断法》实施6年来，对于涉嫌行政垄断的部门，作出处理的并不多。”④导致这种局面的原因，除了行政性垄断的查处阻力和压力比较大、涉及的利益群体比较复杂等外，法律赋予反垄断执法机构对行政性垄断的规制权力不足是其中一个非常重要的因素。尽管我国《反垄断法》最终将“滥用行政权力排除、限制竞争”纳入规制范畴，然而立法并没有赋予反垄断执法机构足够的权限去有效规制行政性垄断。我国

---

① 《发展改革委：建议河北省政府纠正交通运输厅等部门违反〈反垄断法〉行为》，载《鞍山日报》2014年9月28日，第4版。

② 《发改委建议河北纠正“通行费半价”政策》，载《新京报》2014年9月27日，第A04版。

③ 余明辉：《河北省政府遭反垄断调查具有破冰意义》，载《南国早报》2014年9月14日，第11版。

④ 王姝：《河北回应“反垄断调查”：误读了规定》，载《新京报》2014年9月13日，第A02版。

《反垄断法》第 51 条规定："行政机关和法律、法规授权的具有管理公共事务职能的组织滥用行政权力，实施排除、限制竞争行为的，由上级机关责令改正；对直接负责的主管人员和其他直接责任人员依法给予处分。反垄断执法机构可以向有关上级机关提出依法处理的建议。法律、行政法规对行政机关和法律、法规授权的具有管理公共事务职能的组织滥用行政权力实施排除、限制竞争行为的处理另有规定的，依照其规定。""这一规定虽然没有赋予反垄断执法机构直接依法处理行政性垄断行为的权利，但是，'建议'给了反垄断法执法机构介入行政性垄断的空间，在现阶段，这样的制度安排或许仍然显得差强人意，但不失弥足可贵。在未来，反垄断法执法机构愿否、敢否、善否提出'处理的建议'，可能更值得观察。"①这在很大程度上直接影响了反垄断执法对行政性垄断的规制，包括执法意愿和社会效果等。"在有效规制行政垄断的问题上，我国反垄断行政执法机关应该考虑俄罗斯、匈牙利等国家的做法，赋予反垄断行政执法机构处理行政垄断案件的权力，至少应当像美国联邦贸易委员会一样，有权对违法者提出行政劝告或告诫。"②因此，我国应当尽快修改法律，不仅赋予反垄断执法机构对行政性垄断的刚性规制权力，而且授予反垄断执法机构更多相应的处置手段，改善反垄断执法对行政性垄断的规制实效。

在行政性垄断的法律认定上，除主体身份限制外，对于"滥用行政权力限制、排除竞争"的判断还存在不少认识分歧。一部分专家、学者认为，这应当坚持行政法规范与竞争法规范双重考核，即政府实施的行为不仅出现了《反垄断法》所关注的限制、排除竞争问题，而且存在违法行政法律规范的实体或者程度问题；另一部分专家、学者则认为，只要政府实施的行为不合理地限制、排除了市场竞争就应当构成了行政性垄断，而不论这些行政行为是否违反了行政法律规范的实体或者程序内容。根据目前的实践来看，无论是反垄断执法还是司法都采用了前者做法；这种做法的优点在于既能够依据《反垄断法》进行规制部分较为突出的影响市场竞争的不当行政行为，又能够兼顾行政机关依据行政法律规范进行行政执法的稳定性与预期性，不足之处在于无法有效地规制那些合法但未必合理却又直接影响市场公平竞争的行政行为。竞争中立政策对政府干

---

① 时建中：《我国〈反垄断法〉的特色制度、亮点制度及重大不足》，载《法学家》2008 年第 1 期。

② 丁国峰：《我国〈反垄断法〉规制行政性垄断之不足及完善建议》，载《江淮论坛》2010 年第 2 期。

预的要求,决定了我们应当采取更为严格的标准,只要政府实施的行政行为不合理地限制、排除了市场竞争,就可以依据我国《反垄断法》认定构成行政性垄断。虽然这种做法在形式上似乎影响行政机关依据行政法律规范进行执法的稳定性与预期性,但是它可以通过政府应当开始推进的竞争合规来进行解决。在我国《反垄断法》已经生效的情况下,确保政府实施的行政行为符合这部法律规定亦是行政执法合法性的重要内容。

第二节　体制改革

体制改革,即政府为消除现有经济领域存在的制度性弊端,而有针对性地采取措施使关联体制特别是经济体制适应社会主义市场经济的发展需求,它是竞争中立政策可以得到有效贯彻的路径之一。

一、路径地位:核心贯彻路径

因时制宜进行体制改革是政府干预市场的重要手段,它通常都会深度影响市场的公平竞争,且市场竞争目前存在的公平问题很多远远超出现行法律层面,这决定了体制改革成为竞争中立政策的核心贯彻路径。

(一)政府干预的重要手段

虽然“市场失灵并不是把问题转交给政府去处理的充分条件”,①但是当垄断、外部性、公共物品和信息不对称等因素导致市场出现失灵,人们还是习惯性地预期政府会采取措施进行干预。“如果人们想要在这种根本失灵面前来实现有效率的资源配置,人们就必须探究非市场的选择办法。”②而政府在人们预期中采取措施进行干预市场上,体制改革特别是经济改革是政府的重要选项。这在政府干预市场的现代起源——罗斯福新政当中就开始表现得较为明显。仅以《空邮法案》改革为例:20 世纪 30 年代的经济大危机,使美国政府及其民众十分恐惧大规模企业的存在与继续壮大,因此分拆大企业和阻止行业垄断,成为这一时期反托拉斯立法的一个主要动态。1930 年美国第三十一届总统胡佛开始着手治理邮政行业,他任命律师出身的瓦特·福格·布朗为邮政总监。布朗上任后,提出并敦促国会通过了《麦克纳瑞—瓦特士法案》,然后依据该法案

① 吴开超、白莹:《市场失灵与市场自矫正机制》,载《财经科学》2004 年第 5 期。

② 布坎南:《自由、市场和国家》,北京经济学院出版社 1988 年版,第 13 ~ 14 页。

开始对航空运输业实行一系列改革。实施该法案的初衷,是希望通过政府加强调控措施来完善公平的市场竞争机制,并对行业价格水平加以适度限制。但是由于该法案以及实施的相关改革措施只是治标不治本,这导致了该法案的实施结果,使联合航空及运输企业公司这些巨型垄断企业不但没有受到任何影响,反而从这些改革中获得了部分不当利益。此外,由于布朗本人在该法案实施过程中某些方法存在欠缺,这些因素综合在一起使此法案最终演变成为"空邮丑闻",以打破相关行业垄断为目的的改革也以失败而告终。在这一背景下,罗斯福上任后推行一系列社会改革和改良措施,即"罗斯福新政"。"新政"的思想可以用"3R"来概括,即复兴(Recover)、救济(Relief)和改革(Reform),但核心则是打破垄断和救济。《全国产业复兴法》曾经对航空和邮政等传统带有垄断色彩的企业作出了部分规定,但是不够具体化。为了满足新政对反垄断法律资源的需求,美国国会在1934年讨论通过了《空邮法案》。该法案的核心任务是打击邮政和航空业的垄断企业及其垄断行为,它对航空企业产业一体化模式进行了完全否定;法案中规定:飞机及飞机发动机的制造商不能与航空公司有任何联系。①

我国自实行市场经济以来,体制改革特别是经济体制改革一直在政府干预市场中扮演着重要角色。"回首36年的改革历程,我们坚持解放思想、实事求是、与时俱进、求真务实,不断破除计划经济体制束缚,逐步建立和完善社会主义市场经济体制,推动经济社会持续向前发展。一路走来,基本场景是:当发展面临体制障碍难以前行、'山重水复疑无路'时,通过改革扫除障碍、增添动力,就会'柳暗花明又一村'。"②这在我国经济领域表现在方方面面,特别是自然垄断行业的市场化改革。以电力市场早期改革为例,1978~1997年,政府以省为实体集资办电;1997~2000年,我国在电力行业开始政企分开,实施公司化改组;自2000年开始,我国又进行"厂网分开、竞价上网、打破垄断、引入竞争"。

(二)经济改革的市场影响

政府实施的体制改革特别是经济改革直接决定着市场公平竞争的程度,并且通常都会产生较为深远的影响。这在我国各个领域展开的经济改革表现得非常明显,税制改革应当属于典型代表,政府采取的任何重大税制改革举措都会对经营者的市场竞争产生巨大影响。

---

① 参见丁茂中:《美国现代反托拉斯法发展简史》,载 http://dingmaozhong.bokee.com,最后访问日期:2015年3月11日。

② 李克强:《关于深化经济体制改革的若干问题》,载《求是》2014年第9期。

表12　中国1978～2015年的税制改革

历史阶段	重大举措	市场影响
1978～1982年	第五届全国人民代表大会先后通过并公布了《中外合资经营企业所得税法》《个人所得税法》和《外国企业所得税法》；同时，对中外合资企业、外国企业和外国人继续征收工商统一税、城市房地产税和车船使用牌照税	企业税负存在较大差异，直接影响公平竞争
1983～1993年	1983年6月1日财政部公布了《关于对国营企业征收所得税的暂行规定》，国营企业开始普遍推行"利改税"制度，具体办法内容：凡有盈利的国营大中型企业，均按照实现利润和55%的税率缴纳所得税。经第六届全国人民代表大会及其常务委员会的批准，国务院决定从1984年10月起在全国实施第二步利改税和工商税制改革，发布了关于征收国营企业所得税、国营企业调节税、产品税、增值税、营业税、盐税、资源税的一系列行政法规。1991年第七届全国人大第四次会议将《中外合资经营企业所得税法》与《外国企业所得税法》合并为《外商投资企业和外国企业所得税法》	"利改税"从根本上将国营企业推向市场化，经营负担开始归口化。两法合并相对消除了相关企业的类别税负差异
1994年	1993年12月15日国务院下发《关于实行分税制财政管理体制的决定》，自1994年1月1日起实行分税制财政管理体制，改革原有的工商税制。(1)以推行增值税为核心，相应设置消费税、营业税，建立起新的三税并列的流转税制格局，统一适用于内外资企业，取消原来设置的产品税、增值税、营业税、特别消费税、工商统一税。(2)内资企业实行统一的企业所得税。取消原来设置的国营企业所得税、国营企业调节税、集体企业所得税和私营企业所得税；同时不再执行企业承包上交所得税的办法。(3)对个人收入和个体工商业户的生产经营所得税统一实行修改后的个人所得税法。取消个人收入调节税和城乡个体工商业户所得税。个人所得税主要对收入较高者征收，对中低收	不同类型的市场主体之间先前存在的较大税负差异一次性得到较大程度的矫正，纳税人的税收负担从不公平到较为公平，但是内资与外资之间在税收负担上还存在明显的不合理差异

续表

历史阶段	重大举措	市场影响
	入者少征或不征。(4)调整、撤并和开征其他一些税种。例如,调整资源税、城市维护建设税和城镇土地使用税;取消集市交易税、牲畜交易税、烧油特别税、奖金税和工资调节税;开征土地增值税、证券交易印花税;盐税并入资源税,特别消费税并入消费税	
1995～2015年	2006年3月14日十届全国人大四次会议通过决议,宣布在全国范围内彻底取消农业税。2007年3月16日十届全国人大五次会议审议通过了《中华人民共和国企业所得税法》。2008年11月国务院决定自2009年1月1日起,在全国所有地区、所有行业推行增值税转型改革。改革的主要内容为:允许企业抵扣新购入设备所含的增值税,同时,取消进口设备免征增值税和外商投资企业采购国产设备增值税退税政策,将小规模纳税人的增值税征收率统一调低至3%,将矿产品增值税税率恢复到17%	企业税收负担总体趋于降低,不同类别的企业在税收负担上的差异进一步得到消除,竞争更为公平

这本身就要求政府在采取措施进行体制性改革特别是经济改革过程中,应当奉行竞争中立政策减少或者消除市场存在的不公平竞争问题,完善市场竞争机制和商业生态环境。否则,必然将会导致政府采取的改革措施出现政府失灵问题,或表现为政府采取的改革措施根本无法实现预期效果,或表现为政府采取的改革措施加剧市场不公平竞争问题。但是无论何者,这都将会影响市场的稳健发展。

(三)公平竞争的标本兼治

除了政府实施的体制改革特别是经济改革通常会对市场的公平竞争产生深远影响外,治理市场出现的公平竞争问题远远超出现行法律层面。以政府补贴为例,当不同的地方政府利用公共财政依法对各自行政辖区内的企业进行补贴时,即便各个地方政府采取的做法对于相应辖区内的经营者而言是完全公平的,但是因不同地方政府实施的政府补贴力度、时间、方式等因素的差异,这仍然会导致相关市场的公平竞争受到不合理的扭曲。譬如,《浙江省政府办公厅关于对家禽业实施紧急救助的通知》规定:对2014年2月1日前取得《种畜禽生产经营许可证》并在有效期内的祖代以上种禽场和地方品种资源保种场，政府给予每只种禽50元（种鸽每2只50元）的生产维持性补助；补助经费由省和县（市、区）财政共同承担，欠发达地区省财政承担70%，县（市、区）财政承担30%；其他地区省和县（市、区）财政各承担50%；对拥有日单班宰杀3万只以上家禽能力的大型禽产品加工企业，在2014年3月1日至5月30日收购当前本省压栏活禽并加工的禽产品冷藏，省财政将给予每月每吨80元的补助，补助期为6个月。假如江苏省、安徽省对类似情形没有进行同期补贴或者采取补贴的力度明显低于浙江省的水平，尽管浙江省实施的上述政府补贴对于这个行政区域的企业而言是没有问题的，然而这将会明显影响到江苏省、安徽省等同类企业在上海市场上的公平竞争。

类似问题在我国实践中还有很多，如"私营企业要进入历来由政府部门严格控制或垄断程度较高的行业和领域，总是不同程度上存在着行业规制和市场进入限制不合理、政府服务不到位、公共机构工作人员思想观念不适应的现象"。[①] "大型国有企业往往拥有评优评级评先的指标，而民营企业创造再大的贡献也无法和国有企业一样享受同等的评优评级评先待遇，比方说民营企业很少有经营者被评为劳模。"[②]"国有企业和民营企业在经营条件上面临着显著的融资可获性和融资成本的差异。国企以国家信用作背书，更容易从正规金融体系中获得资金。而大量民营企业却因为规模小、实力弱、经营管理机制落后、市场稳定性较差、资信等级不高、可抵押担保品较少等条件约束，常常遭遇银行等金融机构'重大轻小'、'嫌贫爱富'的'规模歧视'和'重公轻私'的'所有制歧视'。融资渠道狭窄使得民企总体融资成本显著高于国有企业。有抽样调查表明，在过去数年内，国企所支付的利息率与私企相比要低225个基点。此外，金融危机时，为解决地方政府投资资金来源问题，一些地方政府设立大量融资平台，分割金融信贷资源，显著降低了民营企业的资本可获得性。"[③]

这就决定了竞争中立政策的贯彻，必须不同程度地依赖体制改革特别是经济改革，而从"计划经济"转向"市场经济"的发展路径，使体制改革特别是经济改革在我国竞争中立政策的贯彻中具有十分重要的地位。凡是法律层面无法

① 李顺堤：《给民企国企平等竞争机会》，载《民生周刊》2011年第11期。

② 李文生：《营造国企民企平等竞争环境》，载《深圳特区报》2014年3月7日，第A06版。

③ 李慧莲、赵海娟：《辜胜阻："平等竞争观"破解民营经济发展难题》，载《中国经济时报》2013年1月30日，第9版。

解决的涉及市场公平竞争问题,可能基本上很多都需要寻根揭底通过体制改革特别是经济改革来治本。这种状况因历史遗留问题往往具有普遍性,绝不会是少许个案。因此,体制改革特别是经济改革应当是我国竞争中立政策的核心贯彻路径。

二、基本要求:消减不当歧视

贯彻竞争中立政策,要求政府应当采取措施积极推进体制改革特别是经济改革,消减影响企业在市场上公平竞争的不合理制度歧视。除其他内容外,政府应当重点推进市场进入、国有企业、政府补贴的体制改革。

(一)市场进入改革

著名诺贝尔经济学奖得主哈耶克指出,"市场上各方必须应该自由地按照他们能找到的交易伙伴的价格进行买卖,任何人必须应该自由地生产、出售和买进任何有可能生产和出售的东西。进入各种贸易的通道也必须在平等的条件下向所有人开放,法律必须不能容忍任何个人或者集团企图通过公开或者隐秘的力量限制这些通道"。[①] 但是我国目前很多领域的市场进入都还不同程度地存在一些壁垒,不少对于诸多企业特别是内资民营企业构成实质性的进入障碍且不合理、直接影响市场的公平竞争。以电信行业为例,虽然工信部在2012年发布《关于鼓励和引导民间资本进一步进入电信业的实施意见》,鼓励电信业进一步向民间资本开放,并随后陆续向几十家民营企业发放了虚拟运营商牌照。但是几年下来这些虚拟运营商的用户数量尚不及基础运营商的零头,它们仍然面临着各种实质性的市场障碍。民营资本面临的障碍主要来自以下三方面:资本障碍、竞争障碍和政策障碍。在资本障碍方面,在ICT行业中,电信业的投入相对较大;在竞争障碍方面,民营资本的经营性资源来自传统电信运营商提供,面对竞争对手,传统电信运营商可能会有所限制;在政策障碍方面,电信业的基本法律为10余年前制定,对民营资本进入实际有所限制。[②]

类似这些市场进入障碍的消减,在很大程度上必须依赖于体制改革特别是经济改革,单纯依靠法律是无法彻底解决的。由于政府干预是市场进入出现制度性壁垒的基础成因,这就决定了市场进入的经济改革应当首先从政府干预切

---

① [英]弗里德里希·奥古斯特·哈耶克:《通往奴役之路》,王明毅等译,中国社会科学出版社1997年版,第41页。

② 刘高珅:《民营资本深入电信运营市场多重壁垒障碍仍存》,载《通信世界》2015年第2期。

入。事实上,我国已经开始着手市场进入的政府干预改革,采取的重要举措就是积极推行负面清单管理模式。这不仅表现在中国(上海)自由贸易试验区持续更新发布的外商投资准入特别管理措施年度负面清单,而且表现在国务院2014年7月8日发布的《关于促进市场公平竞争维护市场正常秩序的若干意见》要求:制定市场准入负面清单,国务院以清单方式明确列出禁止和限制投资经营的行业、领域、业务等,清单以外的,各类市场主体皆可依法平等进入。地方政府需进行个别调整的,由省级政府报经国务院批准。负面清单管理模式的试水至少在形式上极大地推动了我国市场进入公平化的发展,使之实质化便是政府接下来经济改革的重点。除了采取措施积极推进负面清单管理模式的普遍落实外,政府还应当重点做好以下两个方面工作:第一,尽量减短负面清单的长度。如果负面清单长度总体趋于膨胀,这将会影响负面清单管理模式的社会效果,包括市场进入的公平问题。[①] 第二,尽量减轻负面清单的歧视性,使负面清单的适用在不同类型的市场主体特别是国有企业与内资民营企业尽快趋于公平化。

负面清单管理模式的推出,只是较大程度地解决了经营资质赋予中立问题,但是这不足以完全确保企业能够实质性地进入相关市场进行公平竞争。例如,我国电信行业的虚拟运营商在获得虚拟运营商牌照之后,因为基础运营商拥有基础运营设施而形成的独特优势,使前者难以真正立足相关市场与后者在价格上展开公平竞争。"批发价太贵只是借口,运营商自然不会主动让出大量资源帮助虚拟运营商冲击自己。价格是运营商的优势,与运营商拼价格,对虚拟运营商而言,十分不明智。"[②]因此,政府在做好前面工作的基础上还应当积极采取措施消减有碍于市场进入的其他体制性障碍。针对电信行业的市场进入问题,我国应当继续深化通信设施与牌照商的分离改革,最佳做法就是彻底将现有的通信设施完全独立出来,这不仅包括法人资格的独立,而且包括2014年7月成立的中国铁塔股份有限公司与移动、电信、联通三大运营商不存在控股关系。

(二)国有企业改革

首先,政府应当推动国有企业"减利"改革。诚如,OECD在《OECD关于财政预算透明度最佳实务》《OECD关于国有企业公司治理的指引》《竞争中立:维

---

① 参见王利明:《负面清单管理模式与私法自治》,载《中国法学》2014年第5期。

② 刘高珅:《民营资本深入电信运营市场多重壁垒障碍仍存》,载《通信世界》2015年第2期。

持公有企业与私有企业之间竞争水平》等竞争中立政策的倡导文件中所指出的那样，商业化的国有企业在参与市场竞争过程中，因与政府的天然“血缘”关系往往会不同程度地享受私营企业无法同等享有的好处。这在我国表现得比较明显，具有普遍性。譬如，“国企由于较民企更易获得金融业的青睐，所以资金流动性相对充裕。由于拥有雄厚的资金和行政权力支持，央企被掌握地方资源的当地政府视为香饽饽，因此有利于获得更多的投资机会”。① 这在不同程度上直接影响了各类经营者特别是国有企业与内资民营企业在相关市场上的公平竞争。“OECD（经济合作与发展组织）最近做了很多调查，研究了很多如何保证国有企业和非国有企业公平竞争的案例。从他们的研究来看，国际上最主要的解决办法就是竞争政策，里面的核心部分是竞争中性（Competitive Neutrality）原则，它强调国企和非国企可以并存，但是一定要保证国有企业和国家的联系不给其带来竞争优势，是中性的。”②根据我国的发展需求来看，政府应当有针对性地采取措施消减这类问题，公平竞争更能够可持续性地促进经济稳健运行。为此，除了严格控制常规的行政执法可以行使的自由裁量权限给国有企业提供的额外裨益外，政府应当重点推进相关方面的体制改革，核心内容应当包括：第一，国有企业的直接出资人走向市场化的法人，减少政府直接设立非财务性投资实体，最大限度确保实体性的国有企业市场化经营地位；第二，清理受众对象仅限于或者主要泽惠国有企业的经济政策，包括收益较高的可竞争性市场的垄断经营、商业贷款的政府明示或者默示担保等；第三，推进国有企业的市场化分红，减少国有企业因政府投资对分红时间、力度等因素的宽松要求而导致或者加剧国有企业对私营企业特别是内资民营企业的资本及资金优势；第四，在通过声明国有企业的市场化地位、减少国有企业破产的政府救助等措施弱化国有企业在融资上的天然信用优势的基础上，应当建立多元的融资渠道特别是服务于中小企业的信贷融资平衡国有企业的相应优势。

其次，政府应当推动国有企业“减负”改革。国有企业与政府的天然关系使得很多国有企业在享受政府公用资源带来好处的同时，也都不同程度地在承担着一些额外的负担。譬如，国有企业办社会职能还没有完全分离。“2011 年底

---

① 马素红、郭可为：《理性看待国际舆论对中国国企改革的争议》，载《中国经济报告》2012 年第 5 期。

② 刘一鸣：《世界银行经济学家张春霖：以“竞争中性原则”确保国企民企公平竞争》，载《21 世纪经济报道》2014 年 2 月 11 日，第 4 版。

中央企业还有医院、学校等机构8000多个,每年费用补贴几百亿元。中央企业现有离退休人员524万人,困难职工100多万人,企业为此承担大量管理、补贴职能,加重负担。"[①]再如,国有企业的经营机制有着诸多不合理约束。仅以锦江之星发展为例,尽管是国企背景,在某些方面有优势,但相比其他民资行业,锦江都城像是带着镣铐和他们竞争。锦江都城虽然已经在我国香港特别行政区和上海资本市场上市,但还是国资控股,向银行贷款会比其他企业容易些,但由于是国企背景,会受到上海国资委的监管,新开门店的计划需要报批,与民营连锁快捷酒店的扩张速度没法相比。[②] 客观而言,国有企业承担的这些额外负担不同程度地影响了它们在相关市场上与其他经营者的公平竞争,同样需要得到及时、有效、彻底的矫正。为此,政府应当重点推进以下三个方面的制度改革:第一,强化国有企业的政企分开。一方面,"国资委作为终极出资人,下面设置若干个国有资本经营公司,由这些公司直接出资管理实业公司。这一制度能有效地分离国资委的监督、管理职能,提升管理水平,还能保证与现行体制的连贯性"。另一方面,"让民营资本进入,让这部分国有企业真正实现完全市场化,成为彻底的混合所有制企业。国企边界模糊后,国资委成为普通的出资人,将与其他股东一样派驻董事、领取分红,通过董事决定企业高管人选,按照市场惯例决定高管薪酬"。[③] 第二,分类定位国有企业的社会角色。根据业务性质及其社会作用,国有企业在整体上可以分为功能性和竞争性两类。"所谓功能性国企包括供水、供电、供油、供气、公交地铁等提供公共服务的企业,从事重要资源开发的企业,以及军工、大飞机等关系国计民生的战略性企业。这些企业虽然也有盈利需求,但是更重要的是社会职责和战略任务。竞争型国企则与其他所有制企业一样,应该在法律框架内追逐利润为先。"[④]第三,建立完善的国有企业公益性服务成本的核算与补偿机制。在国有企业承担提供特定公益性服务的情况下,政府应当建立一套相应的成本核算机制,以此作为基础参照市场化运行规则下的企业正常利润对这些国有企业依法提供透明化的补偿。

---

① 陈德胜、李洪侠:《国有企业改革须分类推进》,载《中国证券报》2014年10月8日,第A09版。

② 俞萌:《国资背景有优势但受限制》,载 http://finance.cnr.cn,最后访问日期:2015年3月18日。

③ 赵春凌等:《国企改革新征途》,载《国企》2013年第3期。

④ 同上。

（三）政府补贴改革

首先，政府应当取消地方补贴。因不同地方政府采取的财政补贴很难做到完全一致，这使地方补贴往往会直接影响位于不同行政辖区的企业，在同一个相关市场上的公平竞争。而正如很多企业家在《中国企业发展环境报告 2013》中所提出的，创造公平的市场环境比政府补贴更重要。因此，我国应当取消地方补贴。事实上，国务院目前已经开始采取措施着手清理地方政府补贴。2014 年 11 月 27 日国务院下发了《关于清理规范税收等优惠政策的通知》，除强调坚持税收法定原则、规范非税收入管理之外，还要求：未经国务院批准，各地区、各部门不得对企业规定财政优惠政策；对违法违规制定与企业及其投资者（或管理者）缴纳税收或非税收入挂钩的财政支出优惠政策，包括先征后返、列收列支、财政奖励或补贴，以代缴或给予补贴等形式减免土地出让收入等，坚决予以取消；其他优惠政策，如代企业承担社会保险缴费等经营成本、给予电价水价优惠、通过财政奖励或补贴等形式吸引其他地区企业落户本地或在本地缴纳税费，对部分区域实施的地方级财政收入全留或增量返还等，要逐步加以规范。在积极推进这些要求得到有效落实的基础上，我国应当重点完善税法、预算法等法律制度的刚性约束。

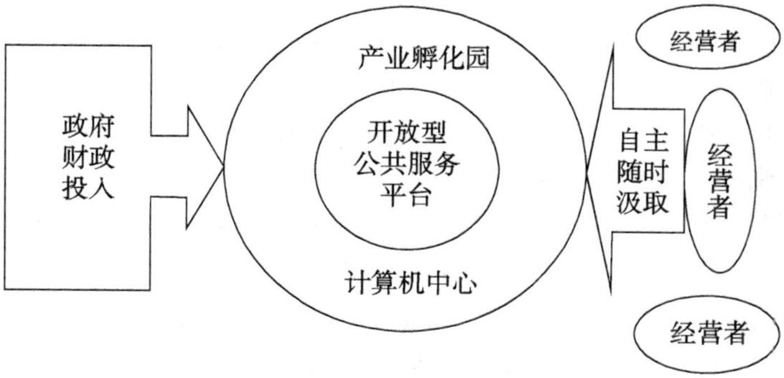

图 10　横向补贴模式示意

其次，政府应当尽量采用横向补贴模式。横向补贴模式，即通过搭建科研平台、产业孵化园区等方式，向特定行业的所有企业甚至其他领域的经营者提供技术、资金、服务等方面的普遍性支持。相对纵向补贴模式而言，横向补贴模式对市场的公平竞争影响非常小。因为特定行业的企业都可以进入政府搭建的科研平台、产业孵化园区等，所以它们从政府补贴获得的额外竞争优势应当是基本均衡的。这在最大限度上减少了因政府补贴而给企业在产品定价、企业研发、现金流量、投资回报等上造成的种种不公平差异,相对有效地确保了它们在相关市场上的公平竞争,而且基本上不会因为政府补贴导致相关市场区域高度集中。近年来,政府搭建的各类科研平台、服务平台等公共平台已经充分显示这种补贴模式在产业政策的实施与竞争政策的推行上具有高度的兼容性与协调性,并且政府补贴的社会效益相对大幅提高。目前,横向补贴模式在中央政府实施的财政补贴体系当中占比还是较低,无论是择用频率还是费用总额都远远低于纵向补贴模式。政府应当大幅提升横向补贴模式的使用力度,尽量确保政府补贴的助推行为具有普惠性,实现政府干预与市场调节的耦合。

第三节 竞争倡导

竞争倡导,即反垄断执法机构实施的除执法以外所有改善竞争环境的行为,具有促进和补充反垄断执法、推进竞争政策有效实施和推动竞争文化建设的重要作用,①它是竞争中立政策可以得到有效贯彻的路径之一。

一、路径地位:辅助贯彻路径

虽然竞争倡导可以促进竞争中立政策得到不同程度的贯彻,但是由于它对此不具有刚性约束力,所以竞争倡导只能起到辅助作用;然而因竞争倡导深度触及受众的认知意识,因此,它的辅助作用是完全不容忽视与小觑的。

(一)竞争倡导的非刚性

无论采取的措施是何种具体形式,政府实施的竞争倡导都只有软性的引导作用,受众可以根据自身的意愿作出自由选择。以常见的企业竞争合规指引为例,如英国,竞争与市场管理局(Competition and Markets Authority,CMA)在2011年重新发布了《竞争法合规指南》(How Your Business can Achieve Compliance with Competition Law Guidance),专门为企业以“自上而下承诺合规为核心”设计了一套包含风险识别、风险评估、风险消减、系统检审在内的“四步法”操作规程,②旨在积极引导企业充分进行自主合规,减少损害市场竞争的垄

① 参见张占江:《竞争倡导研究》,载《法学研究》2010年第5期。

② 参见丁茂中:《英国竞争合规指引机制的考察与思考》,载《价格理论与实践》2014年第9期。

断发生频率。但是，这并不意味着所有企业必须按照该指南进行竞争合规，经营者可以照此进行竞争合规操作，也可以不进行任何竞争合规操作，这完全取决于经营者对潜在违规风险（竞争违规可能性）、合规成本（人力资源与经济投入）与收益（潜在违法宽恕）的判断与主见。

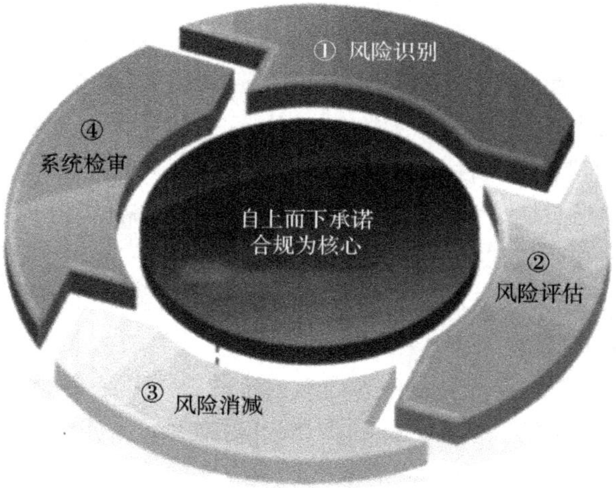

图 11

表 13

<table>
<tr><td rowspan="8">政府补贴中立</td><td rowspan="4">政府补贴对象中立</td><td rowspan="3">中央补贴</td><td>普惠性要求的最低限度允许中央政府根据社会发展需求进行行业补贴</td></tr>
<tr><td>普惠性要求的最低限度限制中央政府进行地区补贴</td></tr>
<tr><td>普惠性要求的最低限度禁止中央政府进行个体补贴</td></tr>
<tr><td>地方补贴</td><td>原则性禁止</td></tr>
<tr><td rowspan="2">政府补贴方式中立</td><td>补贴模式</td><td>逐步放弃纵向补贴模式，逐渐增加横向补贴模式</td></tr>
<tr><td>补贴形式</td><td>类别化统一择用财政拨款、财政贴息、税收返还、无偿划拨非货币性资产</td></tr>
<tr><td rowspan="2">政府补贴标准中立</td><td colspan="2">标准起码统一，包括计算单位、单位金额、补贴期限等相关要素</td></tr>
<tr><td colspan="2">标准尽量科学，如钢铁产能淘汰应当择用环保标准，而非先前的产量标准</td></tr>
</table>

这对于竞争中立政策亦是如此，政府所作的竞争倡导不具有刚性约束力，决策者与执行者可以选择性进行作为。以政府补贴为视点：除法律刚性规定外，在现行政府补贴体制下，面对竞争执法机构对政府补贴作出的更为公平、合理的倡导内容（政府补贴中立行为准则），如地方政府原则上不应当实施地方补贴、补贴模式应当尽量采用横向模式等，相关主体可以接纳，也可以一如既然地照旧进行，即便这种做法存在诸多"合法但是不合理"的社会问题。这就客观上决定了竞争倡导在竞争中立政策贯彻上只能起到辅助、补充作用，不能成为基本或者核心贯彻路径。

（二）竞争倡导的重要性

尽管竞争倡导只能成为竞争中立政策的辅助贯彻路径，但是它对于现阶段的中国在竞争中立政策的推行上还是比较重要的。研究显示，优胜劣汰法则牵扯的伦理问题，使人们原本对竞争就存在认识分歧。如亚当·斯密认为"卓越源自竞争和超越"，而托马斯·霍布斯却觉得"竞争使人类堕落为贪婪的猛兽"；[①]经济利益的深度卷入更是使人们对竞争的想法复杂多变，即便被公认利益高度超脱化的政府也会时不时地出现迷失错位情形。"竞争主管机构以外的其他机构及大众起初通常缺乏对竞争及竞争法原理的认同，也缺少维护、促进竞争的内在责任感。即使企业效率低下或者存在限制竞争行为，但在涉及本地区经济发展时，地方政府常常睁一只眼闭一只眼，甚至为其提供便利。"[②]这导致"现实中的某些法律、政策不但没有促进竞争，相反导致了对竞争的损害"。[③]因此，美国、欧盟、日本、澳大利亚等很多国家在加强法治建设、深化体制改革的同时，都还积极采取措施进行竞争倡导，着力培养整个社会的公平竞争意识。受传统"和气生财"思想、市场经济施行历史较短等因素影响，与反垄断法实施的其他问题相比，我国市场环境中竞争文化缺失的问题尤为严重。[④] 竞争文化的严重缺失，不仅导致我国境内企业实施垄断行为的案件频发，而且导致我国还时不时地出现行政性垄断案件。例如，江西省弋阳县政府在 2013 年 9

---

① R. Hayward, Markus Kemmelmeier, "How Competition Is Viewed Across Cultures: A Test of Four Theories", 41 *Cross-Cultural Research* 364 (2007).

② 王先林主编：《中国反垄断法实施热点问题研究》，法律出版社 2011 年版，第 82 ~ 83 页。

③ See F. A. Hayek, *The Road to Serfdom: Text and Document*, Chicago: University Chicago Press, 2007, p. 87.

④ 黄勇、江山：《反垄断法实施的文化维度论纲——以竞争文化、诉讼文化与权利文化为中心》，载《江西社会科学》2008 年第 7 期。

月 26 日发布了弋阳县人民政府办公室《关于进一步加强全县猪肉类产品市场监督管理工作的通知》,违反行政法律、法规在当地实行外埠冷鲜猪肉白条肉等猪肉类产品市场准入制度以阻止双汇集团进入弋阳市场。这些行政性垄断行为不仅严重损害了政府的社会形象,而且极大影响了市场的竞争秩序。因此,通过竞争倡导培育竞争文化引导包括政府在内的所有市场参与者遵守《反垄断法》及其相关约束性规则成为我国迫在眉睫需要开展的重要工作。

这对于竞争中立政策的有效推行具有非常重要的战略意义,它突出表现在以下三个方面:第一,竞争倡导可以在最大程度上减少竞争违规行为,促使行政执法在最大限度上实现对竞争中立政策的最低限度贯彻,即至少在形式上做到最基本的执法公平(合法性)。当包括政府在内的所有市场参与者在持续地接受有关公平竞争理念的熏陶之后,通常都会积极进行竞争合规,而有效的竞争合规往往能够确保包括政府在内的市场参与者所实施的行为符合竞争法律规范,从而在最大限度上避免出现影响市场公平竞争的各类垄断行为,包括影响较大的行政性垄断。第二,竞争倡导可以促进行政执法在自由裁量权限范围内做到更高层次的公平执法,实现合法与合理的高度统一,使竞争中立政策的核心理念得到有效落实。法定权限范围内的自由裁量不仅涉及行政执法的合理性,而且涉及行政执法的公平性;而这些自由裁量权限范围内的不同程度差异的消减,在很大程度上依赖于执法者的自我约束,这种自我约束的生成及其强弱直接取决于竞争倡导催生的潜在意识。第三,竞争倡导在不同程度上可以促进各级政府积极推进体制改革,逐步消除有碍于市场公平竞争的不合理因素,推动竞争中立政策的深度落实。无论是自上而下还是自下而上的体制改革,政府都在其中扮演着举足轻重的角色;相对于因外界压力而进行的被动改革而言,主动改革的发起基本源于决策者的内在认知,而竞争倡导是这类潜在认知的重要催化剂。这些客观上决定了竞争倡导在我国竞争中立政策的推行过程中是不可或缺,完全不容小觑。

二、基本要求:促进执法认同

贯彻竞争中立政策,要求政府实施的竞争倡导必须基础性地向所有能够影响市场竞争的行政执法部门及其组成人员进行传播公平竞争理念,深入培养和逐步提高他们公平执法、主动维护公平竞争的内在意识。①

(一)具体责任主体

因职能定位及其职业追求等,竞争倡导通常系由竞争执法机构主要负责。相对其他国家而言,我国的竞争执法机构在组织架构上比较独特。我国《反垄断法》第9条第1款规定:"国务院设立反垄断委员会,负责组织、协调、指导反垄断工作,履行下列职责:(一)研究拟订有关竞争政策;(二)组织调查、评估市场总体竞争状况,发布评估报告;(三)制定、发布反垄断指南;(四)协调反垄断行政执法工作;(五)国务院规定的其他职责。"第10条规定:国务院规定的承担反垄断执法职责的机构(以下统称国务院反垄断执法机构)依照本法规定,负责反垄断执法工作。国务院反垄断执法机构根据工作需要,可以授权省、自治区、直辖市人民政府相应的机构,依照本法规定负责有关反垄断执法工作。可以看出,我国的竞争执法机构采用"议事协调机构+行政执法机构"这样的行政组织

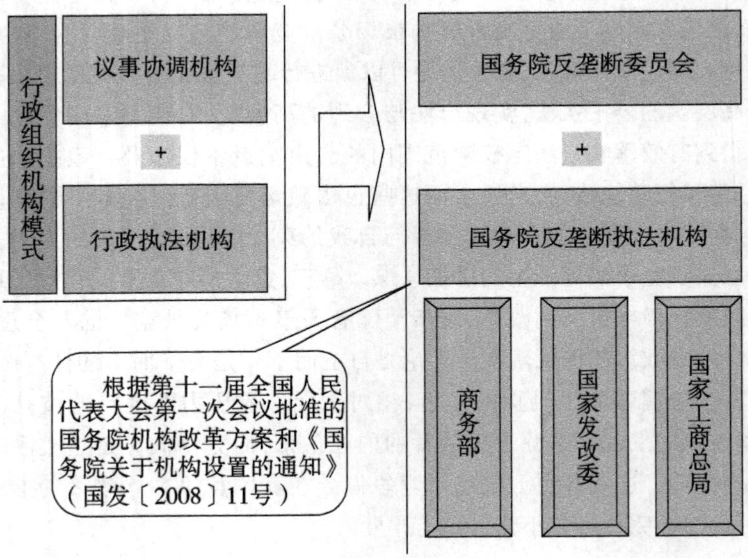

图12

① 众所周知,2018年年初,我国的国务院机构进行了重大改革,无论是在国务院的组成部门上还是在反垄断执法机构的设置上都与之前发生了很大的变化。对此,我们在此就不作形式化的更新替代,但是所有相关的实质性要义都适用于改革之后的国务院的组成部门特别是统一承担反垄断执法职责的国家市场监管总局及其授权的省级执法机构。

机构模式。因此,国务院反垄断委员会与国务院反垄断执法机构,都有责任主导肩负竞争倡导的神圣使命。① 根据国务院相关文件规定,商务部、国家发改委与国家工商总局分别承担经营者集中的竞争审查工作、涉及价格的垄断协议与滥用市场支配地位的执法工作、非价格的垄断协议与滥用市场支配地位及行政性垄断的执法工作。所以,国务院反垄断委员会与商务部、国家发改委、国家工商总局及其授权的省、自治区、直辖市人民政府相应机构应当积极采取各种措施推进竞争中立政策的竞争倡导工作,促进各类主体增强维护市场公平竞争的法律意识。

(二)主要受众群体

竞争中立政策的竞争倡导应当首先面向那些较为频繁、普遍接触市场的行政执法部门及其组成人员。以中央层面国务院为例:②在国务院组成部门中,工信部、科技部、环保部、财政部、住建部、水利部、农业部应当是竞争倡导的重点对象,外交部、国防部、教育部、国家民委、公安部、国家安全部、国家卫生和计划生育委员会、审计署、人社部、民政部、国土部、交通运输部、司法部、中国人民银行、文化部、监察部则应当属于非重点对象;在国务院直属机构中,知识产权局、国务院税务总局、国家新闻出版广电总局、国家食品药品监督管理总局、海关总署、安监总局、国管局、质检总局应当是竞争倡导的重点对象,国家体育总局、国务院参事室、国家林业局、国家旅游局、国家宗教事务局、国家统计局则应当属于非重点对象;在国务院直属事业单位中,中国银监会、中国保监会、中国证监会应当是竞争倡导的重点对象,国务院发展研究中心、中国工程院、中国地震局、国家行政学院、全国社会保障基金理事会、国家自然科学基金委员会、中国科学院、中国气象局、中国社会科学院、新华通讯社则基本没有必要;国务院侨务办公室、国务院港澳事务办公室、国务院法制办公室、国务院研究室等国务院办事机构及国务院直属特设机构国务院国有资产监督管理委员会也基本没有必要。

需要特别指出的是,具体承担反垄断执法职责的商务部、国家发改委与国家工商总局必须深度加强自身内部的竞争倡导工作,这包括有关竞争中立政策

---

① 参见周智高:《加强竞争倡导,建设竞争环境》,载《中国价格监管与反垄断》2015 年第 8 期。

② 2013 年 3 月第十二届全国人民代表大会第一次会议听取了国务委员兼国务院秘书长马凯关于国务院机构改革和职能转变方案的说明,审议了国务院机构改革和职能转变方案,决定批准这个方案,确立了国务院现行组织架构。

的内容。第一，它们本身都是对市场竞争产生较为深远影响的行政执法机构，确保反垄断执法公平（如价格规制中立）亦是固有义务；第二，它们本身肩负多项职责，内设多个机构，竞争执法的相关元素只是其中内容之一。以国家发改委为例，根据职责，国家发改委内设28个职能机构，包括办公厅、政策研究室、发展规划司、国民经济综合司、经济运行调节局、经济体制综合改革司、固定资产投资司、利用外资和境外投资司、地区经济司、西部开发司、东北振兴司、农村经济司、基础产业司、产业协调司、高技术产业司、资源节约和环境保护司、应对气候变化司、社会发展司、就业和收入分配司、经济贸易司、财政金融司、价格司、价格监督检查与反垄断局、法规司、国际合作司、人事司、国民经济动员办公室、重大项目稽察特派员办公室；其中，价格监督检查与反垄断局具体负责相应的反垄断执法工作；相对于价格监督检查与反垄断局而言，国家发改委内设的其他许多重要司局，在干预市场过程中对公平竞争理念的秉持还是非常薄弱的，容易出现因不当干预而导致竞争不公的问题。所以，在积极"对外"就竞争中立政策展开竞争倡导工作的同时，商务部、国家发改委与国家工商总局应当积极"对内"开展相应工作。

表14　价格规制中立

价格违法认定标准中立	至少保证认定标准的统一性
	建议统一择用利润率分析法
价格违法立案调查中立	依法公平进行立案
	做好执法措施的公平采取
	保证陈述意见权利得到公平行使
	公平地适用承诺制度
价格违法行政处罚中立	尽量保持"责令停止违法行为，没收违法所得，并处上一年度销售额百分之一以上百分之十以下的罚款"操作的统一性

（三）核心倡导内容

第一，在确保执法必须合法的基础上最大限度地提升执法合理性，特别是不同案件之间的公平因素。执法行为符合法律规定是依法行政的最低限度，亦是竞争中立政策的固有要求。以此为基本前提，国务院反垄断委员会与商务部、国家发改委、国家工商总局及其授权的省、自治区、直辖市人民政府相应机构，应当积极向行政执法系统的同人倡导通过更为合理的做法来实现市场竞争公平的最大化。以滥用市场支配地位的罚款为例，根据我国《反垄断法》第47条规定，反垄断执法机构应当对垄断行为实施者并处上一年度销售额1%以上10%以下的罚款。但是在具体做法上，反垄断执法机构本身是有两种潜在的选择：一是可以将这个规定完全视为一个自由裁量条款，根据自身对个案的执法需求直接确定一个罚款的比例幅度；二是可以将这个规定基本视为一个限制性条款，根据计算得出的垄断行为实施者给市场造成的损害与其上一年度的销售额之比来最终确定罚款的比例幅度，如果比值低于1%或者超过10%，则按照相应最低或者最高罚款比例进行操作。显然，后者要比前者更为科学、公平，但前者要比后者更为容易、简单。① 在通常情况下，即便是反垄断执法机构自身也有着更多的倾向选择前者，更不用说其他领域的行政执法机构在面临类似情形的常态反应；而作出选择后者的类似做法，则需要更强的责任心与坚定的公平理念，这恰恰是包括对竞争中立政策所作的竞争倡导所需要培育的内容。

第二，依法积极主动采取措施消除有碍于市场公平竞争的体制性因素。截至目前，我国还存在很多有碍于市场公平竞争的体制性因素。有些在现行法律框架内是可以解决的，如纵向补贴模式下的中央补贴导致的不同企业获得额外优势的差异问题；有些则需要通过修改现行法律之后方能有效解决，如地方补贴差异导致的不同区域企业的额外竞争优势失衡问题。但是无论是前者还是后者，它们都迫切需要各级政府积极采取措施进行破解，这在肩负改革试验历史使命的中国（上海）自由贸易试验区等显得尤为突出。然而，因为这些体制性障碍的消除都不同程度地存在种种困难，所以不少职能部门在客观上采取了消极对待态度。这在一定程度上影响了我国的经济转型，必须全面进行扭转和纠正。对此，除了加强工作制度建设外，软性的意识培育也是非常重要的，而竞争倡导便是其重要路径之一，包括对竞争中立政策的倡导。

三、最高要求：促进全民认同

竞争中立政策的贯彻，对政府所实施的相关竞争倡导可以提出的最高要求，便是在最大程度上深层次地促进所有人对公平竞争理念的高度认可与接受，并由此催生自觉主动维护市场公平竞争的潜在意识。

---

① 参见丁茂中：《竞争中立政策视野下的价格规制中立研究》，载《竞争政策研究》2015年第1期。

（一）影响市场公平竞争的主体多维性

除了行政机关外，影响市场公平竞争的主体还有很多。

首先，便是立法机关。在绝大部分情况下，立法机关通过立法将公平、公正、公开作为基本原则写入法律以此从根基上确保市场竞争的公平化。这在很多法律中均有充分的体现，例如，我国《招标投标法》第5条“招标投标活动应当遵循公开、公平、公正和诚实信用的原则”、我国《政府采购法》第3条“政府采购应当遵循公开透明原则、公平竞争原则、公正原则和诚实信用原则”、我国《中小企业促进法》第38条“国家完善市场体系，实行统一的市场准入和市场监管制度，反对垄断和不正当竞争，营造中小企业公平参与竞争的市场环境”。但是在有些情况下，立法机关制定的法律无论是在形式上还是在实质上也会导致市场竞争明显有失公平。这在早些年的中外资企业所得税的立法上表现得非常突出，相应法律规定的税负之差累计10多个点。“对外资企业实行大量的税收减免优惠，客观上促使其增强了企业的经济实力，因而能够拿出较内资企业更多的资金投入销售宣传，抢先占领市场处于有利地位。在同等条件下起步的内资企业不但享受不到税收优惠，还要承担很多社会义务，加之其享有的法人财产权不如外资企业充分等客观原因，难以与外资企业抗衡。人为地造成了内资企业的劣势竞争地位，这是不符合市场经济公平竞争原则的。”①

其次，便是司法机关，尤其是法院审判系统。“司法是正义的最后一道防线”，②这客观决定了司法机关在影响社会公平包括市场竞争公平上的重要地位与基本角色。在整体上，法院审判系统在确保市场竞争公平中起到了至关重要的积极作用。这集中表现在大量案件的司法裁决上，特别是有关市场竞争秩序的各类诉讼，如北京锐邦涌和科贸有限公司诉强生（上海）医疗器材有限公司、强生（中国）医疗器材有限公司纵向价格垄断协议纠纷案等民事诉讼和深圳市斯维尔科技有限公司诉广东省教育厅行政垄断案等行政诉讼。但是客观而言，在局部上，法院还仍然时不时不同程度地出现消极作用，通过个案裁决的方式不当地影响部分经营者之间的公平竞争。这突出表现在不少带有地方保护主义色彩的司法审判活动中，如知识产权纠纷案件的裁决。“基于《最高人民法院公报》自1985年以来所收录的知识产权案例为研究样本的实证研究，我们发

---

① 关小虎：《外资企业税收超国民待遇与内外资税制并轨》，载《宏观经济研究》2004年第10期。

② 吕忠梅：《司法公正价值论》，载《法制与社会发展》2003年第4期。

现,一审诉讼中原告与法院所在地是否一致,对于原告是否能最终获得有利判决具有显著为正的影响。”①

除公权力部门外,各类私权利主体也可以影响市场的公平竞争,包括从事商品生产、经营或者提供服务的自然人、法人和其他组织。例如,内蒙古自治区烟草公司赤峰市公司在开展卷烟批发销售业务中,对畅销卷烟品种和非畅销卷烟品种实行捆绑销售,对不按规定要求订购非畅销烟的零售商,则通过减少畅销烟供货数量的方式予以惩罚;这种借助垄断地位强制零售商购买并不受消费者欢迎的平销商品,客观上起到了让零售商和消费者分担平销商品生产厂家因工艺、技术落后等因素致使产品销售不畅而产生的成本,保护落后的生产技术和厂家的后果,损害了烟草生产企业间正当的竞争秩序。② 因此,影响市场公平竞争的主体多维性客观上决定了政府对竞争中立政策所实施的竞争倡导仅限于行政机关是不行的,必须最大限度地覆盖所有社会主体,而这将是一项非常艰巨的任务和较为庞大的工作。

(二)深度促进全民性认同的操作路径

1. 全面性的政策宣传

作为肩负竞争中立政策初始发起倡导使命的竞争执法机构,在社会尚未因其所实施的竞争倡导而出现连锁反应形成对竞争中立政策的应用产生绵绵不断的推力情况下,应当首先通过传统的政策宣传面向立法机关、司法机关以及各类私权主体特别是影响较大的企业进行竞争中立政策的“广而告之”。在组织分工上,国务院反垄断委员会与商务部、国家发改委、国家工商总局及其授权的省、自治区、直辖市人民政府相应机构应当根据自身基本职能、对应机关级别及行政区域所在地等因素进行协调确定各自的政策宣传对象。具体而言,国务院反垄断委员会应当统一协调商务部、国家发改委、国家工商总局组织对全国人大、最高人民法院及各类大型企业尤其是总部驻京的进行政策宣传;商务部、国家发改委、国家工商总局应当组织协调省级相应职能部门及其下属市县机构对地方各级人大、各级法院及其他各类企业进行政策宣传。在具体方式上,针对立法机关进行的政策宣传,最为常见的做法就是聘请权威专家进行讲座,更

① 龙小宁、王俊:《中国司法地方保护主义:基于知识产权案例的研究》,载《中国经济问题》2014 年第 3 期。

② 参见《关于内蒙古自治区烟草公司赤峰市公司滥用市场支配地位行为的处罚决定》(内工商处罚字〔2014〕002 号)。

为有效的做法就是在人大审议各类报告或者草案过程就相关不合理的内容提出意见或者进行特别说明。例如,在审议政府作出的财政预算草案过程中,如果预算事项出现为招商引资而对特定企业进行大额定向补贴时,竞争执法机构可以而且应当通过现场参与或者其他方式向立法委员阐述此类做法对市场公平竞争的巨大危害。在针对司法机关进行的政策宣传,除了常规的政府文件报送学习外,最为有效的做法就是国务院反垄断委员会与商务部、国家发改委、国家工商总局会同最高人民法院,将竞争中立政策转化为法院系统的司法政策,并以此至上而下地指导整个法院的司法审判工作;在针对各类私权主体特别是影响较大的企业进行的政策宣传,国务院反垄断委员会与商务部、国家发改委、国家工商总局及其授权的省、自治区、直辖市人民政府相应机构应当结合竞争合规的指引工作来进行展开,强调对竞争中立政策的遵守对企业竞争合规工作的裨益以及竞争执法机关对竞争中立政策的坚定态度。

2. 系统性的文化教育

在全面对竞争中立政策进行宣传的基础上,竞争执法机构还应当积极推进竞争文化的建设,将竞争中立政策的要义契溶于系统性的文化教育以此推动竞争中立政策得到深层次的认可与普遍性的维护。“竞争文化,概括地说就是关于市场竞争的一系列思想观念、商业规则和法律制度的总称。其在内容上表现为:政府营造良好的竞争环境;经营者实施公平有序的竞争行为;竞争执法机构积极执法;消费者积极抵制损害市场竞争秩序的行为。”①美国、欧盟、日本、韩国等诸多实践充分证明:良好的竞争文化氛围能够培育和醇化社会大众的公平竞争意识,而这种潜在意识对于促进竞争法律制度及其相关政策包括竞争中立政策在内的有效实施都是至关重要的,对于竞争违规现象的治理具有“标本兼治”功效。② 因此,无论是为了促进竞争中立政策得到有效的贯彻还是确保竞争法律规范得到最大限度的遵守,我们都应当积极推进竞争文化的建设,将公平竞争作为一种理念融入文化教育当中去,包括知识教育与素质教育。这应当从青少年的综合教育开始抓起,我国香港特别行政区就是如此进行的。“委员会认识到要在社会上推广竞争的文化,须由学生及青少年做起。为此,该委员会已展开宣传计划以提高学生和青少年对竞争概念的认识,包括(a)与香港教育城

① 徐士英:《竞争政策研究——国际比较与中国选择》,法律出版社 2013 年版,第 231 页。

② 参见徐士英、应品广:《竞争文化的培育和发展——从日本竞争主管机关竞争执法、竞争推进谈起》,载《江苏大学学报》(社会科学版)2011 年第 5 期。

合作,透过其网站(www. hkedcity. net),于二零零四年六月推出了一套以小学高年级学生(小四至小六)和初中学生(中一至中三)为对象的互动游戏,透过游戏形式向学生灌输竞争概念;以及(b)与教育统筹局合作,在二零零四至零五年度把竞争概念纳入高中综合人文科的课程范围内。"[①]在长期的良性竞争文化浸渍下,职业及其形式差异并不会消减人们对公平竞争的认同与维护,这将从长远上促进竞争中立政策得到最为深度的贯彻。

本章小结

市场经济是法治经济,行政执法是政府干预市场的主要方式;这就决定了行政执法成为政府所有经济政策的基本贯彻路径,包括竞争中立政策。贯彻竞争中立政策要求政府在行政执法过程中必须合法、合理地遵守(广义)法律所确定的公平原则(精神)及/或制度规范。因"一揽子"原则性禁止政府滥用行政权力排除、限制竞争,我国《反垄断法》的有效实施对于竞争中立政策的贯彻至关重要;我国应当尽快修改法律不仅赋予反垄断执法机构对行政性垄断的刚性规制权力,而且授予反垄断执法机构更多相应的处置手段,而非只是"可以向有关上级机关提出依法处理的建议"。因时制宜进行体制改革是政府干预市场的重要手段,它也是政府重要经济政策的核心贯彻路径,市场竞争目前存在的公平问题很多远远超出现行法律层面,其解决方案的标本兼治需求决定了竞争中立政策的贯彻必须更多地依赖体制改革;贯彻竞争中立政策要求政府应当采取措施积极推进体制改革特别是经济改革,消减影响企业在市场上公平竞争的不合理制度歧视;除其他内容外,政府应当重点推进市场进入、国有企业、政府补贴的体制改革。竞争倡导因其软性约束决定其只能成为竞争中立政策的辅助贯彻路径,但是它的辅助作用绝对不容忽视和小觑;竞争中立政策的贯彻对国务院反垄断委员会与商务部、国家发改委、国家工商总局,及其授权的省、自治区、直辖市人民政府相应机构等竞争执法机构所实施的竞争倡导提出的基本要求,是必须基础性地面向那些较为频繁、普遍接触市场的行政执法部门及其组成人员进行有效的灌输,在确保执法必须合法的基础上最大限度地提升执法合理性与依法积极主动性,采取措施消除有碍于市场公平竞争的体制性因素思

---

① 丁茂中:《反垄断法与经济现象的点面透视研究》,法律出版社2013年版,第134页。

想。而最高要求则是通过全面性的政策宣传和系统性的文化教育，在最大限度上深层次地促进所有人对公平竞争理念的高度认可与接受，并由此催生自觉主动维护市场公平竞争的潜在意识。无论是中国（上海）自由贸易试验区还是其他地方，如果政府决定施行竞争中立政策，则都应当尽量多管齐下地通过行政执法、体制改革与竞争倡导来推动竞争中立政策得到有效的贯彻。

第五章　竞争中立政策的风险防控

第一节　市场结构过度集中风险及防控

市场结构过度集中,即市场在经营者的激烈竞争过程中,因优胜劣汰的基本规律作用而逐步走向份额高度集中化。在采取措施有效避免落入国际贸易保护主义陷阱的正常情况下,市场结构过度集中是实施竞争中立政策将可能面临的重要常规风险之一,我们应当依法尽量事前性地采取相应措施进行风险防控以在最大程度上确保我国经济的稳健发展。

一、市场结构过度集中的风险演示

竞争中立政策的实施,可能带来市场结构过度集中的市场风险,可以通过经济学基础理论得到完整的逻辑推演以及现实各种示例的有效实证。

(一)固有缺陷:竞争内生垄断

虽然政府失灵也可能使政府不公干预,导致相关市场出现不合理的垄断格局,但是竞争内生垄断却是市场失灵的固有缺陷。竞争中立政策以限制政府不公干预、促进市场公平竞争为己任,这使竞争中立政策在实施过程中自身无可避免地将会导致相关市场逐步走向垄断,市场结构出现过度集中甚至寡头或者独占格局。

首先,竞争中立政策照旧促使经营者在竞争机制的作用下常态化地“蚕食”竞争对手的市场份额。虽然竞争中立政策使相关市场的竞争趋于更加公平,但是这并不意味着相关市场的竞争趋于平淡柔和。相反,市场竞争的激烈程度往往将会进一步加剧。在这种环境下,优胜劣汰的残酷市场法则驱使参与市场竞争的各类企业,必须不断地采取技术革新、提高服务、优化质量等措施,持续主动或者被动地挑战竞争对手。如果任何一个主体无法承受来自竞争对手的动态压力,则将会导致其市场份额被竞争对手阶段性地获得。尽管市场份额的失去与获取通常在一个既定的周期内具有较高的反复性,然而应对挑战存在的固有时滞以及潜在的决策失误、跟进能力不足、市场需求突变等使这种格局在特定厂商之间的竞争关系中不会永久存续。① 市场资源的有限性客观上决定了必然有些企业最终将被迫退出市场,只是这种现象将伴随着时间的流逝而在不同节点的不同经营者的身上交替发生。由于在位厂商通常要比市场新的进入者更具有经验、技术、管理、声望以先占等诸多优势,②因此,退出市场的经营者所交出的市场份额一般都会被前者收入囊中。所以,即便企业在日常经营状态下进行反复拉锯博弈产生的竞争者相互"蚕食"的格局也会造就市场出现"滚雪球效应",市场份额逐步慢慢集中到少数企业手中甚至完全被个别经营者所掌控。

其次,竞争中立政策仍会推动经营者在竞争机制的作用下战略性地"鲸吞"竞争对手的经营载体。竞争中立政策营造的公平环境带来的激烈竞争,使企业在日常经营过程中除了必须常态化"蚕食"竞争对手的市场份额外,有时还会通过直接合并、收购股份、托管经营等手段进行战略性地"鲸吞"竞争对手的经营载体。在市场经济条件下,买卖企业或者企业并购事件是经常发生的。有些并购可能出于"敌意兼并"的目的,即吃掉竞争对手。然而,大多数企业并购活动则是出于这样一个事实,即大小企业不同程度的内部增长可以使大企业在成本方面较小企业占有很大的优势,即市场上竞争不力的小企业能够被迅速地淘汰掉。③ 根据中国商务部的统计,截至2015年年底,在我国《反垄断法》施行7周年之际,仅中国商务部立案进行经营者集中竞争审查的企业兼并就高达1304

---

① 参见汪克夷、冯桂平:《动态竞争中的竞争速度研究》,载《科学学与科学技术管理》2004年第6期。

② 市场新的进入者在此不包括通过兼并业已在位厂商(老的商事主体)而进入相关市场的经营者。

③ 王晓晔主编:《中华人民共和国反垄断法详解》,知识产权出版社2008年版,第36页。

件。[①] 在这些企业兼并案件中，既有较大企业兼并中小竞争对手的，也不乏市场领导者兼并旗鼓相当的竞争对手或者市场挑战者。前者如中国燃气控股有限公司的全资子公司中国天然气投资有限公司收购富地燃气投资有限公司100%股权、华润雪花啤酒有限公司收购金威啤酒集团(成都)有限公司等9家公司全部股权、戴姆勒股份公司与北京汽车股份有限公司经营者集中等，后者如西部数据收购日立存储的经营者集中、美国辉瑞公司收购美国惠氏公司、沃尔玛公司收购纽海控股有限公司等。“虽然经营者取得控制权这种方式在形式上没有导致相关市场竞争主体在数量上的减少，但是它在不同程度上实质性地削弱了市场竞争力度，导致不同范围内的经济力量区域集中。”[②]

最后，竞争中立政策依然无法预防经营者在竞争机制的作用下破坏性地“鸠占”竞争对手的市场业务。在竞争中立政策创造的激烈竞争环境下，经营者仍然有可能实施破坏性的竞争行为。除所有企业都有能力实施的不正当竞争行为外，大企业通常有着强烈的冲动对中小竞争对手实施滥用市场支配地位行为。在2012年12月8日由华东政法大学举办的“反垄断法与企业竞争合规国际研讨会”上，联合国贸发会竞争与消费者政策处总干事哈桑卡卡亚(Hassan Qaqaya)先生指出，滥用市场支配地位在不少情况下已经成为部分跨国公司攻击竞争对手的潜在手段：在采取不合理的拒绝交易、限定交易、差别待遇等做法对竞争对手产生的损害给自身带来的潜在利益(现实的营业收入、潜在的客户资源、转型升级的机遇、市场领导地位的声誉等的总和)大于因违背反垄断法而可能遭受的损失(主要是经济损失)情况下，这些经营者将会毫不犹豫地采取这种手段攻击竞争对手。他匿名列举了欧盟查处的一个案件，在该案件中，涉案企业的公司高管在内部的邮件中明确写道：宁愿被布鲁塞尔(欧盟竞争执法机构所在地)罚款，也不愿意让竞争对手获取公平的发展机会，这样可以起到斩草除根的效果。[③] “反垄断案件中，任何一个案件事实的证明都需要大量的证据材料。在美国，有的反托拉斯诉讼中，与案件有关的证据材料重达几吨，上百万页。这从另一个角度也说明了当事人在反垄断案件中的举证负担是非常重的，

---

① 参见《国新办举行反垄断执法工作情况新闻吹风会》，载 http://fldj.mofcom.gov.cn，最后访问日期：2015年4月6日。

② 丁茂中、林忠：《经营者集中控制制度的理论与实务》，复旦大学出版社2012年版，第4页。

③ 参见丁茂中：《论滥用市场支配地位“初犯”的从减免问题》，载《亚洲竞争法学会2015年会暨亚洲竞争法论坛论文集》，第323页。

特别是对反垄断民事诉讼中的原告而言，他们往往都是受到垄断行为迫害的中小企业或者个人，如此重的举证责任对他们而言是一个很重的负担。”①这使大企业较为容易借助自身的市场支配地位欺压中小企业特别是竞争对手，进而出现前者不当地“鸠占”后者在相关市场上的业务份额，加速相关市场集中化趋势。

（二）历史教训：垄断导致低效

虽然单个经营者占有较高的市场份额甚至寡占或独占情形本身并不受法律负面评价，但是如果相关市场在结构上出现过度集中格局，原则上应当面临法律与经济视角的双重否定。因为历史教训充分表明，市场结构过度集中通常伴生性地会给一国经济或者特定行业带来各种风险，特别是垄断导致低效问题。

首先，垄断较为容易导致市场出现创新不足。经营者在相关市场上获得垄断地位以后，即便在市场进入壁垒非常低的情况下，也是非常容易出现创新发展有所松懈的势头。正如史学家司马迁在《史记》“货殖列传”篇章中所言：“天下熙熙，皆为利来；天下攘攘，皆为利往。”企业参与市场竞争的根本目的在于获得最大化利益，这包括它们实施的各种创新行为。而“享有市场势力的厂商能够收取高于边际成本的价格，赚取经济利润”。② 超额利润的可获取化与所有市场主体共有的潜在惰性使占据垄断地位的经营者容易将先前集中在为其当前带来超额利润的创新活动上的精力不同程度地分散或者转移到其他方面。例如，第一，价格和产量的取舍。“由于垄断者面临下斜的需求曲线，而不是竞争型企业所面临的水平曲线，生产 500,000 个单位的产品并不意味着他的利益最大化……结果，垄断者面对着生产和价格的选择：要么少生产，以高价销售，要么多生产，以低价销售。”③第二，构筑市场进入壁垒。“针对微软拒绝向太阳公司提供兼容性信息这一拒绝交易行为，欧共体委员会指出：微软拒绝提供兼容性信息，在其已巩固的市场中具有窒息创新的后果，对于整个产业的技术发展及消费者福利带来损害。”④因此，“如果垄断企业控制着创新所需要的人才或

---

① 赵栋：《反垄断民事证据制度研究》，中国政法大学出版社 2014 年版，第 18 页。

② ［美］道格拉斯·伯恩海姆、迈克尔·惠斯顿：《微观经济学》，项婷婷译，北京大学出版社 2010 年版，第 645 页。

③ ［美］欧内斯特·盖尔霍恩、威廉姆·科瓦契奇、斯蒂芬·卡尔金斯：《反垄断法与经济学》（第 5 版），任勇等译，法律出版社 2009 年版，第 60 页。

④ 王晓晔主编：《竞争执法能力建设》，社会科学文献出版社 2012 年版，第 332 页。

制度政策,而且此前使用旧技术得到的垄断利润又较低的话,那么代表着'创造性破坏'的创新就很有可能在垄断企业发生;而随着垄断利润的增加、人才市场逐渐完善和制度趋于公平,垄断企业创新的动力会减弱。"①这就从根基上影响了相关市场的创新正向动能,即市场领导者应然肩负的技术创新引领使命。除此以外,获得垄断地位的经营者为了维持现状而有强烈的冲动实施反竞争行为,也直接威胁着潜在的市场创新活动。"从长远来看,如果微软的策略成功,微软工作组服务器操作系统外的新产品,将被限制于极小的存在(Niche Existences)或者根本不存在。"②正反因素的叠加效果因此比较容易造成市场结构过度集中的市场出现创新不足问题,从而直接影响市场运行的效率。

其次,垄断非常容易导致资源出现巨大浪费。这在理论上突出表现在两个方面:第一,垄断导致X—非效率损失。"X—低效率就是在给定技术条件下没有充分利用经济资源的结果,或者说在同等的技术条件下生产相同的产量耗费了过多的劳动与资本,它根源于动力不足所导致的企业和劳动者的生产积极性与生产努力程度不高,因而主要是一个与动力机制或者激励机制相关的问题……一般认为,垄断所造成的资源配置效率的损失微不足道,但是,垄断所造成的非资源配置效率的损失却是相当大的。根据莱宾斯坦的研究,由X—低效率导致的福利损失大约在7%~18%。"③第二,垄断导致无谓损失。"尽管我们假设用于获取垄断地位的所有资源都被转移到了从事合法活动的人们那里(比如说,关注公共利益的管制者、律师、经济学家),但是交易依然最终导致了财富的转移。因为这种财富的转移没有对商品和服务的存量进行任何增加,似乎有理由认为在实施这种转移中所利用的资源是一种浪费。特别是,那种仅仅为了获得或者维持垄断地位而没有其他目的的活动更是一种彻底的资源浪费。"④在实践中,这具体表现为很多现象。例如,垄断导致自然资源的浪费,以1933年席卷整个西方国家的经济大危机为例:由于市场普遍性地出现垄断以及垄断资本对超额利润的疯狂追逐,这导致整个西方社会出现了严重的供给与消费失衡,在市场自身无法进行有效调节的情况下,只有通过销毁相对过剩产品这种

---

① 丁重、张耀辉:《制度倾斜、低技术锁定与中国经济增长》,载《中国工业经济》2009年第11期。

② 游劝荣主编:《反垄断法比较研究》,人民法院出版社2006年版,第119页。

③ 胡甲庆:《反垄断法的经济逻辑》,厦门大学出版社2007年版,第66~67页。

④ [美]斯基·N.希尔顿:《反垄断法——经济学原理与普通法演进》,赵玲译,北京大学出版社2009年版,第15页。

破坏性的方式才得以有效缓解，这造成了大量食品、衣服、轻工业品等自然资源被浪费。再如，垄断导致人力资源的浪费。有专家针对我国部分国有企业创新不足现象尖锐地指出，“说垄断是创新的杀手，还有另外一层意思。因为国企待遇优厚，工作稳定、轻松，社会地位高，所以，社会精英分子会趋之若鹜。国企为了向国家证明自己对创新的重视，也会大量招收名校的博士硕士，自己装门面。这些精英到了国企，并没有找到给自己充分发挥技术能力的舞台，他们慢慢地‘暖风熏得游人醉’，在享受轻松自在生活的同时，不自觉地沉沦了，锐气没有了，业务生疏了，距离创新之梦，也就越来越远了。垄断，也造成了创新人才的浪费”。①

除了上述问题外，垄断还可能导致单个企业破产的外部影响被急剧放大甚至波及社会稳定，雷曼兄弟公司、德司达公司、无锡尚德太阳能电力有限公司等行业巨头的破产所造成的社会影响，都一直在给我们进行生动的教训。垄断容易导致不良问题频发使市场结构过度集中本身在很大程度上就已经嬗变成为一种潜在的经济风险，而垄断的巨大破坏力使这类风险绝对不容小觑。因此，市场结构过度集中成为我们在实施竞争中立政策过程中，必须防范的重要常规风险之一。

二、市场结构过度集中的风险防控

根据风险成因与演进路径，政府在实施竞争中立政策过程中应当重点采取以下措施防止市场结构出现过度集中。

(一)强化禁止滥用市场支配的反垄断执法

我国《反垄断法》第 17 条第 1 款规定：“禁止具有市场支配地位的经营者从事下列滥用市场支配地位的行为：(一)以不公平的高价销售商品或者以不公平的低价购买商品；(二)没有正当理由，以低于成本的价格销售商品；(三)没有正当理由，拒绝与交易相对人进行交易；(四)没有正当理由，限定交易相对人只能与其进行交易或者只能与其指定的经营者进行交易；(五)没有正当理由搭售商品，或者在交易时附加其他不合理的交易条件；(六)没有正当理由，对条件相同的交易相对人在交易价格等交易条件上实行差别待遇；(七)国务院反垄断执法机构认定的其他滥用市场支配地位的行为。”虽然被称为“反垄断法私人实

① 李宁：《垄断是创新的杀手》，载《中国科学报》2014 年 6 月 5 日，第 9 版。

施”的垄断行为受害者起诉垄断行为实施者赔偿其民事损失的活动可以成为规制滥用市场支配地位行为的重要方式之一，①但是由于滥用市场支配地位行为的法律认定非常复杂、原告需要承担大部分的举证责任、原告相对于被告而言在支持诉讼资源上通常存在较大悬殊、对簿公堂可能导致商业合作彻底撕裂的巨大风险、中国向来“厌诉”的传统习俗等诸多因素的叠加影响，它在治理具有市场支配地位的企业滥用市场支配地位行为上的作用空间至少目前在我国是非常有限、微薄的。这就使被称为“反垄断法公力实施”的反垄断执法机构的行政执法成为我国目前制止具有市场支配地位的企业滥用市场支配地位行为的中坚力量，对于防范竞争中立政策实施过程中出现市场结构过度集中情形至关重要。

因此，政府应当强化禁止滥用市场支配地位的反垄断执法。首先，反垄断执法机构应当加强滥用市场支配地位的立案工作。如果举报人通过书面方式提供了相关事实和证据，只要相关事实和证据从普通人的常规视角（包括生活经验、社会常识、公众感受等）可以有效说明被举报人客观涉嫌滥用市场支配地位，即便没有完全周密的定量分析和科学严谨的竞争评估等，反垄断执法机构也应当依据我国《反垄断法》第 38 条进行调查；若反垄断执法机构在进行必要的调查后认为被举报人的行为没有涉嫌滥用市场支配地位并不再进行继续调查，则应当向举报人进行合理的告知。在此基础上，反垄断执法机构应当根据市场现象、媒体报道、消费者投诉等信息源头积极主动查找涉嫌滥用市场支配地位的案件线索，依法进行必要调查。其次，反垄断执法机构应当严控滥用市场支配地位的合理性抗辩。高价销售商品、独家交易协议、捆绑销售、差别定价等行为在本体上都是企业的正常经营策略，我国《反垄断法》第 17 条第 1 款只是对具有市场支配地位的经营者强加了部分特殊义务，但是允许进行合理性抗辩。“滥用市场支配地位行为是垄断行为中的高级形态，其表现形式是复杂的和多种多样的，企业总会以各种各样的理由进行抗辩以强调其行为的合理性。”②“鉴于反垄断法功能优化的应然选择，越来越多的主体认为应当将反垄断法的执法目标限定于效率至上。在行为的合理性分析方面，政府应当以效率作为合理性的主要判断标准，甚至是唯一判断标准。”③最后，反垄断执法机构应

① 参见王健、朱宏文：《反垄断法实施问题研究》，法律出版社 2013 年版，第 67 页。

② 李小明：《滥用市场支配地位法律规制研究》，知识产权出版社 2008 年版，第 117 页。

③ 丁茂中：《反垄断法促进企业规模化经营的实现路径》，载《法商研究》2011 年第 6 期。

当加大滥用市场支配地位的惩罚力度。我国《反垄断法》第47条规定:"经营者违反本法规定,滥用市场支配地位的,由反垄断执法机构责令停止违法行为,没收违法所得,并处上一年度销售额百分之一以上百分之十以下的罚款。"如果判定涉案企业构成滥用市场支配地位行为,除根据垄断行为给市场造成的损害来确定罚款幅度外,反垄断执法机构还应当积极通过追缴违法所得来增加违法成本。

(二)合理控制经营者集中案件的竞争审查

首先,反垄断执法机构应当加强经营者集中案件的申报工作。我国《反垄断法》第21条规定:"经营者集中达到国务院规定的申报标准的,经营者应当事先向国务院反垄断执法机构申报,未申报的不得实施集中。"国务院《关于经营者集中申报标准的规定》第3条第1款规定:"经营者集中达到下列标准之一的,经营者应当事先向国务院商务主管部门申报,未申报的不得实施集中:(一)参与集中的所有经营者上一会计年度在全球范围内的营业额合计超过100亿元人民币,并且其中至少两个经营者上一会计年度在中国境内的营业额均超过4亿元人民币;(二)参与集中的所有经营者上一会计年度在中国境内的营业额合计超过20亿元人民币,并且其中至少两个经营者上一会计年度在中国境内的营业额均超过4亿元人民币。"从目前的实践来看,有些经营者集中达到申报标准但是没有依法进行申报。这不仅损害了法律的权威性,而且影响着相关市场的竞争秩序。因此,反垄断执法机构应当加大对经营者集中申报的检查力度。凡是经调查认定被调查的经营者未依法申报而实施集中的,商务部应当根据《未依法申报经营者集中调查处理暂行办法》第13条第1款规定"对被调查的经营者处50万元以下的罚款,并责令被调查的经营者采取以下措施恢复到集中前的状态:(一)停止实施集中;(二)限期处分股份或者资产;(三)限期转让营业;(四)其他必要措施。"

其次,反垄断执法机构应当加强经营者集中案件的竞争评估。在根据参与集中的经营者在相关市场的市场份额及其对市场的控制力、相关市场的市场集中度、经营者集中对市场进入与技术进步的影响、经营者集中对消费者和其他有关经营者的影响、经营者集中对国民经济发展的影响等因素对一项经营者集中是否具有或者可能具有实质性限制市场竞争的评估过程中,反垄断执法机构应当按照既定的定量分析标准进行严格评价。以采用赫尔芬达尔指数(HHI)测量相关市场的集中程度为例,如果市场集中度数值低于最低区间标准(如1500),则应当被认定属于低集中度;但是如果市场集中度数值高于最高区间标准(如2500),则应当被认定属于高集中度。当一项经营者集中将可能导致出现“单边效应”或者“协同效应”,那么则应当被严格认定具有或者可能具有限制市场竞争的效果。除了经营者能够证明该集中对竞争产生的有利影响明显大于不利影响或者符合社会公共利益外,否则原则上将应当禁止实施;但是经营者的相应抗辩必须合理、清晰、明确、完全可预期,否则将不应被接受。

最后,反垄断执法机构应当加强附加限制性条件的执行监督。我国《反垄断法》第29条规定:“对不予禁止的经营者集中,国务院反垄断执法机构可以决定附加减少集中对竞争产生不利影响的限制性条件。”目前,中国商务部已经附加限制性条件批准了将近30起经营者集中案件。在这些案件中,有一部分采用了结构救济。“结构救济涉及改变产权配置的结构性措施,包括完整和部分剥离一家正常运营的企业。”[①]这类救济措施往往既能够满足经营者集中当事人的发展需求,又能够避免市场结构过度集中,因此,备受各国反垄断执法机构的青睐。但是它通常都是比较复杂的,少数责任主体因并不愿意诚心履行相应义务而可能玩花样。例如,在美国Schnucks/National案件,参与集中的经营者通过停止使用等方式来破坏剥离资产中的一些冷冻设施。[②] 即便在较为简单的行为救济案件中,也会偶尔出现这类现象;在中国商务部附加限制性条件批准的西部数据收购日立存储经营者集中案件中,西部数据公司未经批准,撤销Viviti/HGST公司发展部门,并将有关员工转移至其公司任职,违背了先前承诺“维持Viviti公司交易前的状态,确保Viviti公司维持独立的法人地位并独立开展业务”。[③] 这就需要反垄断执法机构必须进行严格监督,否则将难以实现救济效果。

(三)适度采取倾斜措施促进中小企业发展

首先,政府应当完善针对中小企业的倾斜性扶持措施。为了改善中小企业经营环境,促进中小企业健康发展,发挥中小企业在国民经济和社会发展中的重要作用,我国在2002年颁布了《中小企业促进法》。根据现行规定,国家从资金支持、创业扶持、技术创新、市场开拓、社会服务五大方面对中小企业采取倾斜性的扶持措施。虽然政府这些年来客观上一直积极依法采取倾斜性扶持措

① 韩伟:《经营者集中附条件法律问题研究》,法律出版社2013年版,第22页。

② 参见丁茂中:《经营者集中控制制度中的资产剥离问题研究》,上海社会科学出版社2013年版,第162页。

③ 商务部行政处罚决定书(商法函〔2014〕786号)。

施促进中小企业发展，如财政部、国家税务总局先后发文（财税〔2011〕117 号、财税〔2014〕34 号）：自 2012 年 1 月 1 日至 2015 年 12 月 31 日，对年应纳税所得额低于 6 万元（含 6 万元）的小型微利企业，其所得减按 50% 计入应纳税所得额，按 20% 的税率缴纳企业所得税；自 2014 年 1 月 1 日至 2016 年 12 月 31 日，对年应纳税所得额低于 10 万元（含 10 万元）的小型微利企业，其所得减按 50% 计入应纳税所得额，按 20% 的税率缴纳企业所得税，这些措施客观上不同程度地促进了一些中小企业的成长。但是远远无法满足中小企业健康发展的需求，我国《中小企业促进法》很多事项有待于有效落实。例如，各商业银行和信用社应当改善信贷管理，扩展服务领域，开发适应中小企业发展的金融产品，调整信贷结构，为中小企业提供信贷、结算、财务咨询、投资管理等方面的服务。众所周知，中小企业长期以来一直饱受融资难困扰，特别是商业贷款，尤其是信用贷款。“在传统的体制下，由于缺乏法律有力支持和保护，商业银行尤其是国有四大商业银行出于安全性和效益性的考虑，往往将 90% 的资金集中投向数量不足 5% 的 AA 级以上的大型优质企业以及电力、电信、烟草等垄断性行业，中小企业根本无法得到有效的信贷。”①因此，政府应当通过建立专门的政策性银行或者多元融资渠道等举措来完善对中小企业的倾斜性扶持。

其次，政府应当健全针对中小企业的倾斜性保护措施。尽管我国《中小企业促进法》第 38 条规定“国家完善市场体系，实行统一的市场准入和市场监管制度，反对垄断和不正当竞争，营造中小企业公平参与竞争的市场环境”，然而中小企业在此处于的境况并不容乐观，“相对于中小企业扶持内容，对中小企业权益的保护以及公平环境的营造过于弱化。由于法律和政策的重视力度不够，加之一些原则性规定的具体政策措施不配套、政策落实不到位等问题，导致目前中小企业发展面临的是一个非常不公平的环境，如大企业利用其企业优势地位拖欠小微企业货款，小企业敢怒不敢言，导致其资金周转紧张，甚至拖垮一大批小企业”。② 这些直接影响了诸多中小企业的健康发展，不同程度地推动了市场趋于集中化。由于维权总是存在成本的，而且所耗资源往往超出中小企业正常承受能力范围，③因此，除了进行倾斜性的扶持外，政府还应当对中小企业进

---

① 杨林瑞、尹良培：《中小企业融资问题的法律研究》，载《中国法学》2003 年第 3 期。

② 王继承：《政策支持与权益维护两手并重扶持中小企业》，载《证券日报》2015 年 3 月 14 日，第 A03 版。

③ 参见王世豪主编：《中小企业维权之道》，上海人民出版社 2008 年版，第 63 ~ 68 页。

行倾斜性的保护。对此,专家认为,设置可操作的罚则,对侵犯中小企业合法权益予以严惩,切实保护中小企业的合法权益。目前我国《中小企业促进法》第6条规定“任何单位不得违反法律、法规向中小企业收费和罚款,不得向中小企业摊派财物。中小企业对违反上述规定的行为有权拒绝和有权举报、控告”,但对违反限制性和义务性规范的行为,没有设置任何法律责任,这致使该法不具有可诉性,成了一只“没有牙齿的纸老虎”。建议修法时制定相应的递交举报、控告申请的程序,以及在这一程序中为保护自己免受侵权单位的危害性对待时中小企业应该享有一些特定的程序性权利,确保法律责任具有可诉讼性和可操作性,以切实保护中小企业合法投资收益和公平市场环境。①

第二节 高端产业外资垄断风险及防控

高端产业外资垄断,即技术含量高和/或处于价值链高端和/或占据产业链核心部位的产业(领域)在市场激烈竞争的过程中,逐步被外国企业高度占有甚至寡占或者独占。在采取措施有效避免落入国际贸易保护主义陷阱的正常情况下,高端产业外资垄断是我们在实施竞争中立政策的过程中将可能面临的另一重要常规风险,必须依法尽量事前性地采取相应措施进行风险防控,以在最大程度上确保我国经济的稳健发展。

一、高端产业外资垄断的风险演示

优胜劣汰的基本规律、中外资企业的实力差异、改革开放的历史经验充分表明,竞争中立政策的实施可能带来高端产业外资垄断的市场风险。

(一)中外资竞争能力的现状比较

自改革开放以来,经过30多年的高速发展,中国企业的队伍规模与体量迅速增大。在对外开放的经济领域,加入WTO以来的10多年市场锤炼和2008年金融危机的影响,我国企业的市场竞争力得到了大幅提高,外资在20世纪八九十年代占有绝对优势地位的一边倒格局基本得到改变甚至不同程度地出现反转。目前,中外资在中国市场上的竞争能力因不同类型行业的差异在宏观、中观、微观上呈现出犬牙交错的状态。

---

① 王继承:《政策支持与权益维护两手并重扶持中小企业》,载《证券日报》2015年3月14日,第A03版。

在劳动密集型产业，中国企业的竞争力在宏观上具有较大优势。因人口总量非常庞大，10多亿的人口红利给中国企业带来了较为低廉的劳动力资源，这使我国企业在劳动密集型产业的市场竞争过程中，往往普遍性地具有价格低廉优势，因而市场占有能力在面上通常都是比较强。这在农业、林业及纺织、服装、玩具、皮革、家具等制造业等领域都具有普遍性。但是在中观上，当市场对品牌效应、消费安全、体验层次等商品要素较为突出时，中国企业在相关市场上的竞争力因此局部性地遭到大打折扣，这在高端的服装市场尤其是西服市场、手工制品的奢侈品市场、精制食品市场等领域表现得非常明显。甚至在微观上，目前还有些市场完全还处于外资具有压倒性优势的格局，中国企业基本处于绝对劣势地位，最为突出的应当非会计业务市场莫属，普华永道（PWC）、德勤（DTT）、毕马威（KPMG）、安永（EY）四大会计事务所，基本垄断了中国相关市场业务。

在资源密集型产业，中国企业的竞争力因资源类型的不同而有较大的差异。就不可再生类型资源而言，中国企业在煤炭、稀土、钢材、电解铝等行业，无论是在宏观上还是中观上都占有优势地位，在微观上有些甚至垄断国内外绝大部分的市场份额。但是这些行业的现行状况一般都是以高污染、高能耗、高排放为代价换来的，可持续性比较差。然而，在石油、天然气等不可再生类型资源上，中国企业因资源开采难度等因素影响在宏观上并不占优势，但是因特定的政府监管在中观与微观上基本稳稳霸据国内市场。就可再生类型资源而言，因地大物博特质造就了中国企业在宏观上具有较大优势；但是在中观上有些领域的市场竞争能力明显处于下风，如奶源市场、果浆市场等；在部分对称性物种存有的领域，中国企业在微观上具有绝对的优势地位，如一次性食品筷子、竹制品用具等市场。

在技术密集型产业，中国企业的竞争力在宏观上处于较为弱势地位。虽然熊彼特的动态竞争理论，意味着我国在改革开放以后应当出现竞争成就创新现象，但是由于制度倾斜与行业垄断的叠加效应，导致我国出现了“低技术锁定效应”。这使我国目前在高新技术领域相对于发达国家而言还存在不小差距，企业在技术含量较高的产品市场上竞争力整体还是非常薄弱的。但是在中观上，中国企业目前已经在部分领域有所突破，竞争能力并不逊于外资。例如，互联网领域的百度、腾讯、阿里等。在微观上，我国的个别企业在相关市场上已经取得了绝对的优势地位。例如，“振华的港口机械产品成功打破垄断，产品远销海外82个国家和地区，连续14年保持全球市场占有率第一位，达到70%以上，迫使日本、德国、美国、韩国等国的传统港口机械制造商逐步退出港口机械市场"。①

在资本密集型产业，中国企业的竞争力目前在宏观上优势不太明显。尽管我国通信设备制造业、运输设备制造业、电力工业等资本密集型产业的资本规模急剧增大，然而无论是在总量上还是体量上都尚未明显与外资拉开较大差距。在中观上，有些领域还处于劣势甚至落后状态，如汽车制造业等；但是也有不少领域成功地实现了反超，如家用电器制造业等。在微观上，多个行业龙头企业开始在国内市场上独树一帜，且开始在国际市场上产生较大的市场影响力，如由中国南车与中国北车合并而来的中国中车集团。

（二）中外资竞争态势的走向分析

虽然伴随着我国企业竞争能力的大幅提升，外资普遍独占鳌头格局已经得到根本扭转。但是在犬牙交错表象之下却仍然呈现这样的客观事实，即大部分高端产业被外资垄断。例如，"在 CT、核磁共振、核医学、血管造影机等几类大型医疗设备中，被业界称为'GPS'的通用电气、飞利浦、西门子三家跨国企业占有的市场份额超过 80%，其中血管造影机类设备的市场占有率甚至高达 91.1%"。② "中国市场高端自动控制系统的 95%、高档数控机床的 90%、高档数控系统的 95% 的市场份额被国外产品占领。在关键零部件、元器件方面，为高档数控机床配套的高档功能部件 70% 需要进口，大型工程机械所需 30Mpa 以上液压件等全被外资垄断。"③"中国高铁的动车组用轴承基本为外资垄断，而国内企业尚未进入铁道部动车组轴承招标体系。"④因政策的实施将会促进市场开放程度更加深化、市场竞争更加公平，预计这种状况在政府推行竞争中立政策之后，可能会在较长一段时间内出现惯性延续甚至进一步加剧。

首先，高端产业的市场门槛相对较高，我国企业需要足够的时间才能攻入相关市场。航空发动机制造业、新型复合材料制造业、生物医药工程、精密数控机床等高端产业往往对潜在的进入者都有很高的要求，包括技术、资金、人才、材料等。尽管中国企业可以凭借劳动力成本较低、技术要求不高、品牌效应不

---

① 徐蒙：《振华重工 20 年"企业传奇"续写辉煌》，载《解放日报》2012 年 11 月 16 日，第 2 版。

② 孟庆伟：《高端医疗设备市场国产化率低　外资"三巨头"仍占八成市场》，载《中国经营报》2015 年 3 月 30 日，第 C15 版。

③ 郭奎涛：《中国智能制造市场前景达万亿 70% 份额被外资垄断》，载《中国企业报》2013 年 7 月 23 日，第 11 版。

④ 《外资垄断动车组用轴承》，载《中国产经新闻》2011 年 8 月 8 日，第 7 版。

强等因素较为迅速地进入中低端市场并逐步占据优势，但是很难在短期内攻破上述高端产业的相关市场。以中国高铁的动车轴承为例，经过将近3个“五年计划”，我国在此方面才初步有所突破：2014年5月中国机械工业联合会在洛阳组织召开了由洛阳轴研科技股份有限公司等单位承担的“十二五”国家科技支撑计划——“高速铁路和城市轨道交通车辆轴承关键技术研究与应用”课题验收会，项目开发完成了250km/h以上高速铁路轴承及100km/h以上城市轨道交通车辆轴承，其中高速铁路轴承产品最高性能试验转速420km/h，耐久性试验达到800000km，样品已通过国家轴承质量监督检验中心、青岛四方车辆研究所有限公司等机构检测。开发了时速550km/h的高速铁路轴承动态性能试验机，完成了高速铁路轴承的性能试验和耐久性对比试验以及智能轴承匹配性能试验。这就使高端产业被外资垄断的现状至少将会延续一段时间。

其次，驱动企业进行技术创新需要良好的创新意识，而我国目前则还需要进行大力培育。对于一个国家来说，“竞争成就创新”并不是无条件的。深入分析“竞争成就创新”的逻辑推理“竞争→创新意识→创新”，我们不难发现它存在一个重要的隐含前提条件，即特定时空下竞争区域内的新技术获取不存在外来输入的可能性。因为在特定时空竞争区域内的新技术获取上存在外来输入可能性的情况下，竞争未必使特定时空竞争区域内的竞争者产生自主创新意识，也有可能使特定时空竞争区域内的竞争者产生引进技术的想法。站在单个国家层面上来看，“竞争成就创新”的逻辑推理所隐含的重要前提条件，在大多数情况下是无法得到满足的。除了在单个国家遭受严密的技术封锁、单个国家处于绝对的技术领先地位等少数情况外，各个国家竞争区域内的竞争者原则上在任何时候都可以通过交易的方式，从其他国家竞争区域内的相关主体获取新技术。在这种背景下，竞争未必使单个国家竞争区域内的竞争者产生自主创新意识，也有可能使其产生引进技术的想法。[①] 至于这两种可能性结果发生的比例，这主要取决于单个国家竞争区域内竞争者的竞争意识对竞争客体的认知。如果竞争者的竞争意识对竞争客体的认知主要限于现有资源，基本没有考虑到

---

① 尽管创新效果通常具有普世性，但是创新成果都具有归属性。以国家为单位，创新成果的最终归属一般是根据实际控制人的国籍来确定的，而非创新成果的产生地等。因此，关注辖区内本国经营者的创新问题是一个国家管理市场竞争的核心所在。鉴于此，国家层面的“竞争区域内的竞争者”特指一个国家竞争区域内的本国经营者，而不包括外国经营者。“本国经营者”的判断标准是实际控制人的国籍，返程投资、VIEs等投资形式不影响经营者的国别判断。

潜在技术,即竞争者缺乏创新意识。在这种情况下,单个国家竞争区域内的竞争者在竞争的压力下可能会更多地倾向于选择考虑引进技术,而非自主创新。一旦如此,竞争不仅可能不会给这些国家带来大量甚至任何的技术创新,恰恰可能导致它们成为对外技术高度甚至完全依赖的国家。因此,创新意识的有无及其强弱对于推动一国社会创新至关重要。受政府不当干预、创新文化薄弱等因素的影响,我国企业的创新意识目前在整体上还比较低,迫切需要深度培育与大幅提高。但是冰冻三尺绝非一日之寒,这至少需要一段时间。这也会使得高端产业被外资垄断的现状至少延续一段时间,而且,如果我国企业不能及时进行跟踪追赶,局面还可能面临恶化。

(三)中外资分布格局的社会影响

在开放性领域,虽然相关市场包括高端产业完全或者基本被本土企业垄断也可能存在一些问题。譬如,从资本利用角度来看,这通常意味着外资的利用率较低;但是如果相关市场特别是高端产业完全或者基本被外资垄断,这必定存在诸多问题。

首先,这种格局非常容易导致出现外资"锁喉"效应,阻碍本土企业正常发展。以装备制造业为例,根据媒体调查,占据高端产业的外资往往会采用以下做法:①第一,通过限制核心产品供给阻碍竞争对手参与商业竞标。东莞康菱电气在国内沿海城市有关会展中心招投标项目中,由于输电使用的同排母线由一家大型外资企业供给,而这家大型外资企业也是此次招投标的竞投者,这家企业就采取了不给康菱供货的做法阻止对手竞标,最终此次招投标成了这家企业的"独角戏"。第二,通过索要高额价格挤压中低端产业企业利润。广东康菱动力科技有限公司执行总裁李玉望指出,国内发电机组一年需求总量为500亿~800亿元,然而,70%的市场大蛋糕被外资企业占据了。像大型电源的发动机技术长期被国外掌握,其物料成本只是铁的重量加上加工费,但由于技术垄断,产品价格却被加上几个零卖给中国。第三,通常产业结构配置锁牢分工链条。上海外高桥造船有限公司总工程师陶颖反映,工业发达国家基于资源优化配置的客观需要,在竭力固化中国成为世界装备制造业的高端组装和中低端加工基地,其加快进入中国市场的产业转移模式始终是把技术留在本国,把生产放在中国。这些做法都将在很大程度上阻碍我国本土企业的合理发展,特别是技术创新。

---

① 参见陈冀、贾远琨:《外资垄断"锁喉"中国装备业》,载《瞭望》2009年第48期。

其次,这种格局比较容易威胁国家安全,引发社会公众产生不安情绪。以粮食安全问题为例,“外资种子开始由蔬菜、花卉向我国玉米、水稻等大田作物进军,扩张速度明显加快,业界人士普遍对此感到忧心忡忡。他们认为,从当前看,外资给中国市场带来了优质的种子资源,却并未带来国内种业急需科研成果、管理经验等核心竞争力。外资垄断蔬菜种子后产生的高价格、高风险‘苦果’已逐步显现,业界普遍担心,一旦外资控制玉米、水稻等大田作物,可能会对中国粮食安全造成威胁”。① 再如信息安全问题,“银行的储蓄业务系统、汇兑结算系统和银联信用卡交易结算系统,证券的交易系统和报价系统,电信领域的通讯网网管系统,能源领域的电力调度系统,民航领域的空管系统、机场出港系统等,均以主机为承载平台,主机被誉为经济社会信息化的神经中枢。据权威机构统计,IOH(IBM、HP 和 Oracle)三个美国巨头合计占有我国 99% 以上的市场,其余的零星份额被日本企业富士通占有。进口主机的一统天下,对我国信息安全构成潜在威胁。无论是政府发动的网络攻击还是民间黑客的数据窃取,主机系统都是首当其冲的重点目标,一旦被攻破,后果不堪设想”。②

外资垄断相关市场特别是高端产业除了可能引发上述问题外,还可能引发很多其他社会问题,如因政治分歧导致外资大幅撤资可能引发产业崩塌、低端产业恶性竞争连锁引发的自然资源低效利用、政府产业政策调控因外资跨国经营能够采取的相应规避措施而出现干预失灵等。因此,部分高端产业外被外资垄断现状以及这种状况在政府推行竞争中立政策之后,可能会在较长一段时间内出现惯性延续甚至进一步加剧,这必须引起我们高度重视,确保我国经济稳健发展。

二、高端产业外资垄断的风险防控

为了最大限度地减少竞争中立政策的实施可能导致高端产业被外资垄断情形出现较大幅度的阶段性恶化,在加强反垄断执法工作的基础上,政府应当重点采取以下措施促进高端产业的资本分布趋于合理化。

(一)加强外资并购的国家安全审查

当发生下列四类情形时,应当进行国家安全审查:第一,外国投资者购买境

① 王春雨等:《外资加速进入我种业垄断苦果初现》,载《经济参考报》2009 年 12 月 25 日,第 5 版。

② 赵永新:《“神经中枢”能否真正破冰?》,载《人民日报》2014 年 7 月 4 日,第 20 版。

内非外商投资企业的股权或认购境内非外商投资企业增资，使该境内企业变更设立为外商投资企业；第二，外国投资者购买境内外商投资企业中方股东的股权，或认购境内外商投资企业增资；第三，外国投资者设立外商投资企业，并通过该外商投资企业协议购买境内企业资产并且运营该资产，或通过该外商投资企业购买境内企业股权；第四，外国投资者直接购买境内企业资产，并以该资产投资设立外商投资企业运营该资产，交易内容涉及军工及军工配套企业以及重点、敏感军事设施周边企业以及关系国防安全的其他单位。除此以外，如果外国投资者并购境内关系国家安全的重要农产品、重要能源和资源、重要基础设施、重要运输服务、关键技术、重大装备制造等企业，当出现下列情形时也应当进行国家安全审查：第一，外国投资者及其控股母公司、控股子公司在并购后持有的股份总额在50%以上；第二，数个外国投资者在并购后持有的股份总额合计在50%以上；第三，外国投资者在并购后所持有的股份总额不足50%，但依其持有的股份所享有的表决权已足以对股东会或股东大会、董事会的决议产生重大影响；第四，其他导致境内企业的经营决策、财务、人事、技术等实际控制权转移给外国投资者的情形。

如果交易涉及国家安全审查，投资者应当向商务部提出申请。对属于安全审查范围内的并购交易，商务部应在5个工作日内提请由发展改革委与商务部牵头、国务院领导的联席会议进行审查。国务院有关部门、全国性行业协会、同业企业及上下游企业认为需要进行并购安全审查的，可以通过商务部提出进行并购安全审查的建议。联席会议认为确有必要进行并购安全审查的，可以决定进行审查。联席会议对商务部提请安全审查的并购交易，首先进行一般性审查，对未能通过一般性审查的，进行特别审查。并购交易当事人应配合联席会议的安全审查工作，提供安全审查需要的材料、信息，接受有关询问。一般性审查采取书面征求意见的方式进行。联席会议收到商务部提请安全审查的并购交易申请后，在5个工作日内，书面征求有关部门的意见。有关部门在收到书面征求意见函后，应在20个工作日内提出书面意见。如有关部门均认为并购交易不影响国家安全，则不再进行特别审查，由联席会议在收到全部书面意见后5个工作日内提出审查意见，并书面通知商务部。如有关部门认为并购交易可能对国家安全造成影响，联席会议应在收到书面意见后5个工作日内启动特别审查程序。启动特别审查程序后，联席会议组织对并购交易的安全评估，并结合评估意见对并购交易进行审查，意见基本一致的，由联席会议提出审查意见。存在重大分歧的，由联席会议报请国务院决定。联席会议自启动特别审查程序之日起60个工作日内完成特别审查,或报请国务院决定。审查意见由联席会议书面通知商务部。在并购安全审查过程中,申请人可向商务部申请修改交易方案或撤销并购交易,并购安全审查意见由商务部书面通知申请人。

在对外国投资者并购境内企业进行国家安全审查过程中,政府应当重点考虑以下因素:(1)并购交易对国防安全,包括对国防需要的国内产品生产能力、国内服务提供能力和有关设备设施的影响;(2)并购交易对国家经济稳定运行的影响;(3)并购交易对社会基本生活秩序的影响;(4)并购交易对涉及国家安全关键技术研发能力的影响。如果外国投资者并购境内企业行为对国家安全已经造成或可能造成重大影响的,联席会议应当要求商务部会同有关部门终止当事人的交易,或采取转让相关股权、资产或其他有效措施,消除该并购行为对国家安全的影响。

(二)加强企业创新意识的社会培育

首先,政府应当完善知识产权的法律保护,固化名利激励市场主体进行创新的基本功能。大量研究充分表明:"在弱知识产权保护下,不存在自主创新的激励效应,模仿策略是南方厂商(发展中国家)的占优策略。适度的知识产权保护是自主创新激励效应存在的必要条件,即存在一个知识产权保护的下界。"① 因此,我国应当进一步采取各种措施深化知识产权的法律保护。为此,政府应当重点做好以下两个方面的基础工作:第一,适需健全知识产权法律制度。虽然我国在2014年完成了《商标法》及其实施条例的修改、形成《促进科技成果转化法》的修正案草案、修订发布《驰名商标认定和保护规定》与《商标评审规则》及《使用文字作品支付报酬办法》、出台《林业植物新品种保护行政执法办法》等,但是还存在不少影响社会创新的问题《专利法》与《著作权法》两部关键法律还尚未及时进行适需修订。第二,加大打击知识产权侵权行为力度。截至目前,盗版等侵害他人知识产权现象在我国目前还具有较高的普遍性。根据全国打击侵权假冒工作领导小组办公室副主任柴海涛在国务院新闻办公室召开的发布会上介绍:仅2014年前3个季度,全国行政执法部门一共查处侵犯知识产权和制售假冒伪劣商品的案件有112,700件。② 因私人维权成本较高、知识产

① 郭春野、庄子银:《知识产权保护与"南方"国家的自主创新激励》,载《经济研究》2012年第9期。

② 参见《2014年查处侵犯知识产权和制假售假案件11万余件》,载 http://ip. people. com. cn,最后访问日期:2015年4月30日。

权侵权容易带来极强的负外部效应等,这大大影响了部分企业的创新积极性,容易导致市场出现山寨文化弥漫情形。这就需要政府必须积极采取各种措施加大打击侵害知识产权的执法力度,从而降低知识产权侵权行为发生的概率和知识产权所有人私人维权的资源投入,力求在最大限度上助推市场竞争催生的企业创新。

其次,政府还应当积极进行创新倡导。第一,政府应当推进创新教育的体系建设。除了灵感带来的偶然性发现外,其他所有的社会创新均发源于人们的主动意识。因此,是否具有较强的创新意识直接决定着整个社会的创新基本形态。诚如前面所言,我国整个社会的创新意识还比较薄弱,创新动能还比较不足,这极大地影响了我国经济发展的质量。追根溯源,问题的症结在于我国创新教育的体系还非常欠缺。从目前实践来看,我们往往狭隘地将创新教育片段性地面向成年群体甚至市场主体,忽视了创新教育的素质化、终身化与日常化,尤其是人生的启蒙阶段。政府应当将创新教育契溶于所有的教育,包括学历教育、职业教育等,建立全方位的创新意识催生体系。第二,政府应当健全高质创新的社会弘扬。目前,我国还面临着较为普遍的"低技术锁定"问题,社会创新的质量还有待于大幅提升。除了继续通过完善知识产权的法律保护利用潜在的高额回报刺激企业进行高新技术研发外,政府还应当建立更为完善的重大技术创新的社会弘扬机制,包括各个层级的政府奖励与表彰(如国家科技奖、劳动模范)、新闻媒体的社会推送(如央视科教频道的《我爱发明》)、社会组织的荣誉认可(如聘为职业形象大使)等。第三,政府应当强化市场领导者的创新使命感。尽管熊彼特的动态竞争理论表明市场挑战者的跟踪反应能够促使市场领导者进行不断的技术创新,但是这并不意味着完全不需要政府的外部激励,这在我国尤为重要。目前,基础规模较大、经营资源较为丰富的国有企业,成为我国不少领域的市场领导者。它们拥有较为雄厚的创新资本,但是受害怕创新失败而遭受不利后果等诸多因素的影响,创新动能不太足,这在很大程度上直接影响了市场创新的连锁反应效果。政府应当通过强化社会责任等举措,增强处于市场领导者地位的国有企业甚至民营企业引领市场创新的使命感,促进市场创新进入更为良性的循环反应状态。

(三)加强高新技术的公共平台孵化

根据实践来看,高新技术的研发普遍具有两个重要特征:第一,高投入。仅以格力电器为例:格力电器一直锲而不舍地坚持"核心技术自主研发",目前拥有全球最大的空调研发中心,有 7 个技术研发部门和 41 个研究所,平均每天诞生8项专利。格力的科研投入不设上限,仅2014年,格力的研发投入亦远超40亿元,目前,格力电器拥有8000人的专业研发队伍,按一年研发费用40亿元计,平均每个人拿到的研发经费是50万元。① 第二,高风险。“既然是创新,那么注定要有失败。”②这种失败既可能是整个研发毫无突破,也可能是研发成果没有市场;但无论是何种情形,它都严重威胁到企业的发展甚至生存。高新技术的研发所面临的高投入与高风险,在不同程度上客观制约了不少企业的创新活动,特别是那些科技型中小型企业。因此,包括我国在内的很多国家,纷纷通过建立高新技术的公共孵化平台,来降低企业进行高新技术研发的成本及潜在风险,以激发企业进行高新技术的研发积极性。这种做法普遍性地取得了较为理想的实践效果,仅以我国上海的张江药谷孵化平台为例,10年间,一批创业企业在张江药谷平台的摇篮里成长、成熟,走上快速发展的轨道。张江药谷平台这个“戏台”内,优秀“戏码”不断“上演”。15家企业获得国家科技重大专项“重大新药创制”项目立项、16家获得国家科技型中小企业创新基金、75家获得上海市科技型中小企业技术创新基金立项、5位企业核心创业者获选“国家千人计划”、7位获选“上海市千人计划”、9位获选“浦江人才计划(B类)”、4位获选“张江人才”……③

由于高新技术的公共平台孵化在性质上属于一种横向补贴,因此,它得到了很多国家的高度认可和接受。事实上,横向补贴的最原始形式就是高新技术的公共平台孵化。1980年产业委员达维尼翁(Davignon)召集欧洲主要电脑和电信设备制造商展开对话,探讨如何协调研发计划,因为当时认为协同研发有助于提升欧洲的研究数量和质量,有助于欧洲产业追赶美国竞争对手。这一项目之后被命名为“欧洲信息技术研究战略规划”(ESPRIT),ESPRIT的基本原则是专注于竞争前的研究阶段,以确保参与企业不会触犯共同体的竞争政策,这一模式后来为一系列欧洲科技计划所采纳。④

在这些背景下,我国应当加大高新技术的公共孵化平台建设,充分发挥各种公共服务平台对高新技术的孵化功能,以点带面推动我国技术创新的发展。

---

① 参见贾丽:《格力电器董明珠:真正的竞争对手是自己》,载《证券日报》2015年1月19日,第C02版。

② 熊建等:《宽容失败才能创新》,载《人民日报》2012年4月25日,第10版。

③ 参见杨珍莹:《十年擎起生物医药孵化旗帜》,载《浦东时报》2014年9月4日,第B02版。

④ 参见黄勇、江山等:《产业政策与竞争政策关系研究》,国家发改委价格监督与反垄断局2013年委托课题结项报告,第163页。

根据《国家科技企业孵化器"十二五"发展规划》,到2015年,全国孵化器数量达1500家,其中国家级孵化器达到500家,并实施国家级孵化器的动态管理和退出机制。国家级孵化器30%以上建立创业苗圃和企业加速器,50%以上具有天使投资和持股孵化功能,60%以上从业人员接受孵化器专业培训,80%建有公共技术服务平台,90%形成创业导师辅导体系。[①] 从我国目前的发展需求来看,无论是在体量还是内容上都有待于大幅扩容,政府必须加快这类基础服务设施和装备的投入和升级。

本章小结

由于竞争中立政策照旧促使经营者在竞争机制的作用下常态化地"蚕食"竞争对手的市场份额,仍会推动经营者在竞争机制的作用下战略性地"鲸吞"竞争对手的经营载体,依然无法预防经营者在竞争机制的作用下破坏性地"鸠占"竞争对手的市场业务,这使竞争中立政策在实施过程中,自身无可避免地将会导致相关市场逐步走向垄断,市场结构出现过度集中甚至寡头或者独占格局。而历史教训充分表明,市场结构过度集中通常伴生性地会给一国经济或者特定行业带来各种风险,特别是垄断导致低效问题。因此,包括政府在中国(上海)自由贸易试验区实施竞争中立政策过程中,都应当重点采取强化禁止滥用市场支配的反垄断执法、合理控制经营者集中案件的竞争审查、适度采取倾斜措施促进中小企业发展等措施防止市场结构出现过度集中。除市场结构过度集中外,高端产业外资垄断是我们在实施竞争中立政策过程中将可能面临的另一重要常规风险,包括中国(上海)自由贸易试验区。目前,虽然伴随着我国企业竞争能力的大幅提升,外资普遍独占鳌头的格局已经得到根本扭转;但是在犬牙交错表象之下却仍然呈现这样的客观事实,即大部分高端产业被外资垄断。因政策的实施将会促进市场开放程度更加深化、市场竞争更加公平,预计这种状况在政府推行竞争中立政策之后可能会在较长一段时间内出现惯性延续甚至进一步加剧。这种格局非常容易导致出现外资"锁喉"效应,阻碍本土企业正常发展;比较容易威胁国家安全,引发社会公众产生不安情绪;还可能引发很多其他社会问题,如因政治分歧导致外资大幅撤资可能引发产业崩塌、低端产业恶

① 参见王瑞梅:《揭秘孵化器盈利模式:关键靠第三种收入》,载《中国企业报》2014年9月30日,第19版。

性竞争连锁引发的自然资源低效利用、政府产业政策调控因外资跨国经营能够采取的相应规避措施而出现干预失灵等。因此，在加强反垄断执法工作基础上，政府应当重点采取加强外资并购的国家安全审查、加强企业创新意识的社会培育、加强高新技术的公共平台孵化等措施促进高端产业的资本分布趋于合理化。

第六章　竞争中立政策的决策体制

第一节　政府干预的塔尖统制原则

竞争中立政策的主旨追求,在于通过限制政府的不当干预在最大限度上确保市场竞争的公平性。而市场固有的地域属性与行政管辖的片区划分,使市场竞争往往面临多元的政府干预,特别是多个同级行政组织。但是无论系出于权力寻租、地方保护等主观恶意还是各自为政、各行其是等客观事实形成的任何实质性干预差异,包括竞争中立政策的施行事项,都会不同程度地影响相关市场的公平竞争。这就对竞争中立政策的决策体制提出了特殊要求,即必须保证竞争中立政策的推出自身不会影响市场的公平竞争,并由此促进市场竞争更加趋于公平化。因此,虽然不能简单将竞争中立政策的推行直接限于中央事权范畴,但是最为科学的做法便是应当遵循政府干预的塔尖统制原则,即由干预市场的政府组织最高层级部门统一制定并协调进行部署。

一、纯粹地方自主推行的效果考察

在现行情况下,无论是在形式上还是实质上或者在理论上还是实践中,都有可能出现纯粹地方自主推行竞争中立政策的情形。

(一)地方推行竞争中立政策的权限

若地方纯粹自主推行竞争中立政策(可以称为“地

方版”竞争中立政策），我们首要考察的问题便是其是否拥有这项政策的决策权力。诚如前所述，竞争中立政策的本质是在充分肯定政府对市场干预的必要性基础上，以一种宏观自律的视角对政府干预市场的各种行为提出较高的限制性约束，它具有经济管理和行政管理的双重属性。我国《地方各级人民代表大会和地方各级人民政府组织法》第 59 条第 1 款规定："县级以上的地方各级人民政府行使下列职权：（一）执行本级人民代表大会及其常务委员会的决议，以及上级国家行政机关的决定和命令，规定行政措施，发布决定和命令；（二）领导所属各工作部门和下级人民政府的工作；（三）改变或者撤销所属各工作部门的不适当的命令、指示和下级人民政府的不适当的决定、命令；（四）依照法律的规定任免、培训、考核和奖惩国家行政机关工作人员；（五）执行国民经济和社会发展计划、预算，管理本行政区域内的经济、教育、科学、文化、卫生、体育事业、环境和资源保护、城乡建设事业和财政、民政、公安、民族事务、司法行政、监察、计划生育等行政工作；（六）保护社会主义的全民所有的财产和劳动群众集体所有的财产，保护公民私人所有的合法财产，维护社会秩序，保障公民的人身权利、民主权利和其他权利；（七）保护各种经济组织的合法权益；（八）保障少数民族的权利和尊重少数民族的风俗习惯，帮助本行政区域内各少数民族聚居的地方依照宪法和法律实行区域自治，帮助各少数民族发展政治、经济和文化的建设事业；（九）保障宪法和法律赋予妇女的男女平等、同工同酬和婚姻自由等各项权利；（十）办理上级国家行政机关交办的其他事项。”依据上述规定可以看出，竞争中立政策的决策本身在性质上并非专属中央事权，包括不同层级在内的各个地方政府是可以根据自身的发展需要及其社会认知决定在相应辖区内推行“地方版”的竞争中立政策。

事实上，碎片化的“地方版”竞争中立政策在我国各个地方已经存在，只是内容尚未完全系统化且没有完全明确归拢于竞争中立政策或者冠以竞争中立政策之名。例如，考虑到地区封锁、行业垄断已成为制约市场经济健康运行的痼疾，安徽省商务厅、法制办等七部门联合发文，在 2014 年决定对该省市场经济活动中实行地区封锁规定进行集中清理。据了解，清理的重点任务包括：违反国家税收法律法规的区域性税收优惠政策；歧视外地企业、实行地方保护的财政补贴政策和各类优惠政策；在招投标活动中限制、排斥外地企业参与的规定。该省将对上述三类问题进行研究梳理后，分别作废止、宣布无效或者修改等处理；目前，大部分地区和部门正有序开展相关清理工作，有的部门清理工作已完成；按照“谁制定、谁清理”的原则，对不符合有关法律法规规定，以及不适应形成企业自主经营、公平竞争，消费者自由选择、自主消费，商品和要素资源流动、平等交换的现代市场体系要求的规章、规范性文件及其他文件，该省将予以修改或废止；清理完毕后，未列入继续有效的规章、规范性文件及其他文件目录的，不得再作为行政管理的依据。[①] 类似这种做法在我国其他地方的政府管理过程中都非常普遍，即使是在我国《反垄断法》出台的2008年7月以前亦是如此，但是这些基本都没有上升到一个政策高度，包括地方性的经济政策，它们往往停留在阶段性的市场专项整治工作层面上，比较缺乏系统系、连贯性与稳定性。

（二）地方推行竞争中立政策的利弊

无论是个别地方还是多个地方或者是省级政府或者只是市县一级政府自主推行竞争中立政策，毫无疑问，这至少都会产生以下三个方面的积极价值：第一，促进相应地域市场趋于统一、开放、竞争与有序。除我国台湾地区、香港特别行政区、澳门特别行政区以及中央政府依法批准设立的中国（上海）自由贸易试验区等外，我国主权所辖其他地域市场应当都是统一、开放、竞争、有序的，这包括各个地方的省市县乡所有级别的不同行政区域，任何企业合法供给的商品都应当可以自由流通，但是现实情况并非如此。“这些非关税壁垒的形式都是针对国际间贸易的，但事实上有许多形式都可以在国内贸易中找到对应的形式。例如，控制外地产品销售数量、对外地产品实行价格限制（一般是提高外地产品价格）以及对本地企业产品进行补贴；还有以工商质检为由限制外地企业产品的销售和司法偏向等等。”[②]这极大地影响了不同地域市场的统一性与开放性，导致市场竞争受到不同程度扭曲；而部分地方政府自主推行竞争中立政策的做法至少可以在一定程度上消减这类问题，促进市场资源配置的流畅性。第二，不同程度地形成一种向上的示范效应。因市场竞争机制在正常情况下往往能够带来社会资源的高效配置，进而促进相关经济的巨大发展。所以，当部分地方政府自主推行竞争中立政策对本地经济产生明显促进作用时，例如，经济发展增速明显提升、经济发展质量明显大幅好转、生态环境得到重大扭转或者根本性改变等，这些一般都会对同类行政组织产生一种向上的示范效应。类

---

① 参见祝亮：《安徽省七部门“宣战”地区封锁行业垄断》，载http://news.ifeng.com，最后访问日期：2015年5月21日。

② 雷明、刘敬波：《地方保护主义和地区间贸易壁垒的检验性分析》，载《北京大学学报》（哲学社会科学版）2005年第1期。

似情形在我国以往的实践中有很多方面示例的实证,如改革开放之初的沿海城市在搞活市场经济方面的做法迅速被很多内地兄弟城市所广泛借鉴、入世以后的上海在经济创新上的不少经验得到了其他经济较为发达的省市认可与学习。第三,加深竞争文化的社会基础。“文化是上层建筑的一部分,竞争文化正是对应于市场经济基础的上层建筑,也将对市场经济基础产生重大影响。”①但是竞争文化的生成不是一朝一夕的事情,它需要政府与社会各界的长期共同努力才可能出现。在竞争文化的培育过程中,重视竞争文化的点滴积累非常重要,它对巩固竞争文化的社会基础至关重要;而部分地方政府自主推行竞争中立政策的行为,不仅标志着一个国家的竞争文化的逐步蔓延与培育成效,而且这本身也在不同程度上加深一个国家的竞争文化的社会基础。

但是这也可能带来一些消极后果,首先,便是地区之间的竞争公平问题。除了地方政府对辖区内的所有经营者普遍性地实施了与其他地方政府相同的扶持措施外,任何其他情形下的“地方版”竞争中立政策都会可能导致本地的企业在相关市场上相对其他地区的企业而言不同程度地缺少一些来自政府之手而形成的额外竞争优势,这本身就直接影响相关市场的公平竞争。况且从实践来看,无论是基于何种角度与关联因素的考虑,单个地方政府都不可能完全与所有的其他地方政府保持采取相同的扶持措施,这就使地区之间的公平竞争问题成为纯粹地方自主推行竞争中立政策的固有潜在不足。其次,这完全可能催生“劣币驱逐良币”格局的出现。在竞争文化尚未较为成熟的市场环境中,企业在经营过程中所具有的投机心理往往较重,这可能使占比很大部分的经营者往往充分利用任何有利于自身的规则进行牟利,而不管这些规则及其利用的善恶和后果。在这种环境下,那些推行竞争中立政策的地方政府将可能面临这样的巨大风险,即各类投资者为了获得一些政府补贴、税收优惠、地方保护等额外优势而选择在没有实施“地方版”竞争中立政策的地区进行投资或者将企业搬迁到后者;但是无论如何,这都会导致前者在税收、就业等方面出现巨大的流失。而从应然视角来讲,前者的做法本身应当是被包括其他地方政府、所有企业在内的各类市场参与者高度弘扬和赞许的,但是个体利益与整体利益的局部分野、少数主体对利润的过度追逐及其潜在的不良导向等却可能使得这种格局完全走向反面,从而出现“劣币驱逐良币”效应。最后,这有可能使省与省之间的

① 徐士英:《竞争政策研究——国际比较与中国选择》,法律出版社2013年版,第232页。

地区贸易壁垒阶段性地出现趋于紧张化状态。

我们一般比较熟悉"市场竞争"的概念，但是对"政府竞争"这一概念可能比较陌生，特别是地方政府竞争。在行政和行政分权之后，地方政府拥有"地方产权"，极大地刺激了发展经济的积极性，地方政府之间展开了争夺资源和市场的竞争。① 在中央政府没有采取措施有效介入进行治理的情形下，这极有可能使地方政府在推行"地方版"竞争中立政策力求深度打通辖区内的地理市场过程中采取相应措施构筑或者加强辖区之间的壁垒建设（地方保护）以在最大程度上保护自身的经济利益，而省际市场的边界很有可能成为不同地区之间关注的焦点。一旦如此，整个市场的统一性与开放性甚至可能在不同程度上出现实质性的短期倒退。

（三）地方推行竞争中立政策的障碍

除了可能伴生性地带来一些负面效果外，地方政府在自主推行竞争中立政策过程中还将面临诸多的障碍。其中最为突出的，就是当下无法拥有足够的权力资源来较为彻底地消除相应行政区域内所有有碍于市场公平竞争的政府干预内容。众所周知，对于一个地方性的市场竞争而言，它通常会受到两股政府力量的干预，即地方政府和中央政府。各个不同层级的地方政府在地方治理过程中，因特定区域的利益分化往往可能会时不时地采取如"对外地商品设定歧视性收费项目、实行歧视性收费标准或者规定歧视性价格""对外地商品规定与本地同类商品不同的技术要求、检验标准，或者对外地商品采取重复检验、重复认证等歧视性技术措施，限制外地商品进入本地市场""采取专门针对外地商品的行政许可，限制外地商品进入本地市场""设置关卡或者采取其他手段，阻碍外地商品进入或者本地商品运出"等做法实施地方保护，这直接影响相应地区市场的公平竞争。无论是省市还是县乡，各个地方政府对于自身辖区内出现的下级政府及其职能部门滥用行政权力排除限制竞争问题，都是可以进行有效治理的。以江西弋阳双汇专卖店发生打砸事件为例，2013 年 12 月 3 日江西省商务厅发文要求各设区市商务主管部门全面清理并立即停止执行有关限制鲜肉流通的文件规定，在《关于开展规范肉品市场秩序净化市场环境整治工作的紧急通知》（赣商秩字〔2013〕374 号）中明确指出：省政府办公厅《转发省内贸行业办等部门关于进一步加强肉品市场管理意见的通知》（赣府厅发〔2003〕22 号）

① 参见冯兴元：《地方政府竞争——理论范式、分析框架与实证研究》，凤凰出版传媒集团、译林出版社 2010 年版，第 5 页、第 87 页。

已于2010年被废止，有的地方仍以政府名义或相关部门联合发文等形式，针对外地鲜肉产品流通设置行政许可等准入条件，排除、限制竞争，其行为违反了我国《反垄断法》和《生猪屠宰管理条例》等规定。各级商务主管部门要全面清理有关对外地生猪产品流通设立准入条件、备案要求等限制性规定的文件，严格按照省商务厅《关于进一步做好生猪屠宰行业管理工作的通知》（赣商办秩字〔2013〕122号）要求，不得限制外地生猪定点屠宰厂（场）经检疫检验合格的生猪产品进入本地市场，立即停止执行地方出台的鲜肉跨区域流通登记备案制度。

但是对于影响辖区内市场公平竞争的中央政府及其职能部门的权力干预，包括合法但不合理与既不合法也不合理的政府干预，即便是地方最高的省级政府在正常情况下往往也是无法进行有效解决的。前者如纵向补贴模式下的中央农机补贴：据统计，2004～2014年中央财政共安排农机购置补贴资金1200亿元，补贴购置各类农机具超过3500万台（套）；虽然在农机购置补贴政策的持续推动下，我国农机装备水平和农机作业水平近年来快速提高，农机化新技术加快推广使用，农民购机用机积极性高涨，为实现粮食生产"十一连增"、农民增收"十一连快"提供了有力的装备技术支撑；①但是触发的市场公平竞争问题也日益突出，获得补贴的企业明显比没有获得的企业在当地市场上更具有价格竞争优势。后者如前面提到的国家质检总局在推广中国产品质量电子监管网过程中涉嫌的行政性垄断，即不断推广"中信国检信息技术有限公司"的企业经营的中国产品质量电子监管网的经营业务，要求生产企业在所生产的产品的包装上加印监管码。显而易见，无论是何者，倘若无法一同与其他相类似问题得到有效解决，那么这将极大影响"地方版"竞争中立政策的推行效果，不排除甚至可能出现因此导致市场更加趋于不合理的集中化。

二、中央层面统筹推进的优势分析

相对于地方政府而言，中央政府在此拥有完全无法比拟的各种优势，它应当是一个国家竞争中立政策的最佳决策主体与统筹推进者。

---

① 参见韩洁：《财政部：农机购置补贴11年累计投入约1200亿元》，载《南方农机》2015年第2期。

(一)常规地理市场的全覆盖性

除极少数特殊情况外,受以下两大核心因素的影响,[1]作为竞争评估更为精确的参照背景的相关市场在地理纬度上,通常是定位在一个国家的整个地理区域上。[2] 首先,是主权之间的贸易壁垒外围限制。虽然伴随着经济全球一体化进程不断加速,不同国家之间的贸易壁垒大大降低,但是即使如此,不同主权国家之间在贸易方面还是存在很高的壁垒。这些壁垒可能并不是以传统的关税形式存在,而是以其他新兴的更为隐蔽的方式存在,如技术壁垒、绿色壁垒、反倾销等。由于这些贸易壁垒的存在以及其在意识上相对根深蒂固,它们客观上将不同主权管辖下的地理区域划分为不同的相关地理市场。在正常的情况下,一个主权国家的非跨国公司的主要市场供给范围一般局限在本土范围内,高额的关税和其他贸易壁垒,通常阻碍了这些企业向其他司法辖区下的地理市场进行正常的大规模供给。因此,在正常的情况下,相关当局有理由先验地将相关地理市场首先定位在整个国内市场上面;在没有其他足够因素能够产生修正的影响情况下,国内地理市场也就成为一个常态。其次,反垄断执法机关及法院关注的重点。鉴于各自所司职责的范围,各国的反垄断执法机关或者司法机关在对相关反垄断案件进行裁决的过程中,他们所关注的重点是涉案企业的行为对本辖区内市场竞争的影响,即使相关当局在依据域外管辖制度对发生在境外的垄断行为进行处理时也是如此。因此,即使在涉案企业所经营的相关地理市场存在超出一个主权地理市场的情况下,相关当局通常重点考虑相关案件对本土市场竞争的影响。例如,在考虑本土经营的企业和全球经营的企业进行合并时,反垄断执法机关更愿意关注该合并对本土市场竞争的影响,至于该合并对本土之外的相关地理市场影响并不在其考虑范围内。此外,由于国内市场一般是统一的,而且所有主体都负有维护国内市场统一的责任,故他们在处理案件中往往将地理市场放在全国范围内来考虑。

诚如前面所言,地方政府在推行"地方版"竞争中立政策的过程中,因各自固有的行政管辖权限使他们通常都是只能有限地触及常规地理市场的部分区

---

① 参见丁茂中:《反垄断法实施中的相关市场界定研究》,复旦大学出版社2011年版,第98~99页。

② 目前,我国大部分情形下的相关地理市场为大陆市场,不含港澳台地区;在设立中国(上海)自由贸易区试验区等多个"境内关外型"自贸区的新情况下,它还应当进一步缩小不含后者所在地区。

域,从而可能因此伴生性地导致不同地区的企业在同一个相关地理市场上出现区际竞争不公问题,这本身在很大程度上是与竞争中立政策的主旨追求非常不协调的。除了有意识地选择常态下的相关地理市场的个别地区进行改革试点外,中央政府在面向国内的所有行业或者部分行业推行竞争中立政策上则不存在上述问题。以竞争中立政策的经营负担中立行为准则之课征强制性负担中立为例,无论是税收还是监管或者其他方面事项,除了刻意选择境内“非特区”进行改革试点外,中央政府推行的竞争中立政策应当都可以有效覆盖除港澳台以及中国(上海)自由贸易试验区等以外的所有相关地理市场,这至少会在不同程度上逐步消减相关地理市场上有碍于市场公平竞争的因素,推动市场竞争更加趋于公平化。

表 15 课征强制性负担中立

<table>
<tr><td rowspan="4">税收中立</td><td>税收负担中立</td><td>税率的统一化、中央及地方税收减免与返还的平等化</td></tr>
<tr><td>税收计算中立</td><td>细化明确入账、入税栏目,细化明确税基的计算</td></tr>
<tr><td>税收缴纳中立</td><td>统一企业税收缴纳期限、减少分期缴纳与延期缴纳适用情形</td></tr>
<tr><td>税收处罚中立</td><td>压缩税务机关的自由裁量空间,减少自由裁量权限造成的处罚差异</td></tr>
<tr><td rowspan="4">监管中立</td><td>监管范围中立</td><td>面向所有企业,重点指向监管薄弱的国企</td></tr>
<tr><td>监管标准中立</td><td>原则采用绝对统一标准,例外采用类别统一标准</td></tr>
<tr><td>监管力度中立</td><td>统一明确例行监督检查周期与频率、突击检查的适用情形、监督检查所需内容</td></tr>
<tr><td>监管矫正中立</td><td>探索不同矫正手段及其幅度启用的阶梯方案,并以规范性的文件对外公示</td></tr>
<tr><td rowspan="3">社会责任中立</td><td>法律责任化类型的企业社会责任中立</td><td>如特定险种的保险条款和保险费率限制</td></tr>
<tr><td>软法责任化类型的企业社会责任中立</td><td>如用人单位提高劳动者的福利待遇</td></tr>
<tr><td>道德责任化类型的企业社会责任中立</td><td>如国企在各种情况下的社会捐助。</td></tr>
</table>

（二）政府干预市场的完权限性

我国《宪法》中没有出现单一制或单一制国家这样的词汇，但《宪法》关于中央与地方关系的规定表明，我国是单一制国家。《宪法》第 30 条规定：全国分为省、自治区、直辖市；省、自治区分为自治州、县、自治县、市；县、自治县分为乡、民族乡、镇；直辖市和较大的市分为区、县；自治州分为县、自治县、市；自治区、自治州、自治县都是民族自治地方。《宪法》第 62 条规定：由全国人民代表大会批准省、自治区和直辖市的建置；决定特别行政区的设立及其制度；第 89 条规定：由国务院批准省、自治区、直辖市的区域划分，批准自治州、县、自治县、市的建置和区域划分。由此可见，我国的行政区不是自然形成的，而是中央政府基于特定意图划分出来的，并且是在行政区划的基础上由中央政府向地方政府授权。这是单一制国家结构形式中最为基础的内容，是其质的规定性的表征。① 在单一制国家，中央政权享有最高权力，地方政权在中央政权的统一领导下，在宪法和法律规定的权限范围内行使职权。我国《宪法》第 3 条第 4 款对此特别作了明确规定："中央和地方的国家机构职权的划分，遵循在中央的统一领导下，充分发挥地方的主动性、积极性的原则。"

单一制的国家结构形式使中央政府拥有干预市场的完整权限，包括对有碍于市场公平竞争的政府行为治理问题。除了可以依法制止和矫正自身各个职能部门的不当政府行为外，中央政府及其职能部门有权依法对地方政府及其职能部门实施的不当干预行为特别是滥用行政权力限制、排除竞争行为进行约束性规制。这类示例在实践中很多，近期的如国家发改委调查山东省交通运输厅滥用行政权力排除限制竞争案。国家发改委经过调查查明，2011 年以来，山东省交通运输厅多次印发有关文件，要求全省"两客一危"车辆必须直接接入省技术服务平台，重型载货汽车和半挂牵引车必须直接接入省北斗货运动态信息平台，并明确上述两平台的技术支持单位均为山东九通物联网科技有限公司。同时，要求进入山东省市场的车载卫星定位终端，必须通过省技术服务平台的统一调试，并公布 2012 年交通运输部北斗示范工程招标中标价格作为终端最高限价。国家发改委认定：山东省交通运输厅的上述做法，违反了《反垄断法》第 8 条"行政机关和法律、法规授权的具有管理公共事务职能的组织不得滥用行政权力，排除、限制竞争"的规定。其中，要求相关车辆必须直接接入九通公司

---

① 王俊拴：《当代中国的国家结构形式及其未来走向》，载《政治学研究》2009 年第 3 期。

建设的监控平台的做法，排除和限制了山东省监控平台市场的竞争，属于《反垄断法》第32条所列“限定或者变相限定单位或者个人经营、购买、使用其指定的经营者提供的商品”的行为。要求已通过交通运输部标准符合性审查的卫星定位终端，需再次经过九通公司调试后才能进入山东省市场，以及公布交通运输部北斗示范工程招标中标价格作为最高限价的做法，排除和限制了山东省卫星定位终端市场的竞争，属于我国《反垄断法》第37条所列“制定含有排除、限制竞争内容的规定”的行为。① 据此，国家发改委发函提出整改建议。

这就确保了中央政府在推行竞争中立政策过程中不会存在地方政府推行竞争中立政策存在的一些障碍，最为突出的就是前面提到的在现行体制下无法拥有足够的权力资源来较为彻底地消除相应行政区域内所有有碍于市场公平竞争的政府干预内容。这也为中央政府推行竞争中立政策取得良好的社会效果奠定了必要的基础。

（三）定向支持资源的高集成性

一是表现在人才资源方面。尽管竞争中立政策主旨追求的价值目标对于包括政府在内的各类主体而言并不陌生，公平特别是涉及市场竞争的公平自改革开放以来已经成为人们较为熟悉的经济话题之一。但是如何科学设计竞争中立政策的具体内容却是非常复杂的，需要大量的专业人才进行知识支持。以竞争中立政策的实体内容为例，首先，政策推行者必须建立完善的行为准则，确保所有规范事项能够科学地兼容形式公平与实质公平，否则，任何两者之间的实质性分野都会不同程度地影响到企业在相关市场上的公平竞争；其次，政策推行者必须确定合理的适用除外。如果适用除外的保留范围过大，这不仅影响改革的深度，而且容易形成贸易保护主义；如果适用除外的保留范围过小，这可能导致政策实行者落入贸易保护主义陷阱尤其是国际贸易保护主义陷阱。而要做好类似上述方面内容的科学平衡，先前的大量实践充分表明，这需要各个方面的专业知识，包括经济学、政治学、国际贸易学、财税学、企业管理学及行业知识等。相较而言，即便是最高级别的省级地方政府在此方面的人才资源获取上通常也是根本无法与中央政府比拟的，中央政府有数量众多的各类人才智库和智慧来源，这些都为中央政府推行的竞争中立政策的科学性提供了必要的专业保障。

---

① 参见国家发展改革委办公厅《关于建议纠正山东省交通运输厅滥用行政权力排除限制竞争有关行为的函》（发改办价监〔2015〕501号）。

表 16　消减协商性负担中立

<table>
<tr><td rowspan="3">贷款融资中立</td><td colspan="2">政府必须切实采取措施禁止以任何形式为企业的商业贷款提供担保</td></tr>
<tr><td colspan="2">政府禁止以任何方式强制商业银行向特定企业发放贷款</td></tr>
<tr><td colspan="2">禁止政府为了帮助特定企业获得商业贷款而采取不合理的救市措施</td></tr>
<tr><td rowspan="2">违约责任中立</td><td>政府合同的违约责任中立</td><td>原则采用统一的格式文本，必须严格按照约定承担违约责任</td></tr>
<tr><td>民事合同的违约责任中立</td><td>政府不得非法干预合同当事人在违约责任上的约定与履行</td></tr>
<tr><td rowspan="2">侵权责任中立</td><td colspan="2">政府原则上不应当介入企业侵权纠纷案件的私人和解，如果政府基于特定因素的考虑通过合法的方式介入，则必须从前提上保证这种介入的普遍性</td></tr>
<tr><td colspan="2">政府在依法介入企业侵权纠纷案件后不得带有任何偏见向任何一方当事人进行施压促成纠纷化解</td></tr>
</table>

二是表现在权威影响方面。除法律针对公平原则作出的具体刚性规定外，竞争中立政策对政府干预市场提出的诸多限制性要求的很多内容在性质上都只是一种倡导或者期许发展目标。以竞争中立政策的经营负担中立行为准则之消减协商性负担中立为例，无论是在贷款融资上还是在违约责任上或者侵权责任上，都不同程度地存在部分非硬性约束性内容。在这种情况下，政策推行者的权威性在很大程度上直接影响竞争中立政策的落实情况。而在这点上，毫无疑问，中央政府要比地方政府更具有权威性和影响力。①

三是表现在组织资源方面。虽然影响市场竞争的因素在宏观上只有三大类别，即交易机会、经营负担与投资回报，剩余的内容便是三者互动之下的企业进入、存续与退出。但是在微观上却是非常庞杂，涉及经营资质、税收、融资、营销等成百上千事项。根据政府现行的职能分工来看，这就涉及多个不同的职能部门及其内设机构。在这种情况下，竞争中立政策的有效实施本身就对政策推行者的组织能力提出很高的要求，它必须能够有效地调动和协调不同的职能部门进行统筹推进。而竞争中立政策在性质上是政府对自身的律己约束甚至是

① 参见傅志华：《中央政府的政治权威性与宏观调控能力——中俄市场经济转型中政府地位之比较》，载《经济研究参考》1996 年第 46 期。

对政府干预市场的方式进行的深度革新,这就不同程度地增加了竞争中立政策推行的组织难度。因此,竞争中立政策的推行者必须拥有足够的组织资源,包括能力、人员、机制等。尽管地方政府在整体上与中央政府形成了一套基本对应的组织架构,但是这并不意味着地方政府在包括竞争中立政策在内的政策推行的组织上能够与中央政府相媲美。即便撇开地方政府内部不同层级及其职能部门的利益瓜葛所可能产生的消极作用不谈,历史经验、可用人力、工作方法等诸多方面的显著差异使中央政府在此明显要比地方政府更具有优势,可以合理预计的是,中央政府能够更好地组织不同的政府力量促进竞争中立政策的推行。

除了前面三项内容外,中央政府在竞争中立政策的推行上比地方政府还有很多其他方面的资源优势。譬如,中央政府拥有更多的助推政策落实的激励举措、惩处手段甚至责任使命感等。地方政府纯粹自主推行竞争中立政策所客观存在的问题及障碍,与中央政府对此统筹推进所呈现的各种优势表明:虽然各个不同层级的地方政府在各自法定的权限范围内,可以且有责任积极采取合理的措施促进辖区内的市场竞争更加公平化,但是竞争中立政策的施行决策理应由中央政府来统一作出,包括任何文本意义上的竞争中立政策在个别地区的先行试点。在中央政府正式作出决策并完成工作部署的情形下,除继续履行维护市场公平竞争秩序的法定职责外,所有地方政府及其职能部门应当根据中央政府的文件要求进行专项衔接与具体安排,中央政府应当根据实际进展状况进行统筹协调。这在目前适用除我国港澳台地区以外的我国其他所有区域,包括中国(上海)自由贸易试验区。

第二节 FTA 与 FTZ 的差异化安排

虽然诸多因素客观上决定了竞争中立政策的推行理应由中央政府统一决策与协调安排,但是这并不意味着所有情形下的竞争中立政策的施行在具体做法上都应当或者可以是完全一样的。在自由贸易区的竞争中立政策施行上,因实质性存在的类型化差异,不同类型的自由贸易区在此应当有各自相应的体制安排。

一、自由贸易区的基本类型:FTA 与 FTZ

根据全球目前的实践来看,旨在促进不同地区的货物实现高度自由流通的自由贸易区，在整体上可以划分为跨境国际型自由贸易区和境内关外型自由贸易区两个基本类型。

（一）FTA：跨境国际型自由贸易区

跨境国际型自由贸易区，即由两个或者两个以上的国家或者类似欧盟的区域性国际组织通过签订自由贸易协定，相互取消绝大部分货物的关税和非关税壁垒及绝大多数服务部门的市场准入限制，从而打造出来的缔约各方的商品、服务和资本、技术、人员等生产要素在约定范围内可以高度自由流通的一个跨国区域。这类自由贸易区源于WTO有关"自由贸易区"的规定，它们的英文为"Free Trade Area"，所以它们常被"Free Trade Area"的缩写FTA所直接指代。

经过第二次世界大战后几十年的世界经济融合，全球目前已经出现很多个FTA。除欧盟外，北美自由贸易区应当是当今FTA的典型代表。① 1985年3月时任加拿大总理的马尔罗尼在与时任美国总统的里根会晤时首次正式提出美、加两国加强经济合作、实行自由贸易的主张。后经过一年多的谈判，双方在1988年1月正式签署了《美加自由贸易协定》。在区域经济一体化蓬勃发展和《美加自由贸易协定》签署的情形下，墨西哥逐步开始把与美国开展自由贸易区的问题列上了发展议事日程。1986年8月美墨两国领导人提出双边框架协定计划，并随后在1987年11月签订了一项有关磋商两国间贸易和投资的框架原则和程序的协议。在此基础上，经过多次谈判，美墨两国于1990年7月正式达成了美墨贸易与投资协定。同年9月加拿大宣布参与谈判，三国于1991年6月在加拿大的多伦多举行首轮谈判，经过14个月的磋商，终于在1992年8月达成了《北美自由贸易协定》。根据文本内容，《北美自由贸易协定》的宗旨在于：为各缔约方境内货物和服务消除贸易壁垒，促进跨境流动；改善自由贸易区内公平竞争的条件；实质性增加在各缔约方境内的投资机会；在各缔约方境内，为知识产权提供充分而有效的保护和执法；设立有效的程序，以贯彻和实施本协定，共同管理本协定，解决争端；建立一个深化三边、区域和多边合作的框架，以扩大和增进本协定带来的利益。② 1994年1月《北美自由贸易协定》正式生效，北美自由贸易区宣告成立。

截至2015年，我国已经参与了近10多个FTA的谈判，并取得了重要进展。在这些跨境国际型的自由贸易区中，中国—东盟自由贸易区是我国推动建设的

---

① 参见范斯聪：《北美自由贸易区的发展过程及其政治解读》，载《江汉论坛》2013年第12期。

② 参见《北美自由贸易协定》，叶兴国、陈满生译，法律出版社2011年版，第3页。

第一个 FTA。2002 年 11 月第六次中国—东盟领导人会议在柬埔寨首都金边举行,时任国务院总理的朱镕基与东盟 10 国领导人签署了《中国与东盟全面经济合作框架协议》,决定到 2010 年建成中国—东盟自由贸易区,这标志着中国—东盟建立自由贸易区的进程正式启动。2004 年年底,《中国—东盟全面经济合作框架协议货物贸易协议》和《中国—东盟全面经济合作框架协议争端解决机制协议》签署,标志该自由贸易区建设进入实质性执行阶段。2005 年 7 月《中国—东盟全面经济合作框架协议货物贸易协议》降税计划开始实施,大约 7000 种产品降低关税。2009 年 8 月《中国—东盟自由贸易区投资协议》签署,这标志主要谈判结束。2010 年 1 月拥有 19 亿人口、GDP 接近 6 万亿美元、发展中国家间最大的自由贸易区——中国—东盟自由贸易区正式建立。[①] 除中国—东盟自由贸易区外,我国还在不断推进或者深化中国—巴基斯坦自由贸易区、中国—智利自由贸易区、中国—新西兰自由贸易区、中国—新加坡自由贸易区等 FTA 的建设。2015 年 6 月中韩两国政府正式签订《中韩自由贸易协定》。“这是中国迄今为止签署的涉及金额最多、涵盖领域最广的高水平自贸区,是中国自贸区战略升级的重要一步。”[②]“这对整体的 RCEP 谈判乃至 FTAAP(亚太自贸区)的谈判都会产生积极推动和加速的作用。”[③]

(二)FTZ:境内关外型自由贸易区

境内关外型自由贸易区,即由一个国家根据本国的法律法规和自身的内在发展需求可以单方性地决定在国境内、海关外设立的,以优惠税收和海关特殊监管政策为主要手段,以贸易自由化、便利化为主要目的的多功能经济性特区。这类自由贸易区源于 WCO 有关“自由区”的规定,它们的英文为“Free Trade Zone”,所以它们常被“Free Trade Zone”的缩写 FTZ 所直接指代。

世界上很多国家都设有 FTZ。例如,巴拿马的科隆自由贸易区:它成立于 1948 年设在巴拿马运河大西洋入海口处的科隆自由贸易区,所批发的商品大多来自亚洲地区,采购客户主要来自中南美,这些客商不必赴亚洲采购,只需来到科隆自由贸易区,从而节约了时间和费用。在科隆自贸区,巴拿马的本国货币

---

① 参见韦红泉、李光辉:《中国—东盟自由贸易区的进展与趋势》,载《国际经济合作》2012 年第 11 期。

② 孙兴杰:《中韩自贸区的示范效应》,载《21 世纪经济报道》2015 年 6 月 3 日,第 4 版。

③ 李伯牙:《商务部原副部长魏建国:“中韩自贸区将改变亚太经济秩序”》,载《21 世纪经济报道》2015 年 6 月 8 日,第 11 版。

仅为辅币,其合法货币为美元;贸易结算也使用美元,投资者不用为货币的贬值和升值而担忧。在巴拿马的银行存款不纳税,无外汇管制,利润汇出汇入自由;自由贸易区货物进口自由,无配额限制、不缴进口税。用于转口的货物自由、不缴税。德国的汉堡港自由贸易区依托汉堡港建立,陆上通道关卡有 25 个,海路通道关卡有 12 个,面积约 16.2 平方公里,可开展货物转船、储存、流通及船舶建造等业务。汉堡港的优势在于其物流效率,对进出的船只和货物给予最大限度的自由,这种自由贯穿于货物卸船、运输、再装运的整个过程中。爱尔兰的香农自由贸易区是世界上最早以从事出口加工为主的自由贸易区,以其免税优惠和低成本优势吸引外国特别是美国企业的投资。香农自由贸易区占地 600 英亩,拥有国际先进水准的基础设施,航空运输、陆运与海运交通极为便利;周边高校科研力量雄厚,有着良好的科研与实业相结合的传统。区内提供优惠的鼓励投资的税收、融资、财政等方面经济支持,有着健全高效的配套服务业。韩国的釜山镇海自由贸易区位于在建中的釜山新港周围,包括釜山市江西区以及庆尚南道镇海市各一部分,总面积为 104 平方公里;园区分为物流流通区、商务居住区、海洋运动娱乐休闲区、专业教育 · R&D 区、知识产业区 5 个区,区域之间互相联合;园区税收 7 年减 100%,之后 3 年减 50%;租用期为 50 年,每年以土地价格的 1% 为基准、政府还对土地收购费及建筑物租用费的 30%、50% 进行 2 年补贴;此外还有雇佣补助金、教育训练补助金、顾问费用等资金方面的支援。①

截至 2015 年,我国目前已经建立并运营 4 个 FTZ,②即中国(上海)自由贸易试验区、中国(广东)自由贸易试验区、中国(天津)自由贸易试验区与中国(福建)自由贸易试验区。在先行设立的中国(上海)自由贸易试验区试水运行良好的情形下,2014 年 12 月国务院批准设立中国(广东)自由贸易试验区、中国(天津)自由贸易试验区、中国(福建)自由贸易试验区。中国(广东)自由贸易试验区涵盖三个片区,即广州南沙新区片区(广州南沙自贸区)、深圳前海蛇口片区(深圳前海蛇口自贸区)、珠海横琴新区片区(珠海横琴自贸区),总面积为 116.2 平方公里,立足面向港澳深度融合。中国(天津)自由贸易试验区主要涵盖,即天津港片区、天津机场片区、滨海新区中心商务片区三个功能区,总面

---

① 参见《世界主要自由贸易区概况》,载《21 世纪经济报道》2013 年 10 月 21 日,第 16 版。

② 值得特别指出的是,我国先前在设立各类保税区过程中曾经将它们的英文冠以“XXX Free Trade Zone”。由于这类“特区”采取的是“境内关内”政策,因此,它们与中国(上海)自由贸易试验区这类有着本质区别,不属于国际惯用的 FTZ 范畴。

积为119.9平方公里,重点推动京津冀一体化发展。中国(福建)自由贸易试验区包括了福州片区、厦门和平潭片区,总面积为118.04平方公里,包括平潭片区43平方公里、厦门片区43.78平方公里、福州片区31.26平方公里,着重进一步深化两岸经济合作。

二、FTA与FTZ竞争中立政策的决策模式

类型差异决定了跨境国际型自由贸易区与境内关外型自由贸易区在竞争中立政策的推行上应当有着各自的决策模式。

(一)FTA竞争中立政策的决策模式

因涉及两个或者两个以上主权国家及其利益的平衡,这就决定了跨境国际型自由贸易区的竞争中立政策,必须采取"主权中央政府主张,谈判成员多边协商"的决策模式。尽管全球目前已经涌现出近百个不同多边或者双边的FTA,且这些FTA大幅降低了不同主权国家之间的商品流通壁垒,大大提升了不同国家的企业在这些市场上的竞争公平性。但是至今明确引入竞争中立政策的FTA似乎只有TPP,"TPP不仅要求减低或取消关税,更重要的是它强调各成员国的竞争政策,例如推行高标准的知识产权保护、金融改革、增强规则透明度等一系列措施。实际上就是强调规范政府与市场的关系,推行竞争中立政策"。[①]若撇开纯粹的形式问题——自由贸易协定或者谈判文件及产生过程是否明确触及竞争中立政策措辞,仅从实质内容来看,引入竞争中立政策的FTA与先前已经建立的FTA之间的根本差异,在于市场相互开放的深度。"TPP打破传统FTA模式,达成无例外的综合性自由贸易协议。一般FTA谈判都涉及很多例外,包括产品和服务的例外,而TPP协议在这方面比较激进,试图打破传统FTA模式,创立新的FTA模式,制定高标准的贸易协议,使其成为亚太区域一体化进程的典范。"[②]虽然市场开放程度的深化能够同时给各方带来种种发展机遇,但是这往往也伴生性地给各方带来不少挑战或者风险。而由于经济水平的阶段性差异,不同国家对此的承受能力是有着较大差异的。因此,任何一个FTA的具体事项安排都必须合理均衡各方的利益,只有如此,其方可成形且能够实质性地促进市场竞争更加趋于公平,这对竞争中立政策尤为突出。如果参与

---

① 赵学清、温寒:《欧美竞争中立政策对我国国有企业影响研究》,载《河北法学》2013年第1期。

② 《美国为何热衷推动TPP》,载《当代生活报》2013年3月1日,第5版。

FTA 谈判的成员不能就该自由贸易区的竞争中立政策作出均衡性安排,这将注定部分成员将成为国际贸易保护主义的实施者,部分成员将成为国际贸易保护主义的受害者。姑且不论这是否将直接影响这些 FTA 的形成,这种局面本身就有悖于竞争中立政策的要义。

这就决定了任何一个 FTA 推行竞争中立政策的事宜不可能是单边举措,竞争中立政策的引入及其具体安排,只有经过各方主权代表协商达成双边或者多边一致认可之后才能作出,这与传统的 FTA 有关消减关税或者非关税类壁垒的谈判是完全相同的。如果少数谈判成员试图利用自身的强势地位试图进行单方性的实质决策,将很有可能导致单个政策的谈判甚至整个 FTA 的谈判出现失败,这在当事方的行为动机明显不纯的情形下尤为明显,菲律宾"闪退"TPP 事件就是这个方面的最好示例。诚如专家所言,"美国推动竞争中立,主要是以中国等国家普遍存在的国有企业为目标,在美国与其他国家的竞争中保护美国的利益。一方面,美国积极推动他国的自由贸易,从而为本国商品和资金打开市场;另一方面,美国又加强对本国产业的保护,抑制别国竞争"。[①] 这在很大程度上直接影响了 TPP 的谈判,而就在 TPP 谈判最为接近一个阶段性尾声时,先前非常积极的菲律宾却突然明确表示退出该 FTA 的谈判。对此,我国权威媒体尖锐地指出:"虽然官方称这是因为一些必要的法律修订工作来不及完成,但是有分析指出,菲律宾选择退出 TPP 的真正原因在于,TPP 对于菲律宾来说或许并没有多少好处。分析人士认为,作为一种高标准、高质量、覆盖面广泛的综合性自由贸易协定,TPP 对于菲律宾这样产业结构相对偏向于中低端产业的发展中国家来说,很可能意味着本国市场受到发达国家优势产业的冲击,本国产业的发展空间也会受到压制。"[②]目前,我国正在推进中国—海合会、中国—澳大利亚、中国—挪威、中日韩、《区域全面经济合作伙伴关系》、中国—东盟自贸协定("10+1")升级谈判、中国—斯里兰卡、中国—巴基斯坦自贸协定第二阶段谈判等 FTA 的谈判,无论是实质还是兼具形式有意引入竞争中立政策,我们应当注意做好竞争中立政策的利益均衡问题。

(二)FTZ 竞争中立政策的决策模式

如果设立的 FTZ 采取的是中央政府直辖模式,若在该自由贸易区内推行竞争中立政策,则应当采取"中央台面布政,中央窗口管理"的决策模式。从全球

---

① 王婷:《竞争中立:国际贸易与投资规则的新焦点》,载《国际经济合作》2012 年第 9 期。

② 李继东:《菲律宾为何"闪退"TPP?》,载《人民日报》(海外版)2015 年 4 月 2 日,第 6 版。

目前不同国家设立的FTZ来看,除了出于促进商品流动、增加本国消费者福祉等目的外,探索对外开放和总结经济合作经验是很多国家设立FTZ的共同重要动因。在有些情况下,一个国家的中央政府可能直接将指定的地理区域设成境内关外型自由贸易区,并直接进行所有事务的全套管理。对于这种情形,如果中央政府为了增加对外开放深度、探索更为市场化的治理方式而有意识地引入竞争中立政策,那么首先,凡是涉及该FTZ的所有竞争中立政策的规范性文件都应当由中央政府以其名义进行发布。以园区税收为例,在这种直辖模式下,如果中央政府彻底实施一个完全不同于传统的税收体制,如有别以往分税制的统税制或者有关税种、税目、税率、税基等税收要素的变革,即便这些内容先前在正常工作机制下涉及地方政府的行政事务,中央政府也必须通过权力上收路径内化地将所有相关事项在自身发布的一个文件中统一加以明确规定,这就是所谓的"中央台面布政"。其次,在"中央台面布政"基础上,该FTZ所有园区的日常管理事务都应当以中央政府及其职能部门的名义进行,即所谓的"中央窗口管理"。即便中央政府通过借调或者其他方式实质性地使用相应地方的人力资源进行相应园区的日常工作,所有窗口进行的工作也都应当由中央政府及其职能部门负责。这不仅系由中央政府直辖模式所决定的,而且在很大程度上系由竞争中立政策的实施要求所决定的。诚如前面所言,影响企业在相关市场上进行公平竞争的因素,很多来自政策在实践中的细化及其操作,而这突出地集中在窗口管理上。因此,竞争中立政策的宏观决策与微观操作最大限度的统一在很大程度上直接影响着政策施行效果,而中央政府直辖模式在条件上是可以支持二者高度统一的。

如果设立的FTZ采取的是中央政府授权设立、地方政府具体负责模式,若在该自由贸易区内推行竞争中立政策,则应当采取"中央后台统筹,前台双轨管理"的决策模式。从目前的实践来看,大多数国家建立的FTZ是采取中央政府授权设立、地方政府具体负责模式,我国的中国(上海)自由贸易试验区、中国(广东)自由贸易试验区、中国(天津)自由贸易试验区与中国(福建)自由贸易试验区等都是如此。诸多因素客观决定了这种情形在竞争中立政策的推行上,应当采取"中央后台统筹,前台双轨管理"的决策模式。首先,这类自由贸易区在运行过程中都会涉及地方政府与中央政府。以中国(上海)自由贸易试验区为例,作为上海市人民政府派出机构,中国(上海)自由贸易试验区管理委员会负责中国(上海)自由贸易试验区范围内相关改革试点任务和行政事务。另外,根据现行法律,园区内的不少事项仍然属于中央政府的事权范畴,如经营者集中案件的竞争审查。这就决定了中国(上海)自由贸易试验区在日常运行过程中,有关前台性的事务必然由中央政府和地方政府按照相应的分工体系进行双轨管理,而不可能完全由中国(上海)自由贸易试验区管理委员会进行集成化完成,这就是所谓的“前台双轨管理”。其次,因涉及市场公平竞争的诸多因素,特别是体制性事项的改革权力在于中央政府。虽然中央政府授权地方设立 FTZ,但是这些园区内的很多事项的决定权仍然在中央政府,如关税、国税、管制行业的市场进入等。这就使在此种情形下的竞争中立政策的施行必须得到中央政府的支持,否则将难以见效。而正如前面所指出的那样,竞争中立政策的施行决策理应由中央政府统一作出。因此,中央政府根据园区推行竞争中立政策的需要统一作出部署,并协调自身职能部门与地方政府协调推进成为最为理想的做法,这就是所谓的“中央后台统筹”,这在一个国家同时设立多个 FTZ 的情形下显得非常必要。

三、竞争中立政策对 FTZ 管理的统筹要求

针对 FTZ 类型内的不同个体之间的潜在竞争,竞争中立政策对中央政府在作出各类决策上亦有着最为基本的刚性要求。

(一)不同 FTZ 的区际竞争性及其公平需求

伴随着中国(广东)自由贸易试验区、中国(天津)自由贸易试验区、中国(福建)自由贸易试验区等其他 FTZ 的陆续设立,先前中国(上海)自由贸易试验区独家存在的一元格局被打破。对此,仁者见仁、智者见智,不同的专家出现了不同程度的认识分歧。例如,[①]南开大学副校长佟家栋教授认为,“中国的自贸区不是世界上最典型的自贸区,它是一个试验意义上的自贸区。目前从四个自贸区的总体方案来看,它们都是有分工的。首先是地理分工,其次是功能分工。上海有 7 个功能区,天津有 3 个功能区,福建有 3 个功能区,广州有 3 个功能区,几个功能区又存在分工情况,每个功能区都有一个特殊的任务。比如,福建的自贸区,是海峡两岸的问题;天津的自贸区是京津冀一体化的问题;广东自贸区探讨粤港澳;上海是金融、人民币自由化等等”。上海 WTO 事务咨询中心理事长兼总裁王新奎认为,沪粤闽津四大自贸区之间不存在竞争关系,如果按照竞争关系理解,最后就搞成政策洼地。佟家栋则认为,四大自贸区有竞争,现

① 参见宋薇萍:《四大自贸区是否存在竞争专家有分歧》,载 http://www.cnstock.com,最后访问日期:2015 年 6 月 18 日。

阶段是地方政府之间竞争哪个地方服务最有效率，这个竞争现在处于白热化阶段，下一阶段的竞争则是“争企业，企业争”。

尽管目前设立的这些自由贸易区都属于试验性质的FTZ，但是它们之间的竞争关系还是非常明显的。首先，这些FTZ的获批对于地方政府而言本身就存在激烈的竞争关系。在中国（上海）自由贸易试验区尚未获批之前，究竟首个FTZ花落谁家，在上海、重庆、天津和浙江4个不同地方之间进行着激烈的争夺。“在继2014年年底天津、福建、广东三地获得自贸区资格后，重庆、西安、成都、兰州以及武汉等城市都纷纷加入中国首个内陆自贸区的争夺战中。可以预见的是，2015年围绕自贸区的角逐将非常激烈。”①其次，这些FTZ在正式运营之后无可避免地将至少会在企业入驻园区上不同程度地发生竞争关系。任何一个FTZ的投入运营必须以足够数量的企业进驻为基础，而在一个主权范围内设有多个不同FTZ的情况下，无论是内资还是外资都会根据不同园区的投资待遇等因素作出选择。这就使中国（上海）自由贸易试验区、中国（广东）自由贸易试验区、中国（天津）自由贸易试验区、中国（福建）自由贸易试验区以及将来陆续设立的其他FTZ之间至少在此产生较大的替代性，即彼此具有较为激烈的竞争关系。

因中国（上海）自由贸易试验区、中国（广东）自由贸易试验区、中国（天津）自由贸易试验区、中国（福建）自由贸易试验区等FTZ辖于同一主权且具有同质性，这就要求中央政府在这些FTZ投入运营之后的所有干预上，应当在最大程度上避免或者减少不同园区的区际待遇差异，这是竞争中立政策的固有之义，亦包括竞争中立政策的施行自身。我国长期以来的实践充分证明，中央政府针对不同地方特别是区域性的政策差异，往往都会不同程度地带来区际竞争不公问题。② 如果类似情形出现在中国（上海）自由贸易试验区、中国（广东）自由贸易试验区、中国（天津）自由贸易试验区、中国（福建）自由贸易试验区及其他将来设立的FTZ，那么这必然将会直接影响不同FTZ的区际竞争，进而传递到不同FTZ园区内的进驻企业，从而导致我国在深化经济体制改革过程中，再度出现人为制造出来的群体性竞争差异。因此，中央政府不仅应当按照竞争中立政策的要义，最大限度地确保给予各个FTZ的政令统一性，而且应当在最大

① 李书良：《内陆自贸区西安、武汉呼声高》，载《工商时报》2015年1月3日，第7版。

② 参见冯兴元：《地方政府竞争——理论范式、分析框架与实证研究》，凤凰出版传媒集团、译林出版社2010年版，第121～151页。

限度上确保在不同 FTZ 推行竞争中立政策过程中,保持所采取措施的公平性。

(二)中央政府对此应然作出的制度性回应

事实上,尽管我国尚未在中国(上海)自由贸易试验区、中国(广东)自由贸易试验区、中国(天津)自由贸易试验区、中国(福建)自由贸易试验区等正式、明确地推行竞争中立政策,但是中央政府对于这些 FTZ 的区际竞争及其公平诉求,已经作了实质性的考虑并进行了相应的制度安排。这在目前突出表现在负面清单的管理上,即现行四大自由贸易试验区自 2015 年开始使用同一个负面清单。众所周知,在中国(广东)自由贸易试验区、中国(天津)自由贸易试验区、中国(福建)自由贸易试验区等 FTZ 获批之前,中国(上海)自由贸易试验区是单独实施一套负面清单的。如前所述,上海市人民政府先后在 2013 年 9 月发布了《中国(上海)自由贸易试验区外商投资准入特别管理措施(负面清单)(2013 年)》2014 年 6 月发布了《中国(上海)自由贸易试验区外商投资准入特别管理措施(负面清单)(2014 年修订)》。而在决定批准再设中国(广东)自由贸易试验区、中国(天津)自由贸易试验区、中国(福建)自由贸易试验区这 3 家 FTZ 之后,国务院在 2015 年 4 月发布了《自由贸易试验区外商投资准入特别管理措施(负面清单)》,统一适用于上海、广东、天津、福建 4 个自由贸易试验区。

《自由贸易试验区外商投资准入特别管理措施(负面清单)》与中国(上海)自由贸易试验区先前采用类别依据一致,都是《国民经济行业分类》(GB/T 4754—2011)。它共计划分为 15 个门类、50 个条目、122 项特别管理措施,其中特别管理措施包括具体行业措施和适用于所有行业的水平措施。除条款大幅缩减外,《自由贸易试验区外商投资准入特别管理措施(负面清单)》还删除了建筑业。但是在具体领域上,相对于中国(上海)自由贸易试验区的 2014 版负面清单而言,前者在大幅缩减限制性措施的同时在部分行业也增加了一些管制。例如在服务业领域,《外商投资产业指导目录(2015 年修订)》取消或放宽电子商务、连锁经营、支线铁路、地铁、轻轨、海上运输、演出场所等股比要求,直销、邮购、进出口商品检验认证、铁路货物运输、保险经纪公司、财务公司、信托公司、货币经纪公司等不再列入限制类,并将建筑设计、养老机构列入鼓励类。但是在金融业领域,特别管理措施增加到了 14 条,且更加细化。比如,境外投资者投资银行业金融机构,应为金融机构或特定类型机构,针对这一特别管理措施,新负面清单列出了 8 项要求;境外投资者投资银行业金融机构须符合一定数额的总资产要求,新负面清单也列出了 3 项具体要求;而在符合股东机构类型要求和资质要求外,外资银行的受限条件也进一步细化了4条内容。[①]

统一不同FTZ的负面清单非常必要,这对于确保我国自由贸易试验区的健康发展至关重要。在复旦大学金融研究中心主任孙立坚看来,“统一使用负面清单有利于很好地规避监管套利。如果各地使用不同清单,会出现蜂拥往好处最多、管制最放松的区域发展,从而产生成本洼地、政策洼地效应。当政策层面保持一致时,反而能够凸显各自贸区的功能化优势。例如广东的企业就不会为了享受特殊政策而迁至上海,而是充分利用港澳资源在广东自贸区发展”。上海财经大学教授、自贸区研究院秘书长陈波表示,“负面清单必须四个自贸区统一,不应各自为政。统一的负面清单让四个自贸区于管理方面处于统一起跑线上,不易产生恶性竞争”。中欧陆家嘴国际金融研究院执行副院长刘胜军认为,“全国同一张负面清单,统一透明,有利于未来的可复制,毕竟目前的自贸区试点是为了将来复制到全国。此外,同一张负面清单也有利于将来与美国进行的双边自贸谈判。当初上海的负面清单出得很艰难,比市场预期的要差,政府对开放一些产业顾虑较多,因为涉及与美国自贸区谈判时如何把握策略和尺度的问题。如果现在就各自不同的清单,以后对外谈判起来更麻烦”。[②] 类似做法应当成为这些FTZ在施行竞争中立政策过程中应然的固有选择,特别是中央政府。

本章小结

虽然地方政府在法定职权范围内有权推行“地方版”竞争中立政策,且事实上部分地区已经在不同程度上进行了局部尝试,但是由于这种做法不仅在客观上容易导致地区竞争不公问题,而且还面临着当下无法拥有足够的权力资源,来较为彻底地消除相应行政区域内所有有碍于市场公平竞争的政府干预内容问题。而中央政府的常规地理市场的全覆盖性、政府干预市场的完权限性、定向支持资源的高集成性,使之成为一个国家竞争中立政策的最佳决策主体与统筹推进者。在自由贸易区的竞争中立政策施行上,因实质性存在的类型化差

---

① 参见胥会云:《全国四个自贸区共用一张负面清单》,载《第一财经日报》2015年3月24日,第A03版。

② 孙铭蔚、辛灵:《4自贸区同线起跑共用一张负面清单》,载《南方都市报》2015年3月25日,第A4版。

异,不同类型的自由贸易区在此应当有各自相应的体制安排。因涉及两个或者两个以上主权国家及其利益的平衡,这就决定了 FTA 的竞争中立政策必须采取“主权中央政府主张,谈判成员多边协商”的决策模式。如果设立的 FTZ 采取的是中央政府直辖模式,若在该自由贸易区内推行竞争中立政策,则应当采取“中央台面布政,中央窗口管理”的决策模式;如果设立的 FTZ 采取的是中央政府授权设立、地方政府具体负责模式,若在该自由贸易区内推行竞争中立政策,则应当采取“中央后台统筹,前台双轨管理”的决策模式。针对 FTZ 类型内的不同个体之间的潜在竞争,竞争中立政策对中央政府在作出各类决策上亦有着最为基本的刚性要求。中央政府不仅应当按照竞争中立政策的要义,最大限度地确保给予各个 FTZ 的政令统一性,而且应当在最大程度上确保在不同 FTZ 推行竞争中立政策过程中保持所采取措施的公平性。国务院统一中国(上海)自由贸易试验区、中国(广东)自由贸易试验区、中国(天津)自由贸易试验区、中国(福建)自由贸易试验区 4 个现有 FTZ 的负面清单在本质上就是对这种要求的一种制度回应。

尾论　试点现状检视与前景展望

2013年9月至今，中国（上海）自由贸易试验区已经正式挂牌运营4年多。在中国（上海）自由贸易试验区的内涵建设和我国实施竞争中立政策的种种需求，客观上决定了我们目前应当在中国（上海）自由贸易试验区全面深度地实施竞争中立政策的情况下，深入检视中国（上海）自由贸易试验区的竞争中立政策目前推进情况，具有非常重要的现实意义。

一、竞争中立政策的引入情况检视

竞争中立政策对政府干预市场的公平性提出更为苛刻的限制性要求，是否已然引入竞争中立政策的事实判断有着严格的标准。①

（一）判断标准

根据竞争中立政策的现代先驱——澳大利亚所实施的竞争中立政策改革，确认一个负有维护相关市场公平竞争职能的中央政府或地方政府是否已然引入竞争中立政策应当依据以下三个方面内容进行。

第一，权力部门发布的纲领性改革文件，必须针对政府公平对待所有经营者的重要议题进行政策性声明。如前所述，20世纪90年代，澳大利亚为推动经济持续

① 参见丁茂中：《我国竞争中立政策的引入及实施》，载《法学》2015年第9期。

高效发展,开始对国有企业进行公司化改革。但是人们很快发现,这类改革仍然无法消除各类国有企业因政府背景而获得的各种额外竞争优势,而这在很大程度上直接制约了澳大利亚的市场经济发展效率。对此,1991年专门成立的国家竞争政策检查委员会主席希尔墨教授,在1993年发布的澳大利亚竞争中立政策的起源报告《国家竞争政策》中深刻指出:"每一个现代市场经济都有一套规则确保竞争机制不会被企业通过合谋或者单干的反竞争行为破坏……在澳大利亚,这些规则包含在《1974年联邦商业行为法》第四部分……当前最紧迫的问题就是确保这些规则在适用过程中所存在的不合理漏洞被弥补上以给企业经营提供一个全国统一的法律框架。"①因此,澳大利亚在1996年发布了《联邦竞争中立政策声明》,首次明确指出:"竞争中立要求政府商业活动不应当仅凭其公共部门所有权而享有高于私营部门竞争者的竞争优势。实施竞争中立政策的目的在于消除因公有制性质所造成的资源配置扭曲,完善市场竞争机制。如果不及时推行竞争中立政策,资源配置则会因为不能够充分反映成本的政府商业行为而遭到扭曲,继而影响私营部门的投资行为和市场的公平竞争秩序。因此,任何政府都不应当利用自身的立法或者财政权力使得自己的商业行为比私营企业获得更多的优势。"②至此,澳大利亚正式拉开了竞争中立政策的改革大幕。

第二,纲领性改革文件确定的促进市场公平竞争的主旨任务,必须传承化地陆续出现在相应配套指引中。如前所述,澳大利亚竞争中立政策并不只是停留在《联邦竞争中立政策声明》,而是随着改革的启动开始不断多层次地扁平化。根据国家竞争委员会官网公布的信息来看,包括澳大利亚联邦和州在内的政府组织目前已经累计发布368个有关竞争中立政策的文件,类型涵盖澳大利亚政府委员会专项文件、政府国家竞争政策报告、立法审查报告、立法说明、国家竞争委员会年度报告、国家竞争委员会评估报告、国家竞争委员会调研报告、出版物或演讲等。归纳起来看,这些不同类型的文件主要从四个角度详细阐述了澳大利亚的竞争中立政策改革:其一,推行竞争中立政策的历史缘由及现实价值;其二,竞争中立政策对政府的行为约束要求及其相关重点领域;其三,联邦及州政府在实践中存在的有悖于竞争中立政策精神的作为或者制度设计;其

① Australian, Commonwealth Competitive Neutrality Policy Statement, http://archive. treasury. gov. au, 2013. 08. 17.

② Australian, National Competition Policy, http://ncp. ncc. gov. au, 2013. 08. 24.

四,竞争中立政策的纠纷解决机制及其保障。① 以2004年发布的《澳大利亚政府对经理人的竞争中立指引》为例,财政部除了再次声明:政府致力于令人信服、透明的行政管理和公共资源的高效配置与使用,实现此承诺的一个重要路径就是对政府商业活动实行竞争中立政策。还全面阐述了澳大利亚竞争中立政策的发展历史、政策影响、负责机构、适用群体、基本要求、市场测试、补偿机制、信息沟通、政策工具等。②

第三,限制公共权力不当干预市场竞争的政府改革举措,必须逐步清晰化、系统化与全面化地表现出来。如前所述,确立与细化澳大利亚竞争中立政策的系列文件,就促进市场公平竞争而对政府干预市场作出严格限制,明确罗列了很多具体要求。这在澳大利亚至今颁布的近400个各类文件中,均有补充性或者重申性说明。根据《澳大利亚的竞争中立与国有企业:实务和其他相关的评论》,除涉及领域及其行业差异外,它们在内容上原则性包括:一是税收中立,这要求联邦与各州的政府在所得税、增值税、财产税、注册税、营业税等各个税种的征收上,必须保证国有企业与私营部门享受相同待遇;二是债务中立,这要求联邦和各州的政府不得利用公共权力的社会影响,来不当降低国有企业在商业贷款上的融资费率及其他正常条件;三是公共采购中立,这要求联邦和各州的政府在利用公共财政进行采购过程中,不得以更为优惠的条件关照国有企业;四是财政补贴中立,这要求联邦和各州的政府在对企业进行国家援助过程中,必须平等地对待国有企业与私营部门;五是政府管制中立,这要求联邦和各州的政府在所实施的政府管制上,必须采用统一的监管标准;六是商业回报中立,这要求联邦和各州的政府在国有企业的利润截取或者资本转化上,应当按照现代商业规则进行处理;七是成本分担中立,这要求联邦和各州的政府在处理负有或者兼有履行公共服务义务职能的国有企业,在有关经营成本上必须合理地核算非商业化的成本。③

如果同时具备上述三个方面内容,即使没有像澳大利亚那样在相关文件中明确采用竞争中立政策这样的措辞,也应当认定一个负有维护相关市场公平竞争职能的中央政府或/和地方政府已然引入了竞争中立政策。

---

① 丁茂中:《竞争中立政策走向国际化的美国负面元素》,载《政法论丛》2015年第4期。

② Australian, Australian Government Competitive Neutrality Guidelines for Managers, http://www.finance.gov.au, 2014.08.06.

③ OECD, Competitive Neutrality and State-Owned Enterprises in Australia: Review of Practices and their Relevance for Other Countries, http://www.oecd-ilibrary.org, 2014.10.09.

(二)标准对照

根据竞争中立政策引入的事实判断标准,对照中国(上海)自由贸易试验区的改革文件,应当可以确定中国(上海)自由贸易试验区已经引入竞争中立政策。

首先,《中国(上海)自由贸易试验区条例》客观上对政府公平对待所有经营者的重要议题作了政策性声明。如果说《全国人民代表大会常务委员会关于授权国务院在中国(上海)自由贸易试验区暂时调整有关法律规定的行政审批的决定》为中国(上海)自由贸易试验区提供了基本环境,那么《中国(上海)自由贸易试验区总体方案》则为中国(上海)自由贸易试验区指明了改革目标。《中国(上海)自由贸易试验区条例》则应当是中国(上海)自由贸易试验区改革试点的纲领性文件。该条例共9章57条,从管理体制、投资开放、贸易便利、金融服务、税收管理,到综合监管、法治环境等方面,对推进自贸试验区建设进行了全面的规范;上海市人大常委会表示,该条例综合性立法,集实施性法规、自主性法规、创制性法规的性质于一身,堪称自贸试验区建设的"基本法"。[①] 除其他散见的可以透视公平精神之规定外,《中国(上海)自由贸易试验区条例》第47条特别规定:"自贸试验区内各类市场主体的平等地位和发展权利,受法律保护。区内各类市场主体在监管、税收和政府采购等方面享有公平待遇。"无论是从关注视角还是适用维度来看,这都直接比肩甚至超越澳大利亚在《联邦竞争中立政策声明》中提出的"竞争中立要求政府商业活动不应当仅凭其公共部门所有权而享有高于私营部门竞争者的竞争优势"。

其次,国务院及各部委与上海市人民政府针对中国(上海)自由贸易试验区试点改革所陆续发布的其他文件,均不同程度地对《中国(上海)自由贸易试验区条例》作出的公平承诺进行了传承化呼应。中央层面的,以工信部发布的《关于在中国(上海)自由贸易试验区放开在线数据处理与交易处理业务(经营类电子商务)外资股权比例限制的通告》为例,工信部决定自2015年1月13日起,在试验区内试点放开在线数据处理与交易处理业务(经营类电子商务)的外资股权比例限制,外资股权比例可至100%。其系对"区内各类市场主体在监管、税收和政府采购等方面享有公平待遇"所进行的举措落实,旨在最大程度上追求政府在市场进入上保持中立。地方层面的,以上海市人民政府发布的《中国(上海)自由贸易试验区管理委员会行政规范性文件法律审查规则》为例,它规

① 参见丁伟:《〈中国(上海)自由贸易试验区条例〉立法透析》,载《政法论坛》2015年第1期。

定:中国(上海)自由贸易试验区管理委员会依据法定职权或者授权,依照法定程序制定的,涉及公民、法人或者其他组织的权利、义务,具有普遍约束力,在一定期限内可以反复适用的行政文件,申请人认为文件侵犯其自身合法权益,违反有关法律规定,或者存在与自贸试验区试点要求不相适应情形的,可以向审查机构提出书面的法律审查申请。其系对"区内各类市场主体在监管、税收和政府采购等方面享有公平待遇"所进行的制度深化,"是否与适用于自贸试验区的法律法规相抵触"的兜底性审查为企业享有公平待遇提供了路径保障。

最后,针对严格限控中国(上海)自由贸易试验区内政府干预市场的改革举措非常具体且日渐健全。目前,它们主要包括:第一,全面推行负面清单管理,即政府明确告知市场进入存在行政壁垒的行业领域,这具体表现在《中国(上海)自由贸易试验区外商投资准入特别管理措施(负面清单)(2013/2014)》与《自由贸易试验区外商投资准入特别管理措施(负面清单)》及其他诸如深化金融开放的试点改革文件。第二,企业注册登记快捷化,即建立企业准入单一窗口工作机制进行统一接收申请材料与送达有关文书,这具体表现在《工商总局关于授予上海市工商行政管理局自由贸易试验区分局外商投资企业登记管理权的通知》与《关于中国(上海)自由贸易试验区内企业登记管理的规定》。第三,贸易便利化,即货物关内外流转管理最大限度精简,这具体表现在《上海海关深化自贸区改革8项制度情况一览表》《上海国检局支持上海自贸区发展24条意见简介》《中国(上海)自由贸易试验区海关监管服务模式改革方案》等;第四,税收公平化,即税负与税务最大限度统一与高效,这集中表现在《国家税务总局关于支持中国(上海)自由贸易试验区创新税收服务的通知》《财政部海关总署国家税务总局关于扩大启运港退税政策试点范围的通知》《上海市财政局上海市国家税务局上海市地方税务局关于完善自贸试验区跨区迁移企业财税分配政策的通知》等;第五,监管现代化,即力求构建集合安全、公平与效率一体化的监管机制,这集中表现在《上海自贸区监管信息共享管理试行办法》《中国(上海)自由贸易试验区企业年度报告公示办法(试行)》《中国人民银行上海总部关于切实做好中国(上海)自由贸易试验区反洗钱和反恐怖融资工作的通知》等。

值得指出的是,如果中国(上海)自由贸易试验区进一步在形式上明确使用竞争中立政策这样措辞,将大大有利于提升中国(上海)自由贸易试验区制度的国际竞争力。①

① 参见张占江:《〈中国(上海)自由贸易试验区条例〉竞争中立制度解释》,载《上海交通大学学报》(哲学社会科学版)2015年第2期。

二、竞争中立政策的设计情况检视

竞争中立政策直接决定政府与市场的耦合机制，它在内容体系上必须做到最大程度的科学性，从而为取得良好的社会效果提供基本保障。

（一）应然做法

如前所述，虽然澳大利亚率先开创了竞争中立政策，但是澳大利亚的竞争中立政策并不完美。竞争关系盘根错节而非整齐划一地存在于不同类型的市场参与者之间，客观上决定了竞争中立政策应当将关注视野置于所有竞争关系之上，而非聚焦限于国有企业与私营部门之间。这就意味着澳大利亚的竞争中立政策在直观上显得比较狭隘，本身在性质上容易引发本体悖论问题。尽管澳大利亚的竞争中立政策存在的这个不足是显而易见的，然而 OECD 在将其向国际社会推广过程中并没有对此进行修正。另外，在总结澳大利亚改革经验的基础上，根据自身在《OECD 关于财政预算透明度最佳实务》《OECD 关于国有企业公司治理的指引》等指南起草过程中的应用研究，OECD 在 2012 年发布的《竞争中立：维持公有企业与私有企业之间竞争水平》工作报告中正式提出以“简化国有企业运营方式”“核算特定职能成本”“给予商业化回报”“厘清公共服务义务”“税收中立”“监管中立”“债务及补贴中立”“公共采购中立”八项主张为核心内容的“国际版”竞争中立政策。① 它的最大问题就是在体系上残缺竞争中立政策的适用除外，即没有对政府可以实施非中立性举措及其情形作出基础性说明。而这对于优化资源配置创造的经济财富和单个国家利益，一般存在较大错位的国际市场却是非常重要的，直接关系 OECD 的竞争中立政策在国际投资与贸易领域的性质及效果。虽然 OECD 的竞争中立政策客观上阐述了各国政府公平对待所有企业，尤其是国有企业与私营部门之间的竞争应当遵守的基本行为准则。但是，由于它没有合理论及不同国家因历史缘由而客观存在的实力差异及必须作出的相应制度均衡安排（适用除外），这就使其对于西方发达国家而言在世界经济格局发生利空转折时期，能够带来贸易保护主义效果——以形式上同等适用于自身的竞争中立规则，限制广大发展中国家政府采取特定措施对国际市场竞争中现存的在实质上属于有失公平的问题，进行矫正以借此维持本国企业在国际市场中的优势地位。这在很大程度上与美国大力

---

① OECD，Competitive Neutrality：Maintaining a level playing field between public and private business，www.oecd.org，2014.08.14.

推行竞争中立政策的不纯动机是不谋而合的，容易导致竞争中立政策嬗变成为一种国际贸易保护手段。“美国推动竞争中立，主要是以中国等国家普遍存在的国有企业为目标，在美国与其他国家的竞争中保护美国的利益。一方面，美国积极推动他国的自由贸易，从而为本国商品和资金打开市场；另一方面，美国又加强对本国产业的保护，抑制别国竞争。”①因此，我们不能照搬现行所有版本的竞争中立政策。

根据研究，竞争中立政策的科学含义应为“在市场化领域处于有效竞争的环境下，除出于解决市场失灵的最低需要而依法采取合理的非中立性措施进行干预外，政府应当公平地对待参与市场资源配置的所有经营者”。除程序性事项外，它的实体性内容完整架构应当如图 13 所示：

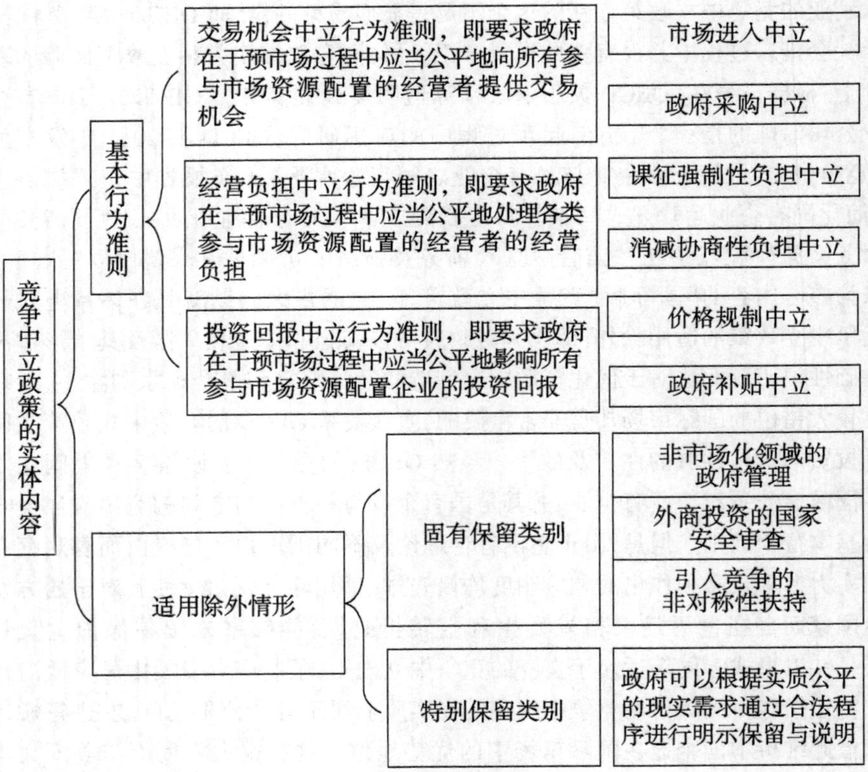

图 13

① 王婷：《竞争中立：国际贸易与投资规则的新焦点》，载《国际经济合作》2012 年第 9 期。

（二）实情考察

根据中国（上海）自由贸易试验区的实践来看，我们没有盲目地照抄照搬澳大利亚或者OECD的竞争中立政策，这充分体现在以下三个方面：第一，中国（上海）自由贸易试验区所进行的试点改革都是面向整个市场竞争机制的，而非特别关注部分市场主体之间的市场竞争。无论是基本概念还是主要行为准则，澳大利亚与OECD的竞争中立政策都是特别聚焦在国有企业与私营部门的竞争关系上，这是它们竞争中立政策的最为显著特征。虽然探索国有企业的市场化改革是中国（上海）自由贸易试验区的重要任务之一，但无论是《中国（上海）自由贸易试验区总体方案》还是《中国（上海）自由贸易试验区条例》或者《进一步深化中国（上海）自由贸易试验区改革开放方案》等改革文件，均没有特别将深化国有企业与私营部门之间的公平竞争作为中国（上海）自由贸易试验区整个经济改革的主旨或者核心，而是普遍性地指向政府与市场的耦合性完善。第二，中国（上海）自由贸易试验区的竞争中立政策在宏观架构上建立了适用除外机制，这与OECD竞争中立政策仅列明基本行为准则有显著差别。除了基础性地建立了大量的约束性规范机制限制政府对市场的不适干预外，中国（上海）自由贸易试验区还针对潜在的市场失灵问题进行了前置性处理，譬如国家安全审查。《自由贸易试验区外商投资准入特别管理措施（负面清单）》要求：自贸试验区内的外商投资涉及国家安全的，须按照《自由贸易试验区外商投资国家安全审查试行办法》进行安全审查。而根据《自由贸易试验区外商投资国家安全审查试行办法》规定：除通过附加条件能够消除影响且外国投资者出具修改投资方案书面承诺的投资外，凡是对影响或可能影响国家安全的，外国投资者并购境内企业安全审查部际联席会议都应当予以进行禁止。第三，中国（上海）自由贸易试验区的竞争中立政策对政府干预市场所作的约束性规范在形式上明显与澳大利亚或者OECD不同。无论是从《中国（上海）自由贸易试验区总体方案》有关主要任务和措施所明确列举的深化行政管理体制改革、扩大服务业开放、探索建立负面清单管理模式、构筑对外投资服务促进体系、推动贸易转型升级、提升国际航运服务能级、加快金融制度创新、增强金融服务功能与完善法制保障九项内容及其营造相应的监管和税收制度环境所作出的要求，还是《中国（上海）自由贸易试验区条例》就管理体制、投资开放、贸易便利、金融服务、税收管理、综合监管与法治环境所作的详细规定来看，这均与“澳版”与“OECD版”的竞争中立政策存在明显差异。

但是，中国（上海）自由贸易试验区的竞争中立政策，在实体性内容上与应然做法还存在一定距离。如表 17 所示，中国（上海）自由贸易试验区的竞争中立政策有很多实体性内容迫切有待于进一步健全和深化。

表 17　中国（上海）自由贸易试验区竞争中立政策设计情况

竞争中立政策应然事项		中国（上海）自由贸易试验区竞争中立的实际情况	备注
市场进入中立	经营资质赋予中立	已有	已有，即改革文件或者实践操作已经有所触及；未涉，即改革文件或者实践操作尚未有所触及；待察，即需要根据在适用全国统一的法律过程中采取的实际做法才能作出准确判断
	业务市场拓展中立	待察	
	商业合同缔结中立	待察	
政府采购中立	对象开放中立	已有	
	信息公开中立	已有	
	参与方式中立	未涉	
	评选机制中立	未涉	
课征强制性负担中立	税收中立	已有	
	监管中立	已有	
	社会责任中立	未涉	
消减协商性负担中立	贷款融资中立	未涉	
	违约责任中立	未涉	
	侵权责任中立	未涉	
价格规制中立	价格违法认定标准中立	待察	
	价格违法立案调查中立	待察	
	价格违法行政处罚中立	待察	
政府补贴中立	补贴对象中立	未涉	
	补贴标准中立	未涉	
	补贴方式中立	未涉	
非市场化领域的政府管理	例如军事采购、公立教育投入、财政转移支付	未涉	
外商投资的国家安全审查	诸如军工企业、国防安全领域及其周边设施	已有	
引入竞争的非对称性扶持	诸如英国 20 世纪 80 年代扶持莫克瑞通信公司	未涉	

三、竞争中立政策的贯彻情况检视

竞争中立政策只有在得到有效落实的情况下,才能够充分发挥其改善市场竞争环境的经济作用。因此,它必须通过各种路径得到有效的贯彻与执行。

(一)行政执法路径的贯彻情况

如前所述,市场经济是法治经济,①行政执法是政府干预市场的主要方式。这就决定了行政执法成为政府所有经济政策的基本贯彻路径,包括竞争中立政策。贯彻竞争中立政策要求政府在行政执法过程中必须合法、合理地遵守(广义)法律所确定的公平原则(精神)及制度规范。“我们说政府有时可以改善市场结果并不意味着它总能这样。”②“当政府政策或集体行动所采取的手段不能改善经济效率或道德上可接受的收入分配时,政府失灵便产生了。”③政府失灵促使很多法律特别是涉及经济领域的法律本身,在授权政府干预市场同时又进行了某种程度限制,要求确保执法公平便是其中最为普遍性的做法。而这正是竞争中立政策所要求的内容,政府公平执法是市场公平竞争的重要基础。《中国企业发展环境报告 2013》甚至提出:创造公平的市场环境比政府补贴更重要。④ 需要特别强调的是,因“一揽子”原则性禁止政府滥用行政权力排除、限制竞争,我国《反垄断法》的有效实施对于竞争中立政策的贯彻至关重要;因此,我国应当尽快修改法律不仅赋予反垄断执法机构对行政性垄断的刚性规制权力,而且授予反垄断执法机构更多相应的处置手段,而非只是“可以向有关上级机关提出依法处理的建议”。

根据实践来看,中国(上海)自由贸易试验区的行政执法在现有面上很好地贯彻了竞争中立政策,这集中表现在中国(上海)自由贸易试验区的执法公平上。客观而言,无论是在执法的合法性上还是在执法的合理性上,中国(上海)自由贸易试验区都将执法过程中的潜在不当差异最小化,整个执法的公平性在目前呈现出质的变化。以先前较为复杂的通关申报检查作业为例:对于所有符合条件的企业,只需通过“单一窗口”进行一次录入,即可一次性完成向海关、检

① 参见刘武俊:《深刻理解市场经济是法治经济》,载《人民日报》2012 年 7 月 2 日,第 7 版。

② [美]曼昆:《经济学原理》(第 3 版),梁小民译,机械工业出版社 2003 年版,第 10 页。

③ [美]保罗·A. 萨缪尔森、[美]威廉·D. 诺德豪斯:《经济学》(下),高鸿业等译,中国发展出版社 1992 年版,第 1189 页。

④ 参见唐福勇:《公平的市场环境比政府补贴更重要》,载《中国经济时报》2013 年 8 月 27 日,第 3 版。

验检疫的申报；船运企业（或代理）通过“单一窗口”平台一次性录入船舶抵、离港各项申报数据，都可以实现海关、检验检疫、海事和边检的管理信息系统的“一次申报”，海关与检验检疫成立的联合查验组在同一块符合条件的场地上共同实施查验，所有关检均需查验的货物均只需要进行 1 次开箱查验。另外，在确保完成各自查验要求的前提下，它们按照“就高原则”对无特殊要求的查验比例进行融合以减轻企业负担，各个方面目前基本上做到了无差异对待。除了通关申报检查作业外，这在中国（上海）自由贸易试验区的工商登记、税务管理、安全监管、政务公开等其他方面的各个环节均有充分表现。截至目前，除常规化的经营者集中竞争审查外，中国（上海）自由贸易试验区尚未出现针对垄断协议与滥用市场支配地位尤其是行政性垄断的执法实例，期待中国（上海）自由贸易试验区在垄断行为的规制上尤其是行政性垄断的治理上有所突破并出现质的提升。但是可以预计的是，有关授予反垄断执法机构对行政性垄断更多的刚性规制权，原则上将必须等待大法的统一修改，中国（上海）自由贸易试验区的可为空间应当在提出处理意见的效果转化上。

（二）体制改革路径的贯彻情况

如前所述，因时制宜进行体制改革是政府干预市场的重要手段，它也是政府重要经济政策的核心贯彻路径。市场竞争目前存在的公平问题，很多远远超出现行法律层面及其解决方案的标本兼治需求，这就决定了竞争中立政策的贯彻必须更多地依赖体制改革，而我国时值处于经济改革的历史峰期。“我们将要建立的 2.0 版市场，是一个消除了条块分割、向所有市场主体开放的市场，一个消除了垄断和行政干预、在法治基础上实现有序竞争的市场。不过，从世界各国和我们自己的发展经验可知，要在我国建立起这样一个符合现代标准的市场经济制度，并不是一件容易的事。它需要我们在多个方面的改革上付出巨大努力。”①贯彻竞争中立政策要求政府推进各项体制改革：第一，清除体制造成的不合理的市场进入障碍，包括行业市场进入障碍与地理市场进入障碍，并根据这些障碍的成因进行制度重新设计或者优化安排；第二，消除体制造成的不合理的市场差别待遇，包括导致企业获得额外好处的受益事项和导致企业承担额外坏处的受损事项，并对症下药进行制度重新设计或者优化安排。

根据实践来看，中国（上海）自由贸易试验区在体制改革上，首先积极推行

① 吴敬琏：《中国进入“2.0 版”市场经济时代》，载《IT 时代周刊》2013 年第 23 期。

了负面清单管理模式，在最大限度上取消了很多领域的市场进入限制，使各类企业具有同等的机会进入相关市场参与竞争。仅以食品认证安全认证为例：2015年美国安康质量认证中心（Anchor Centerfor Certification）开始进驻园区，成为第一个进入中国市场的外国质量认证机构。值得指出的是，虽然美国安康质量认证中心具有多个行业内领袖级专家，但是由于它只是一家非营利性的专家委员会机构，所以按照以前的外资认证准入条件，美国安康质量认证中心并不具备进入中国的资格。随着改革的不断深入，中国（上海）自由贸易试验区的负面清单变得越来越短。《中国（上海）自由贸易试验区外商投资准入特别管理措施（负面清单）（2013）》共有190条特别管理措施，而《中国（上海）自由贸易试验区外商投资准入特别管理措施（负面清单）（2014）》则减少至139条，国务院于2015年发布的《自由贸易试验区外商投资准入特别管理措施（负面清单）》则压缩到122条。这将极大地推动中国（上海）自由贸易试验区改革的深化，促进竞争中立政策的有效落实。

除此以外，中国（上海）自由贸易试验区在体制改革上还积极采取各种措施，提升企业在参与市场竞争过程中的公平性。以信用信息获取为例，中国（上海）自由贸易试验区建立了信用信息综合查询服务系统及其工作机制。在这个信用信息综合查询服务窗口上，中国人民银行负责提供金融信用信息基础数据库对企业、个人信用报告的查询服务活动，试验区管委会负责提供市公共信用信息服务平台自由贸易试验区子平台对公共信用信息的查询服务活动。这种安排将在最大限度上减少企业或者个人在目标信息获取上的差异，有助于大幅提升不同市场主体在信息对称上的能力趋同性。但是客观而言，在消除体制造成的不合理的市场差别待遇上，中国（上海）自由贸易试验区还有很多工作需要进行大胆探索与试验，如政府补贴的横向模式、政府采购的高度统一、企业税负及其税务的一元化、经营者社会责任的相同性等，这些对于全面促进竞争中立政策的有效落实都是非常重要的。

（三）竞争倡导路径的贯彻情况

如前所述，“竞争倡导是反垄断执法机构实施的除执法以外所有改善竞争环境的行为，它具有促进和补充反垄断执法、推进竞争政策有效实施和推动竞争文化建设的重要作用”。[①] 研究显示：“竞争主管机构以外的其他机构及大众

① 张占江：《竞争倡导研究》，载《法学研究》2010年第5期。

起初通常缺乏对竞争及竞争法原理的认同,也缺少维护、促进竞争的内在责任感。即使企业效率低下或者存在限制竞争行为,但在涉及本地区经济发展时,地方政府常常睁一只眼闭一只眼,甚至为其提供便利。"①这导致"现实中的某些法律、政策不但没有促进竞争,相反导致了对竞争的损害"。② 因此,美国、欧盟、日本、澳大利亚等很多国家在加强法治建设、深化体制改革的同时都还积极采取措施进行竞争倡导,着力培养整个社会的公平竞争意识。竞争文化的高度缺乏决定了我国应当立即全面推进竞争倡导工作,而贯彻竞争中立政策要求国家发展和改革委员会(价格监督与反垄断局)、商务部(反垄断局)、国家工商行政管理总局(反垄断与反不正当竞争执法局)及其授权的省级职能机构在反垄断执法之余应当携手国务院反垄断委员会积极采取普法宣传、案件吹风、合规指导、理论研讨等措施有针对性地向政府其他职能部门传输公平竞争理念,逐步提高同僚公平执法的自觉性与维护竞争的主动性。

根据实践来看,中国(上海)自由贸易试验区在竞争倡导上,目前还没有针对竞争中立政策进行有效关注。虽然国务院反垄断执法机构授权的上海地方省级职能机构,在中国(上海)自由贸易试验区正式挂牌运营之后,迅速出台了《中国(上海)自由贸易试验区反垄断协议、滥用市场支配地位和行政垄断执法工作办法》《中国(上海)自由贸易试验区反价格垄断工作办法》《中国(上海)自由贸易试验区经营者集中反垄断审查工作办法》以及《中国(上海)自由贸易试验区反垄断工作联席会议制度方案》,并在这些规范性文件中明确了宣传工作,但是"市工商局支持管委会对自贸试验区内经营者进行反垄断政策和法律知识的宣传培训,提高经营者的守法意识、诚信意识和公平竞争意识""市价格主管部门支持管委会不定期对试验区内企业和相关机构开展反价格垄断法律法规宣传工作""市商务委支持自贸试验区管委会开展对区内企业反垄断政策和法律知识的宣传、培训,提高企业依法经营和公平竞争的意识"等具体规定,表明这些竞争倡导基本是针对经营者守法的。尽管这些做法在一定程度上可以间接促进竞争中立政策的落实,但是它距离针对公权力部门尤其是行政执法部门而进行的针对约束政府干预市场的内容,还有很大的空间。因此,中国(上海)自由贸易试验区应当积极采取普法宣传、案件吹风、合规指导、理论研讨等措施

① 王先林主编:《中国反垄断法实施热点问题研究》,法律出版社2011年版,第82~83页。

② See F. A. Hayek, *The Road to Serfdom: Text and Document*, Chicago: University Chicago Press, 2007, p. 87.

有针对性地向中国(上海)自由贸易试验区所有公共权力部门尤其是行政执法部门,进行竞争中立政策的竞争倡导,通过理念与意识的传输来提高和强化后者对执法公平的认知。

四、结语

经过3年多的紧张建设,中国(上海)自由贸易试验区在整体上取得了可喜的成绩,不仅自身初步建立了较为完整的治理体系和试验机制,而且成功地探索了上百条可复制可推广的改革经验。虽然中国(广东)自由贸易试验区、中国(天津)自由贸易试验区、中国(福建)自由贸易试验区的设立在较大程度上减轻了中国(上海)自由贸易试验区的压力,但是中国(上海)自由贸易试验区必须进一步采取措施深化改革试验的探索程度,特别是代表当前对政府治理市场要求最高的竞争中立政策。除了尽快完成竞争中立政策的形式宣示外,中国(上海)自由贸易试验区在原则上应当根据交易机会中立、经营负担中立和投资回报中立三大基本行为准则,不断实质性地深化市场公平竞争机制的探索改革,争取在最大程度上及时有效地为我国自身内在的经济改革和对外国际贸易特别是"一带一路"倡议的推进及各类跨境自贸区的建设提供宝贵的操作经验,从而促进我国市场经济稳健持续高效发展,为实现中华民族的伟大复兴奠定坚实的社会基础。

鸣　谢

虽然近几年因集中精力在家陪孩子而和竞争法界的前辈、同人相聚很少,但仍得到他们一如既往的关照。在竞争中立政策的课题研究过程中,得到了王晓晔老师、徐士英老师、黄勇老师、王健老师、王承堂老师、张占江师兄的大力帮助,在此表示衷心的感谢。特别感谢盛杰民老师、时建中老师、文学国老师、王先林老师、李国海老师、孔祥俊老师、林燕萍老师、孙晋老师、许光耀老师、肖江平老师、宁立志老师、刘水林老师、张晨颖老师、王艳林老师、上海交通大学和吉林大学的两位李剑老师、叶明老师、张瑞萍老师、吴韬老师、方小敏老师、郭忠杰老师、阮赞林老师、叶卫平老师、刘伟老师、王玉辉老师、李胜利老师、吕明瑜老师、刘继峰老师、王传辉老师、林平老师、戴龙老师、孟雁北老师、杨东老师、董灵老师、王红霞老师、江山老师、金善明老师、侯利阳老师、袁嘉老师、辜海笑老师、韩伟老师、李俊峰老师、钟刚老师、尚丽娜老师、游钰老师、曾晶老师、兰磊老师、仲春老师、喻玲老师、焦海涛老师、黄晋老师、叶高芬老师、丁国峰老师、刘进老师、陈兵老师、张卫东老师、张骏老师、应品广老师、翟巍老师、刘桂清老师、洪莹莹老师、马辉老师、万江老师、张江莉老师、宋亚辉老师、杜仲霞老师、陈丹舟老师、李丽老师和其他众师友们长期以来在各个方面给予我的帮助和支持。

本书的出版得到了中国博士后基金特别资助项目的经费支持,在此表示衷心感谢。最后,非常感谢法律出版社财经分社沈小英社长领衔的编辑团队对本书出版付出的辛勤劳动。

青山不墨千秋畫
綠水無弦萬古琴

丁茂中
上海·松江大学城
2018 年 4 月 15 日

图书在版编目(CIP)数据

竞争中立政策研究 / 丁茂中著. -- 北京 : 法律出版社, 2018
(竞争政策与法律文库 / 黄勇主编)
ISBN 978 - 7 - 5197 - 2242 - 5

Ⅰ. ①竞… Ⅱ. ①丁… Ⅲ. ①反不正当竞争 - 经济法 - 研究 - 中国 Ⅳ. ①D922.294.4

中国版本图书馆 CIP 数据核字(2018)第 082250 号

竞争中立政策研究
JINGZHENG ZHONGLI ZHENGCE YANJIU

丁茂中 著

策划编辑 沈小英
责任编辑 沈小英 刘晓萌
装帧设计 李 瞻

出版 法律出版社
总发行 中国法律图书有限公司
经销 新华书店
印刷 北京虎彩文化传播有限公司
责任校对 马 丽
责任印制 吕亚莉

编辑统筹 财经法治出版分社
开本 710 毫米 × 1000 毫米 1/16
印张 15.25
字数 270 千
版本 2018 年 5 月第 1 版
印次 2018 年 5 月第 1 次印刷

法律出版社/北京市丰台区莲花池西里 7 号(100073)
网址/www.lawpress.com.cn
投稿邮箱/info@lawpress.com.cn
举报维权邮箱/jbwq@lawpress.com.cn
销售热线/010 - 63939792
咨询电话/010 - 63939796

中国法律图书有限公司/北京市丰台区莲花池西里 7 号(100073)
全国各地中法图分、子公司销售电话:
统一销售客服/400 - 660 - 6393
第一法律书店/010 - 63939781/9782
西安分公司/029 - 85330678
重庆分公司/023 - 67453036
上海分公司/021 - 62071639/1636
深圳分公司/0755 - 83072995

书号:ISBN 978 - 7 - 5197 - 2242 - 5
定价:58.00 元
(如有缺页或倒装,中国法律图书有限公司负责退换)